누구나 알기 쉬운
SWIFT
스위프트 2.0

누구나 알기 쉬운

SWIFT
스위프트 2.0

초판 인쇄일 2015년 11월 16일
초판 발행일 2015년 11월 23일

지은이 하진일
발행인 박정모
등록번호 제9-295호
발행처 도서출판 혜지원
주소 (10881) 경기도 파주시 회동길 445-4(문발동 638) 302호
전화 031)955-9221~5 팩스 031)955-9220
홈페이지 www.hyejiwon.co.kr

기획 · 진행 엄진영
디자인 김희진
영업마케팅 김남권, 황대일, 서지영
ISBN 978-89-8379-873-2
정가 18,000원

이 도서의 국립중앙도서관 출판시도서목록(CIP)은 서지정보유통지원시스템 홈페이지(http://seoji.nl.go.kr)와 국가자료공동목록시스템
(http://www.nl.go.kr/kolisnet)에서 이용하실 수 있습니다.(CIP제어번호 : CIP2015027754)

하진일 지음

혜지원

▌머리말

호모 파베르(*Homo Faber*).

인간은 누구나 유무형의 도구를 사용하고 만든다.
굳이 거창하게 DIY나 Maker와 같은 예를 들지 않더라도 인간은 누구나 도구를 만들고 사용하는 존재라는 것을 부정할 사람은 없을 것이다.
그것은 태초에 인간이 돌을 깎아 사냥을 하고, 불을 사용하기 시작했을 때부터 인간의 DNA에 깊이 새겨진 본능의 하나이다.

프로그래밍 언어는 인간의 역사에서 가장 최근에 만들어진 무형의 도구이다.
눈에 보이지 않는 이 도구를 사용해서 많은 사람들이 우리의 삶을 윤택하게 만들어주는 프로그램들을 만들어 왔다.
이것은 인간이 도구를 만들고 사용한다는 본능을 가지고 있기 때문이라고 생각한다.

프로그래밍 언어는 짧은 역사에도 불구하고 정말 다양한 언어가 만들어지고 또 많은 언어가 사라져갔다.
그 중에는 학술적인 목적으로 만들어진 언어도 있고, 기업이 자신의 제품을 위해서 만든 언어도 있으며, 심지어는 개인이 취미로 만든 언어도 있다.
또한 구조적 프로그래밍이나 객체지향 프로그래밍, 관점지향 프로그래밍, 함수 프로그래밍과 같이 다양한 개발 패러다임에 따라 프로그래밍 언어가 만들어지기도 한다.
그리고 현대의 프로그래밍 언어들의 주된 관심사는 개발자의 실수를 어떻게 하면 줄여줄 수 있을까부터 새로운 패러다임을 받아들여 개발 방법을 주도하는 것까지 다양한 관점에서 개선되고 발전하고 있다.

하지만, 분명한 것은 프로그래밍 언어를 사용해서 프로그램을 만드는 것이 주된 목적이다.

즉, 프로그래밍 언어는 프로그램을 만드는 가장 중요한 도구이자, 오랜 시간을 걸쳐 배워야 하는 깊이 있는 도구인 것이다.

세상에는 정말 다양한 종류의 프로그래밍 언어가 있는데, 이 중에서 어떤 것이 자신에게 가장 맞는 것인 지를 찾는 과정도 결코 간단한 과정은 아니다.
그것은 장인이 자신의 도구를 찾는 과정에 비유할 수 있을 것이다.
오랜 시간과 노력을 들여 찾아 내고, 자신의 것이라 생각되면 시간과 노력을 들여 익숙해지려 노력해야 할 것이다.

스위프트(swift)는 이제 세상에 나온 지 1년 남짓한 신생아에 가까운 언어이지만 놀랄 정도로 많은 사람들이 사용하고 있으며 실제로 많은 앱이 스위프트로 만들어지고 있고, 앞으로도 더욱 많은 사람들이 사용할 것이라 기대되는 언어이다.
그것은 전세계적으로 애플의 생태계가 테스크탑, 스마트폰, IoT에 이르기까지 광범위하게 영향을 끼치고 있기 때문이다.

또한, 무료로 배포되는 Xcode라는 통합개발환경이 있기 때문에 처음 시작하기에 진입장벽이 낮으며, 개발을 전공하지 않은 사람이라도 쉽게 배울 수 있을 정도로 난이도가 높지 않기 때문에 프로그래밍을 처음 시작하는 사람에게도 추천할 수 있는 언어이다.

모쪼록 이 책이 여러분이 스위프트를 배우는데 작은 도움이 되길 바란다.

– 사랑하는 아내에게 감사의 마음을 전합니다.

2015. 10.

하진일

목차 Contents

chapter 06   ARC

chapter 07   발전된 프로그래밍

서론

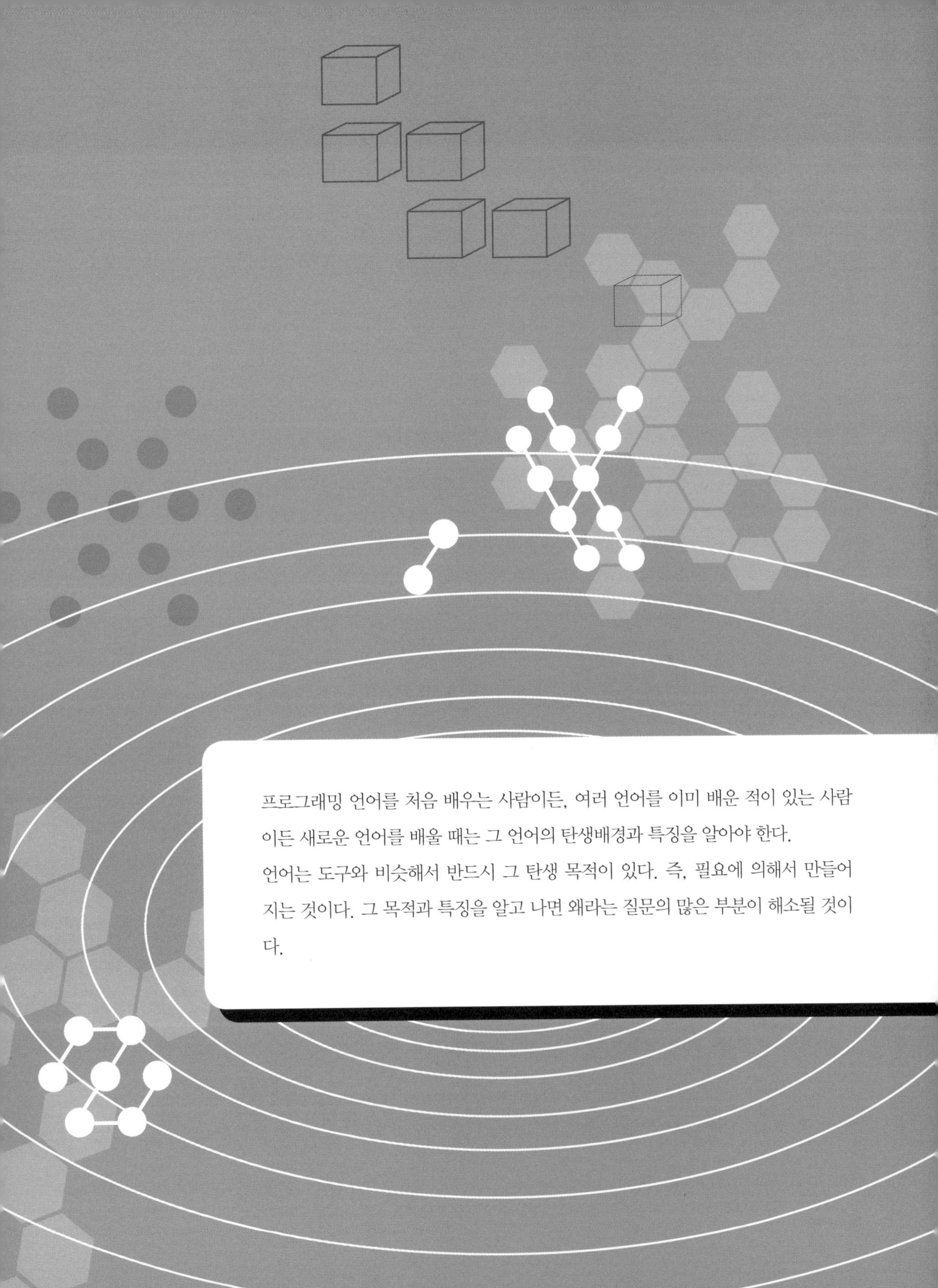

프로그래밍 언어를 처음 배우는 사람이든, 여러 언어를 이미 배운 적이 있는 사람이든 새로운 언어를 배울 때는 그 언어의 탄생배경과 특징을 알아야 한다.

언어는 도구와 비슷해서 반드시 그 탄생 목적이 있다. 즉, 필요에 의해서 만들어지는 것이다. 그 목적과 특징을 알고 나면 왜라는 질문의 많은 부분이 해소될 것이다.

2014년 6월 세계개발자회의(WWDC)에서 팀 쿡(Tim Cook)은 애플이 만든 새로운 프로그래밍 언어인 스위프트(Swift)를 발표했다. 그리고 2015년 6월 WWDC에서는 많은 부분을 개선한 스위프트 2.0에 대해서 발표하였다. 이 새로운 프로그래밍 언어는 MacOSX와 iOS, watchOS에서 실행되는 앱을 만들기 위한 언어이다. 즉, 맥북이나 아이폰, 애플워치용 앱을 만들 수 있는 것이다.

이것은 엄청나게 많은 사용자를 대상으로 하는 단일 앱 스토어에 올릴 수 있는 앱을 만들 수 있다는 것을 의미한다. 또한 스위프트는 Objective-C가 사용하던 Cocoa와 Cocoa Touch 프레임워크를 사용할 수 있기 때문에 기존에 Objective-C로 작성된 많은 코드와 호환이 된다. 즉, 애플은 완전히 Objective-C를 버리고 스위프트로 대체하려는 것이 아니라 간단하고 쉽게 구현할 수 있는 부분을 유연성 있고 빠르게 개발할 수 있도록 하기 위해서 스위프트를 만든 것이다.

애플은 XCode 6.0에서 스위프트를 이용하여 iOS용 앱을 만들 수 있도록 제공하고, XCode 6.1부터는 MacOSX용 앱도 스위프트를 사용하여 개발할 수 있도록 하고 있다. 또한 XCode 7.0부터는 스위프트 2.0의 스펙을 지원하고 있다.

물론 아직 세상에 나온 지 얼마 되지 않은 언어이기 때문에 참고할 만한 문서나 커뮤니티가 많지 않은 것은 사실이지만 가장 빠르게 사용자가 증가하고 있는 것 또한 사실이다 (Stackoverflow는 2015년 가장 사랑받은 프로그래밍 언어에 스위프트를 선정하였다). 애플이라는 거대한 회사가 강력하게 지원하고 있기 때문에 머지 않아 주류 언어로 자리 잡을 것이 확실해 보인다.

그렇다면 애플은 왜 수많은 개발자들이 Objective-C를 사용해서 OSX와 iOS용 앱을 만들고 있는 상황에서 굳이 새로운 새로운 언어를 만든 것일까? 그것은 스위프트의 특징을 보면 알 수 있다.

첫째, 스위프트는 메모리 관리가 간단하다.

기존에 Objective-C로 개발을 하기 위해서는 주의 깊게 메모리를 다루어야 했다. 할당하고 해제하는 과정이 복잡하기 때문에 실수를 하면 바로 메모리 누수로 이어지게 된다. Auto Release Pool이 있긴 하지만 조심해서 사용하지 않으면 메모리가 금새 부족하게 된다. 특히 iOS용 앱을 개발할 때는 한정된 크기의 메모리를 효율적으로 사용하는데 신경을 써야 했다. ARC(Auto Reference Counting)가 나온 후로 조금 더 간편해지긴 했지만 역시 메모리 사용에 주의를 기울이지 않으면 문제가 발생하곤 한다. 이런 Memory Leak 문제는 원인을 찾기 어렵기 때문에 디버깅에 많은 시간과 노력이 필요하다. 하지만, 스위프트는 타입 지정이 필요 없고 처음부터 ARC를 사용하기 때문에 메모리 관리를 위한 노력을 덜 수 있고 비지니스 로직에 더욱 집중할 수가 있다.

둘째, 스위프트는 안전한 코딩을 할 수 있도록 설계되었다.

여기서 '안전'이라고 하는 것은 개발자가 의도하지 않은 동작을 하는 경우를 말한다. 대부분의 현대 언어는 유연성을 강조한 나머지 의도치 않은 동작을 해서 디버깅이 어려운 경우가 많다. 애플은 이런 경우를 대비해서 변수는 사용되기 전에 반드시 초기화하여야 한다거나, 배열의 오버플로우를 검사하는 등 문제가 발생할 여지가 있는 부분을 미리 체크한다. 또한 예외를 발생하는 함수나 메소드에 대해서는 그것을 반강제적으로 처리하도록 유도하고 있다. 방어 코딩을 위해 주의를 기울여야 하는 Objective-C에 비해 훨씬 편하게 개발에 집중할 수 있다.

셋째, 스위프트는 빠르고 강력하다.

스위프트의 소스 파일은 Objective-C와 마찬가지로 고성능의 컴파일러인 LLVM으로 컴파일된다. 즉 Objective-C와 같이 최적화된 Native 코드의 바이너리 파일이 만들어진다. 이것은 타입 지정을 하지 않는 다른 스크립트 언어와의 큰 차이점이다. 또한 VM에서 실행되는 바이트코드보다 더 좋은 성능을 낼 수 있다.

넷째, 결과를 바로 확인할 수 있다.

애플은 XCode 6.1부터 스위프트 코드의 실행 결과를 즉석에서 확인할 수 있는 Playground라는 재미있는 기능을 제공한다. 이것은 거대한 프로젝트의 경우 빌드에 많은 시간이 걸리게 마련인데 실제 개발에 적용하기 전에 코드 조각이 제대로 동작하는지 확인하거나, 알고리즘의 로직을 검증하거나, 문법을 학습하는 용도로 사용할 수 있는 기능이다. 따로 툴을 설치하는 것이 아니라 XCode에 포함된 기능이므로 간편하게 바로 사용할 수 있다.

다섯째, 현대 언어의 특징을 가지고 있다.

클로저, 다중 리턴타입, 네임스페이스, 제네릭, 타입 유추 등 Objective-C에 없는 현대 언어의 특징을 가지고 있다. 이것은 스위프트를 사용해서 좀 더 이해하기 쉽고, 직관적인 프로그래밍을 할 수 있도록 한다. 스위프트는 가장 최근에 생긴 언어답게 다른 언어로부터 좋은 점을 많이 가져왔는데 스위프트의 개발자인 Chris Lattner의 블로그를 보면 Objective-C는 물론이고, Rust, Haskell, Ruby, Python, C#, CLU로부터 영향을 받았다고 말하고 있다.

마지막으로 Objective-C와 같이 사용해서 개발을 할 수 있다.

서로의 소스를 가져와서 쓸 수 있기 때문이다. 이것은 기존의 Objective-C로 된 많은 프로젝트에서 쉽게 스위프트를 사용할 수 있게 해 준다. 즉, 스위프트는 iOS와 Mac OS X 용 앱을 개발하기 위해서….

스위프트는 2010년 7월부터 개발을 시작해서 4년만에 세상에 나왔다. 아이폰4를 내어 놓고 전세계에서 iOS 기기의 사용자가 폭발적으로 늘어날 즈음 스티브 잡스의 애플은 차세대 언어를 만들기 시작한 것이다. 따라서 기존의 Objective-C 개발자를 배려하며 더욱 많은 개발자를 확보하기 위해서 고심한 결과가 스위프트이다.

그리고, 2015년 가을 드디어 스위프트 2.0이 나오면서 애플은 다시 한 번 중대한 발표를 한다. 바로 스위프트의 오픈 소스화와 리눅스에서의 개발 지원이다. 이것은 스위프트의 소스코드를 누구나 가져다 쓸 수 있도록 공개하겠다는 것을 의미하며 리눅스에서도 iOS, Mac OS X용 앱의 개발이 가능해진다는 것을 의미한다.

1-2 개발 환경 구축하기

스위프트로 개발을 하기 위해서 최신의 XCode를 Mac App Store에서 설치해야 한다. Mac의 메뉴바에 있는 사과 마크를 클릭하여 "App Store…"를 선택하면 Mac App Store를 실행할 수 있다.

◆ 그림 1-1. Mac App Store 화면

검색창에서 xcode를 검색하거나 개발자도구 메뉴로 들어가면 XCode를 찾을 수 있다. 여기서 "설치"를 클릭하면 간단하게 설치가 완료된다(이 책에서는 Xcode 6.4와 Xcode 7.0 beta에서 코드를 작성하였다).

이제 XCode를 실행해보도록 하자. spotlight에서 Xcode를 검색하거나 Finder에서 응용프로그램 폴더를 열고 XCode를 찾아서 더블클릭한다.

XCode가 실행되면 그림 1-2와 같은 "Welcome to Xcode"라는 화면이 나온다.

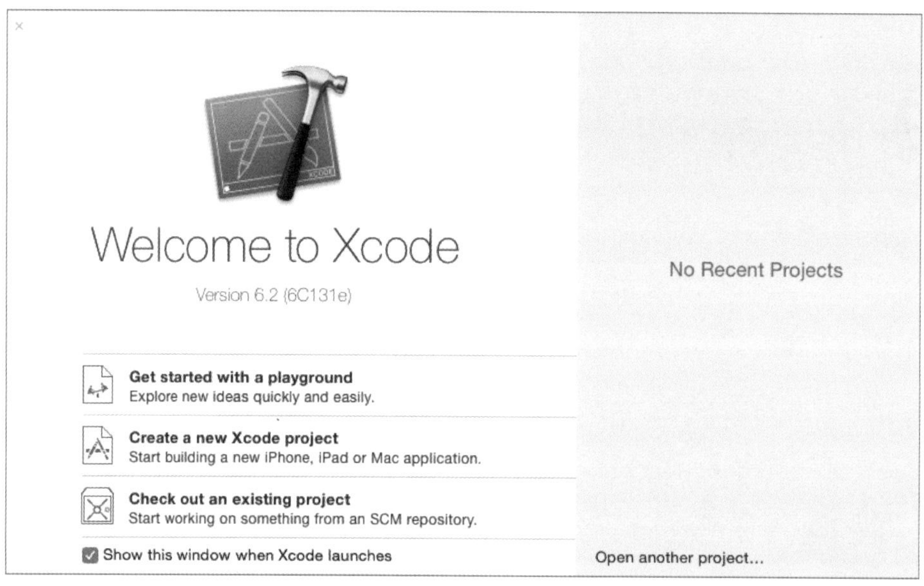

◆ 그림 1-2. Welcome to Xcode 화면

"Get started with a playground"를 선택하도록 한다.

애플 사는 스위프트를 발표하면서 매우 유용한 툴로서 Playground(놀이터)라는 것을 같이 공개했다. Playground는 말 그대로 스위프트의 코드를 가지고 놀 수 있는 놀이터와 같은 것이다. 스위프트의 코드를 입력하면 실시간으로 결과를 확인할 수 있기 때문에 개발중인 로직이나 알고리즘을 간단하게 컴파일 없이 확인하면서 수정하고 싶을 때 손쉽게 사용할 수 있는 도구이다.

이 책에서는 스위프트의 코드를 작성하기 위해서 Playground를 사용하도록 하겠다. 코드를 입력하면 바로 결과를 확인할 수 있으므로 매우 편리하기 때문이다. 대부분의 예제 코드는 길지 않으므로 직접 입력해보면서 결과를 확인해 보도록 하자.

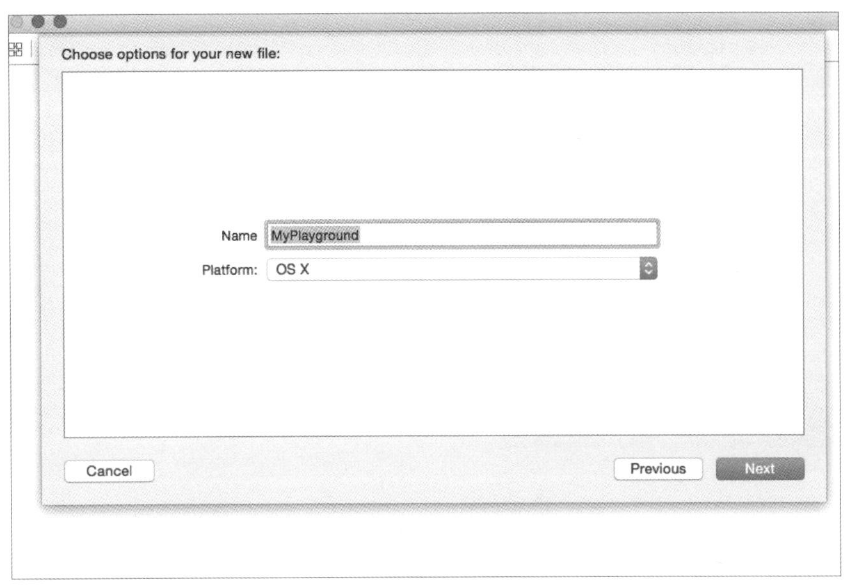

◆ 그림 1-3. 파일 이름 선택

그림 1-3과 같은 창이 나오면 적당한 파일 이름을 입력하고 Platform은 OS X를 선택한 뒤에 Next를 클릭한다. 다음 창에서 파일을 저장할 위치를 선택하고 "Create"를 클릭하면 코드를 가지고 놀 수 있는 그림 1-4와 같은 Playground 화면이 나온다.

이제 여러분은 스위프트의 코드를 작성할 준비가 된 것이다.

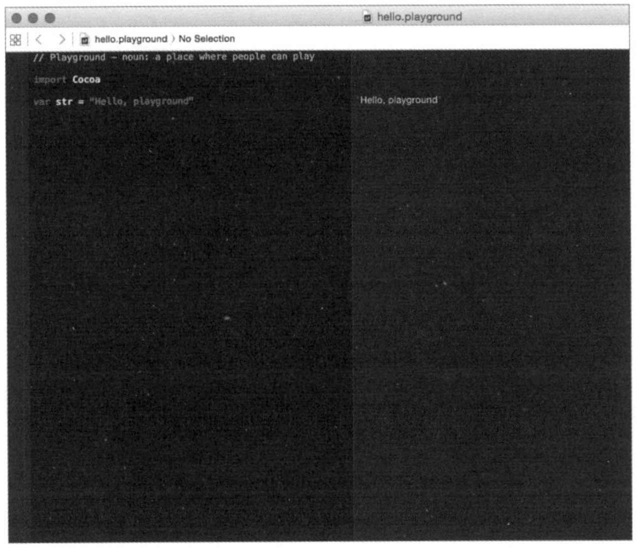

◆ 그림 1-4. Hello, playground

1-3 참고자료

먼저 애플 사에서 제공하는 Developer 사이트에는 스위프트에 관한 많은 정보가 있다. 특히 블로그에서는 여러 가지 유용한 정보를 가지고 있는 포스트가 올라온다.

- https://developer.apple.com/swift/

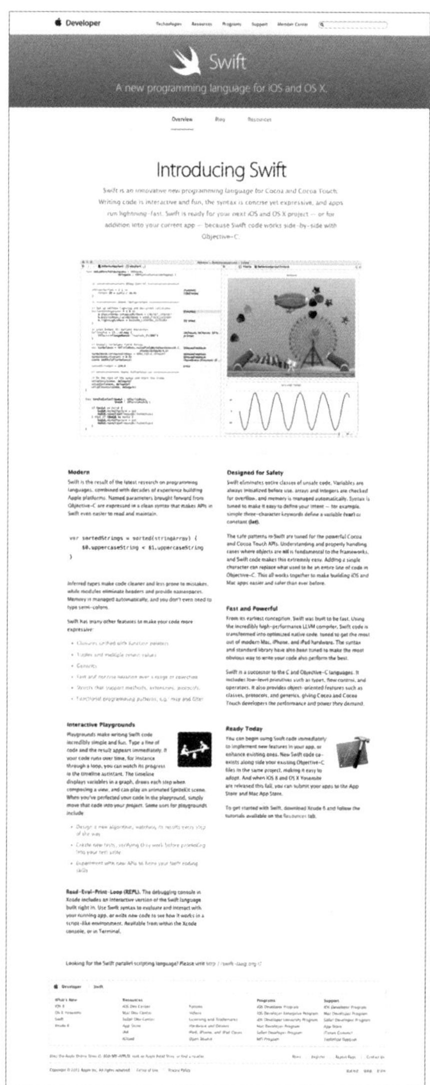

◆ 그림 1-5. Apple Developer 사이트

wikipedia.org의 스위프트 페이지에서 기본적인 문법에 대해 간략하게 훑어볼 수 있다.

- http://en.wikipedia.org/wiki/Swift_(programming_language)

또한 스위프트를 개발한 Chris Lattner의 홈페이지에서도 스위프트와 LLVM에 관한 여러 가지 정보를 얻을 수 있다.

- http://nondot.org/sabre/

만약 스위프트를 컴파일하는 LLVM에 대해서 더 깊게 알아보고 싶다면 LLVM의 공식 홈페이지에서 잘 정리된 문서를 참고할 수 있다.
그 외에도 Stack Overflow나 Github에는 이제 방금 세상으로 나온 이 언어에 관심이 많은 사람들이 여러 가지 정보를 교환하고 있다.

- http://llvm.org/

Chris Lattner's Homepage

About Me

1. My résumé & publications.
2. I am @clattner_llvm on Twitter.
3. I am not a web designer.

Apple

I have worked for Apple since 2005, holding a number of different positions over the years (a partial history is available in the Apple section of my résumé). These days, I run the Developer Tools department, which is responsible for Xcode and Instruments, as well as compilers, debuggers, and related tools.

To answer a FAQ: Yes, I do still write code and most of it goes to llvm.org. However, due to the nature of the work, I usually can't talk about it until a couple of years after it happens. :)

Swift

I started work on the Swift Programming Language (wikipedia) in July of 2010. I implemented much of the basic language structure, with only a few people knowing of its existence. A few other (amazing) people started contributing in earnest late in 2011, and it became a major focus for the Apple Developer Tools group in July 2013.

The Swift language is the product of tireless effort from a team of language experts, documentation gurus, compiler optimization ninjas, and an incredibly important internal dogfooding group who provided feedback to help refine and battle-test ideas. Of course, it also greatly benefited from the experiences hard-won by many other languages in the field, drawing ideas from Objective-C, Rust, Haskell, Ruby, Python, C#, CLU, and far too many others to list.

The Xcode Playgrounds feature and REPL were a personal passion of mine, to make programming more interactive and approachable. The Xcode and LLDB teams have done a phenomenal job turning crazy ideas into something truly great. Playgrounds were heavily influenced by Bret Victor's ideas, by Light Table and by many other interactive systems. I hope that by making programming more approachable and fun, we'll appeal to the next generation of programmers and to help redefine how Computer Science is taught.

Compilers

I lead and am the original author of the LLVM Compiler Infrastructure, an open source umbrella project that includes all sorts of toolchain related technology: compilers, debuggers, JIT systems, optimizers, static analysis systems, etc. I started both LLVM and Clang and am still the individual with the most commits. Of course, as the community has grown, my contribution is being dwarfed by those from a wide range of really amazing folks.

LLVM has enjoyed broad industry success - being widely used in commercial products - as well supporting hundreds of academic papers. For its contribution to the software industry, LLVM has been recognized with the ACM Software System Award.

For more details about LLVM, see:

1. LLVM Compiler Infrastructure home page
2. Invited talks about LLVM and other topics
3. Random notes on LLVM - Unofficial notes and thoughts on LLVM extensions and todo items.

Selected Publications

Here are some of my more notable publications from my graduate school work. A more complete list can be found on my resume.

1. "Making Context-sensitive Points-to Analysis with Heap Cloning Practical For The Real World"
   PLDI 2007, San Diego, CA, June 2007
2. "Macroscopic Data Structure Analysis and Optimization"
   Ph.D. Thesis, Computer Science Dept., University of Illinois at Urbana-Champaign, May 2005.
3. "Automatic Pool Allocation: Improving Performance by Controlling Data Structure Layout in the Heap"
   PLDI 2005, Chicago, IL, June 2005.
   PLDI'05 Best paper award.
4. "Transparent Pointer Compression for Linked Data Structures"
   MSP 2005, Chicago, IL, June 2005.
5. "LLVM: A Compilation Framework for Lifelong Program Analysis & Transformation"
   CGO 2004, Palo Alto, CA, March 2004.
   CGO'04 Best student presenter award.
6. "LLVA: A Low-level Virtual Instruction Set Architecture"
   MICRO-36 2003 San Diego, CA, December 2003.
7. "LLVM: An Infrastructure for Multi-Stage Optimization"
   Masters Thesis, Computer Science Dept., University of Illinois at Urbana-Champaign, Dec. 2002

Copyright © 1994-2013 Chris Lattner
Last modified: Monday, 29-Sep-2014 22:36:37 PDT

W3C HTML 4.01 W3C CSS

◆ 그림 1-6. Chris Lattner의 홈페이지

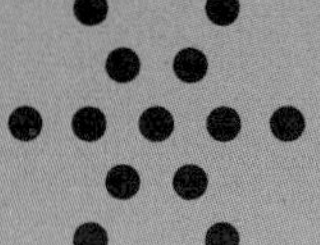

chapter 02

스위프트의 기본 문법

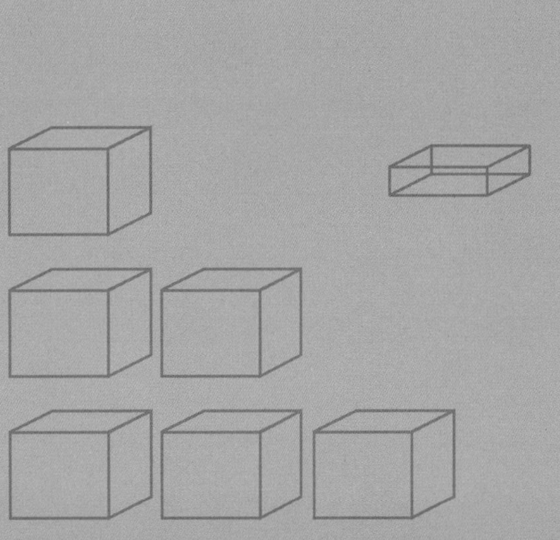

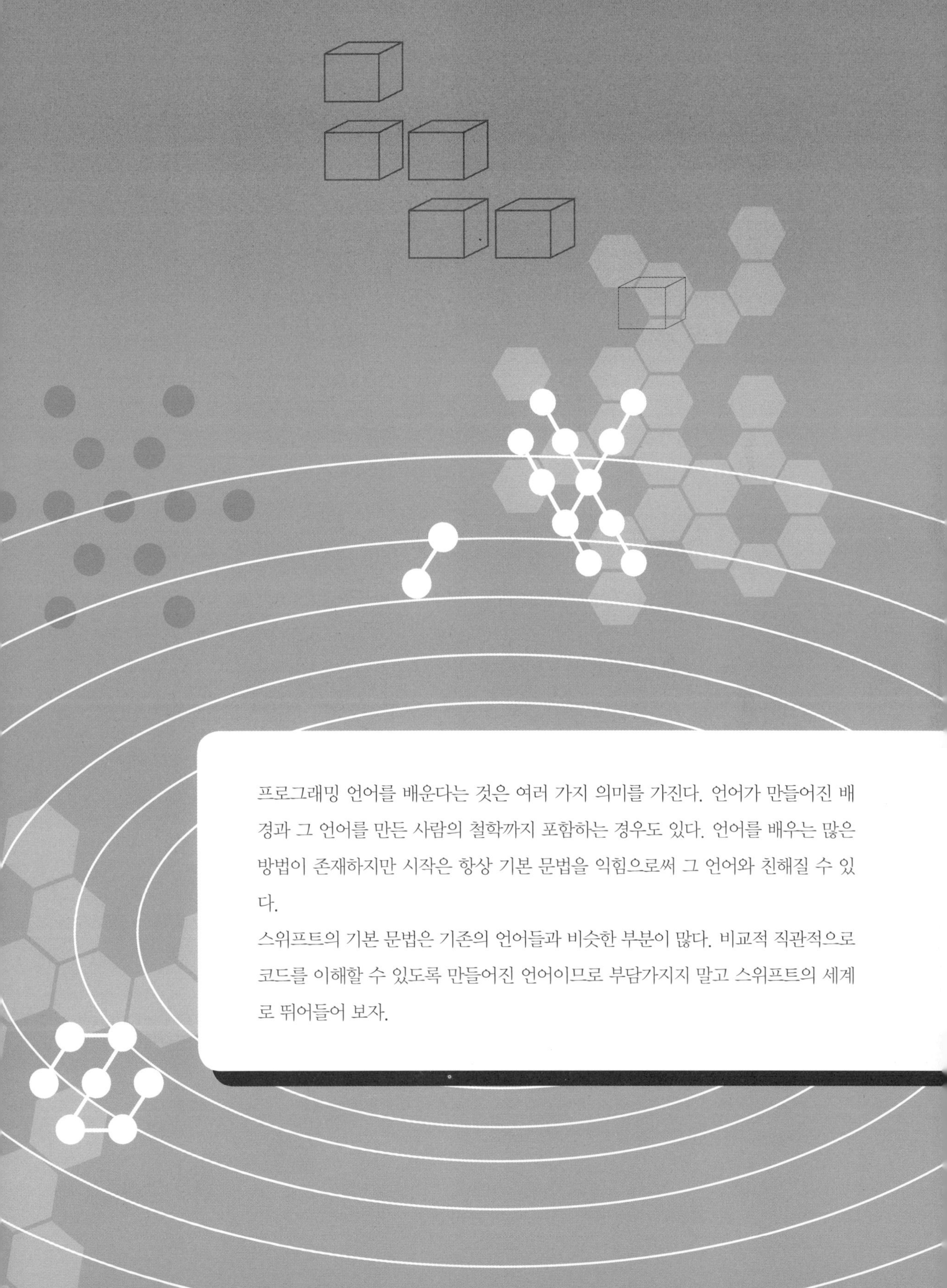

프로그래밍 언어를 배운다는 것은 여러 가지 의미를 가진다. 언어가 만들어진 배경과 그 언어를 만든 사람의 철학까지 포함하는 경우도 있다. 언어를 배우는 많은 방법이 존재하지만 시작은 항상 기본 문법을 익힘으로써 그 언어와 친해질 수 있다.

스위프트의 기본 문법은 기존의 언어들과 비슷한 부분이 많다. 비교적 직관적으로 코드를 이해할 수 있도록 만들어진 언어이므로 부담가지지 말고 스위프트의 세계로 뛰어들어 보자.

먼저 Playground에서 스위프트로 간단한 문자열을 출력하는 프로그램을 만들어 보도록 하자. Playground 문서를 생성하면 다음과 같은 코드가 기본으로 생성되어 있다. 물론 playgraound가 아니라 직접 MacOSX나 iOS에서 동작하는 코드를 만들어도 된다. 이 경우에는 MacOSX의 콘솔 프로그램으로 작성하는 것이 빌드 속도나 실행 속도면에서 빨리 결과를 확인할 수 있다.

```
import Cocoa
var str = "Hello, playground"
```

playground가 자동으로 생성해주는 위 코드에서 import문은 사용할 라이브러리를 지정하는 구문이다. 당장은 필요가 없으므로 지워도 상관없다.

그리고 두 번째 문장은 변수를 생성하는 구문이다. 여기서 var는 변수를 선언하는 키워드이고, str은 변수의 이름, "="은 오른쪽의 내용을 왼쪽의 변수에 할당하겠다는 의미의 연산자이다.

마지막으로, "Hello, playground"는 문자열의 리터럴이다. 리터럴에 대해서는 뒤에서 자세히 설명하도록 하겠다.

그래서 이 문장을 풀어 설명하면 "Hello, playground"라는 문자열을 초기값으로 가지는 변수 str을 생성하는 코드이다.

여기서 한 가지 유의해야 하는 것은 이 str이라는 변수의 자료형이 정의되지 않는다는 것이다. 스위프트는 자료형을 지정하지 않더라도 초기값을 보고 이 변수의 자료형을 유추하여 생성을 한다. 즉, 프로그래머 입장에서는 초기화만 정확하게 해 주면 굳이 자료형을 지정해 줄 필요가 없는 것이다.

Playground에서 오른쪽 sidebar 화면을 보면 "Hello, playground"라고 표시되어 있다. 이것은 해당 문장에서 할당된 내용을 표시하고 있는 것이다. 이 sidebar는 작성하고 있는 코드에 대해서 여러 가지 정보를 실시간으로 알려준다. 어떤 값이 대입되는가, 반복문이 몇 번 반복되는가 따위의 기본적인 정보 이외에도 오른쪽의 Quick Look 버튼을 누르면 대상 이미지와 같은 문자 이외의 정보도 확인할 수 있다.

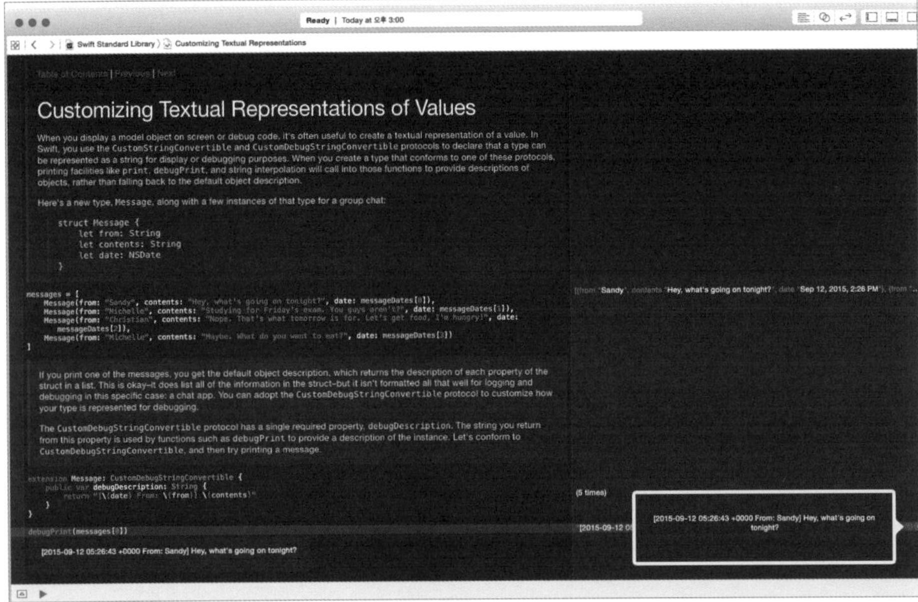

◆ 그림 2-1. playground 화면

위 화면은 애플의 개발자 사이트에서 제공하는 스위프트 표준 라이브러리를 설명하는 playground의 실행화면이다. markdown을 사용하여 설명을 달고 여러 가지 기능을 데모하는 파일이므로 다운로드 받아서 둘러보도록 하자. 다운로드는 아래 URL에서 받을 수 있다.

• https://developer.apple.com/sample-code/swift/downloads/Standard-Library.zip

그럼 코드의 마지막 줄에 다음과 같은 코드를 작성해 보도록 하겠다.

```
print(str)
```

여기서 print는 str의 내용을 콘솔창에 출력하는 함수이다. sidebar 화면에 "Hello, playground"가 하나 더 표시된다. 이것은 str의 내용을 출력한 결과를 의미한다.

```
//: Playground — noun: a place where people can play
import Cocoa
var str = "Hello, playground"
print(str)
'Hello, playground'
'Hello, playground\n'
```

◆ 그림 2-2. Hello, playground 출력화면

입력한 코드를 수정할 때 오타를 냈다고 해서 바로 sidebar의 내용이 사라지지는 않는다. 다만 편집기의 왼쪽에 붉은색 마크로 에러가 난 것을 알려줄 것이다.

변수를 선언할 때 물론 자료형을 지정해 줄 수도 있다. 다음과 같이 변수이름 뒤에 콜론(:)과 함께 자료형을 입력하면 된다.

```
var intValue: Int = 100
var doubleValue: Double = 3.14
var strValue: String = "Hello, Swift!"
```

다만, 주의할 점은 자료형을 지정해 주지 않으려면 반드시 초기화를 해야한다. 스위프트는 초기화하는 리터럴을 보고 자료형을 유추하기 때문에 자료형도 지정해 주지 않고, 초기화도 하지 않는다면 다음과 같은 에러가 발생한다.

```
var a
Type annotation missing in pattern
```

스위프트에서 사용할 수 있는 자료형은 다음과 같다. 각 자료형에 대해서는 다음 단원에서 좀 더 구체적으로 설명하도록 하겠다.

```
String(문자열)
Int(정수)
Float, Double(실수)
Bool(논리값)
Array(배열)
Dictionary(사전)
```

다음과 같이 자료형의 지정없이 각 자료형의 변수를 만들 수 있다.

```
var strVar = "String"
var intVar = 100
var doubleVar = 3.14
var boolVar = true
var arrVar = [ 1, 2, 3, 4, 5 ]
var dicVar = [ 1:"one", 2:"two" ]
```

그리고 변수를 초기화할 때는 다음과 같이 계산 결과를 사용할 수도 있다.

```
var a = "num" + "ber"
var b = 2 + 3
var c = "This is \(a) \(b)"
```

\(변수명)이라는 표현을 사용해서 문자열 안에 변수의 내용을 담을 수 있다. 다만 다음과 같이 서로 다른 자료형의 변수를 가지고 계산을 하면 에러가 발생한다.

```
var d = a + b
```

굳이 서로 다른 자료형의 변수를 가지고 조합을 해서 변수를 초기화하고 싶을 때는 다음과 같이 타입을 변환한 뒤에 초기화할 수 있다.

```
var d = a + String(b)
```

그리고, 다음과 같이 변수의 선언을 한 줄에 여러 개 할 수도 있다.

```
var a1 = 10, a2 = 20
```

일반적으로 스위프트에서는 명령어 사이의 구분자인 ;을 사용하지 않아도 되지만 사용한다고 해서 문제가 될 것은 없다. 다음과 같이 한 줄에 여러 개의 명령을 실행하는 것도 가능하다.

```
var b1 = 11; var b2 = "11"
```

다만, 한 줄에 여러 개의 명령을 쓰게 되면 Playground의 sidebar에서는 변수의 내용을 표시하는 것이 아니라 다음과 같이 명령의 개수를 표시하게 된다.

```
(2 times)
```

◆ 그림 2-3. 한 줄에 2개의 명령하기

2-2 상수(Constant)

스위프트는 변수뿐만 아니라 상수를 정의하는 방법도 제공하고 있다. 상수는 변수와 다르게 한 번 정의하면 그 값을 변경할 수가 없다. 상수는 let이라는 키워드를 사용해서 정의한다.

```
let s = "This is a string"
let s2 = s + "!!!"
```

물론 변수와 같은 방법으로 초기화할 수 있다. 초기화할 때는 상수를 사용해도 되고, 변수를 사용해도 된다. 변수와 마찬가지로 계산 결과를 사용할 수도 있다.

반대로 변수를 초기화할 때도 상수를 사용할 수 있다.

```
let v1 = "Hello"
var v2 = "world"
var v = v1 + ", " + v2
```

다만 다음과 같이 한 번 초기화된 상수의 내용을 바꾸려고 하면 에러가 발생한다.

```
let v1 = "Hello"
v1 = "hello"


Cannot assign to 'let' value 'v1'
```

또한 XCode 7.0부터는 var으로 만든 변수가 의도적으로 값이 변경된 적이 없으면 빌드 중에 경고를 발생시키고 있다 . 이것은 개발자가 상수로 선언해야 하는 것을 변수로 선언했을 가능성이 있기 때문이다. 그러므로, 내용이 변경되지 않는 값에 대해서는 let을 이용하여 선언하도록 하자.

2-3 자료형과 리터럴(Data type and Literal)

스위프트에는 여러 가지 기본 자료형이 있다. 정수형, 문자열과 같은 각 자료형의 구체적인 값을 표현한 것이 리터럴이다. 변수와 상수는 이 리터럴로 초기화를 할 수 있다.

▼ 2-3-1 정수

스위프트에서 정수는 기본적으로 Int로 선언한다. 다음과 같이 자료형을 정하지 않고 정수로 초기화를 하게 되면 기본 정수형인 Int로 선언된다.

```
var i = 123
```

Int형 리터럴은 소수점이 없는 숫자로 표현한다. 예를 들면 16, 0, −8과 같은 값들이 Int형 리터럴이다.

이 때 Int형 변수가 가질 수 있는 값의 범위는 32비트 시스템에서는 32비트의 값이, 64비트 시스템에서는 64비트를 가지게 된다. 이 범위를 정확하게 제한하고 싶다면 Int형이 아니라 Int32나 Int64를 사용하면 된다. 그리고 UInt는 0보다 같거나 큰 값을 가진다.

그 외에도 다양한 범위를 가지는 다음과 같은 정수형이 있다.

	최소값	최대값
Int8	-128	127
Int16	-32,758	32,767
Int32	-2,147,483,648	2,147,483,647
Int64	-9,223,372,036,854,775,808	9,223,372,036,854,775,807
UInt8	0	255
UInt16	0	65,535
UInt32	0	4,294,967,295
UInt64	0	18,446,744,073,709,551,615

◆ 표 2-1. int형의 데이터 범위

예를 들어 UInt16형의 변수는 다음과 같이 선언할 수 있다.

```
var i:UInt16 = 24
```

만약 그 자료형이 가질 수 없는 범위의 값으로 초기화를 하거나 할당을 하게 되면 다음과 같은 에러가 발생한다.

```
var i2:UInt16 = -10
Integer literal overflows when stored into 'UInt16'
```

대부분의 경우에는 Int만의 사용으로 별 문제가 없을 것이지만 범위를 고려해서 코드를 작성해야 하는 경우가 있으므로 항상 주의하는 습관을 들이도록 해야 한다.

보통은 정수형 리터럴로 10진수를 사용하지만 8진수나 16진수를 사용할 수도 있다. 다음은 각각 10진수, 2진수, 8진수, 16진수의 정수 리터럴을 사용하여 Int형 변수를 초기화한 것이다. 10진수는 숫자로만 표시하며, 2진수는 0b(binary), 8진수는 0o(octal), 16진수는 0x(hexadecimal)을 앞에 붙여서 표시한다.

```
var x10 = 10
var x2 = 0b10
var x8 = 0o10
var x16 = 0x10
```

이렇게 초기화를 하면 x10은 10, x2는 2, x8은 8, x16은 16을 초기값으로 가지게 된다. 또한 정수의 값에는 영향을 미치지 못하지만 단순히 코드를 보기 편하게 하기 위해서 앞에 0을 붙이거나 숫자 중간에 언더스코어(under-score, "_")를 넣을 수 있다.

```
var a = 0100
var b = 100_200_300
```

이렇게 표현했을 경우 앞자리의 0이나 언더스코어는 없는 것과 완전히 같은 코드가 된다.

♥ 2-3-2 문자열

문자열 값을 넣는 변수와 상수의 자료형은 String이다. 그리고, 하나의 문자만을 저장하는 Character형 변수가 있다. 그리고 String은 Character의 집합이다. 문자열 리터럴은 기본적으로 큰따옴표(")를 이용한다. Character의 경우는 명시적으로 자료형을 입력해야 한다.

```
var str = "Thank" + " you."
var str2 = "Thanks"
var str3 = "!"
var chr:Character = "!"
var str4 = str2 + str3
var str5 = str2 + chr   // 에러!
var str6 = str2 + String(chr)
```

위와 같이 String형 변수들은 + 연산으로 연결된 문자열을 만들 수 있다. 즉, str의 초기값은 "Thank you."이며, str4의 초기값은 "Thanks!"가 된다. 다만, str4는 String형 변수와 명시적으로 선언된 Character형 변수인 chr을 + 연산하여 에러가 발생하였다.

이 경우에는 str6와 같이 chr을 String형 변수로 변환을 한 뒤 +연산을 하면 된다. String(chr)과 같은 방법으로도 변환할 수 있다.

또한 빈 문자열을 만들고 싶을 때는 다음과 같이 만들 수 있다.

```
var empty:String = ""
var empty = String()
```

스위프트에서 기본 자료형도 모두 클래스로 동작을 한다. 그러므로, String( )과 같이 초기화를 하면 빈 문자열이 할당된다. 또한 다음과 같이 문자열 리터럴에서 바로 메소드를 호출할 수도 있다.

```
var length = "12345".characters.count
```

이런 클래스와 메소드에 대해서는 뒤에서 더 자세히 설명한다.

String은 Cocoa 프레임워크의 NSString과 거의 비슷하게 동작하지만 결정적으로 다른 것이 있다. 바로 직접 데이터를 가지고 있다는 것이다. String은 문자열 전체를 가지고 있고, NSString은 문자열은 메모리에 저장을 하고 그 주소를 가지고 있다. 이것은 기본적으로 함수를 호출하거나 할 때 NSString을 넘겨주면 데이터를 전부 넘겨주는 것이 아니라, 그 주소만 복사를 한다(물론 copy 속성을 주면 NSString도 복사를 한다).

하지만, String은 기본적으로 문자열 전체를 복사하게 된다. 이런 String의 copy-by-default 속성은 메소드에서 String을 전달 받았을 때 온전히 자신이 그 객체를 자유롭게 사용할 수 있다는 것을 의미한다. String의 내용물을 복사를 했기 때문에 메소드에서 그 내용을 변경을 하더라도 원본은 변경되지 않기 때문이다.

String형 변수에 일반적으로 입력할 수 없는 에스케이프 문자를 넣기 위해서는 다음과 같이 입력한다.

```
큰따옴표(") : \"
작은따옴표(') : \'
줄바꿈,개행 : \n
탭 : \t
```

예를 들면, 다음과 같이 변수에 값을 대입할 수 있다.

```
var hello = "\"hello\""
print(hello)
```

또한 다음과 같은 방법으로 문자열에 유니코드를 할당할 수도 있다.

```
let c1 = "\u{ab}"      // 1바이트형 유니코드
let c2 = "\u{abcd}"    // 2바이트형 유니코드
```

매우 재미있는 기능으로 이모티콘을 문자열 리터럴에 넣을 수도 있다. 메뉴바에서 Edit → Emoji & Symbols를 선택하면 특수문자를 입력할 수 있다. Xcode 6 이전 버전에서는 "Special characters"를 선택하면 된다.

▼ 2-3-4 실수

소수점이 있는 숫자를 나타내는 실수는 Float과 Double 두 가지의 자료형이 있다. Float은 32비트의 크기를 가지는 실수이고, Double은 64비트이며 기본형은 Double이다.

```
let fpvalue = 1.34
let doubleValue:Double = fpvalue
let floatValue:Float = fpvalue
```

여기서, fpValue는 부동소수점 실수도 초기화되는데 이 때 1.34는 Float형이 아니라, Double형이 되는 것이다. 따라서 두 번째 줄은 문제가 없지만 세 번째 줄에서는 Double 형의 상수를 사용해서 Float형의 상수를 초기화하는 것이 되므로 에러가 발생한다.

실수 리터럴을 표현하기 위해서는 3가지 방법이 있다. 단순히 소수점을 사용해서 표현하는 방법과 10의 승수 표현법과 2의 승수 표현법이 있다. 각각 다음과 같다.

```
let double1 = 12.34    // 12.34                    (소수점을 사용해서 표현하는 방법)
let double2 = 333e-2  // 333 x 10 ^ -2 = 3.33       (10의 승수표현법)
let double3 = 0x11p-4 // 17 x 2 ^ -4 = 1.0625       (2의 승수표현법)
```

그리고 이보다 훨씬 큰 실수를 표현하고 싶을 때는 Float80이라는 자료형을 사용할 수 있다. 하지만 매우 예외적인 경우가 아니라면 별로 사용을 권하지 않는다. 만약 매우 큰 실수를 사용해야만 하는 경우라면 일반적이지 않은 연산이 필요한 경우가 많을 것이므로 그 값을 처리하기 위한 클래스를 만드는 쪽을 권한다.

▼ 2-3-5 논리형

불린형이라고도 하며 참인지, 거짓인지를 나타내는 자료형이다. 값으로는 true나 false를 가진다.

```
let t = true
let f = false
```

나중에 나오는 if 문의 조건식에 참과 거짓의 판단을 위한 자료형이다. == 연산자의 결과
이기도 하다.

```
if t {
    print("true")
} else {
  print("false")
}
```

이 코드는 t가 참(true)인가, 거짓(false)인가에 따라서 다른 코드가 실행되는 조건문이다.
즉, t가 참이라면 "true"가 출력될 것이고, 거짓이라면 "false"가 출력된다.

자동으로 x는 Integer형 상수가 되고 임의로 Boolean형으로 바뀌지 않는다. 따라서 if문은
에러가 발생하게 된다.

▼ 2-3-6 배열(Array)

여러 개의 값을 모은 것을 Collection Type이라고 하는데 스위프트에는 Collection Type으
로 배열형(Array)과 사전형(Dictionary)이 있다. 그중에서 같은 자료형의 값을 모아둔 것을
배열이라고 한다. 배열형 변수의 선언은 다음과 같다.

```
var animal:Array<String> = [ "dog", "cat", "sheep" ]
```

이 경우에는 animal이라는 변수를 배열형으로 선언을 한 것인데, 3개의 문자열 값이 모여
있는 배열로 초기화를 하고 있다. 여기서 Array〈String〉은 String형 자료의 배열형이라는
뜻이다. 즉, 몇 개의 문자열일지는 모르겠지만 여러 개의 문자열을 가지는 자료형 변수로
서 animal을 선언한 것이다.

다음과 같은 방법으로 배열형 변수를 선언하는 것도 가능하다.

```
var animal:[String] = [ "dog", "cat", "sheep" ]
```

대괄호([,])안에 자료형만을 넣는 방법으로 이쪽이 좀 더 직관적이다. 게다가 중첩된 배열을 선언하기도 쉽다.

```
var animal:[[String]] = [["dog", "cat", "sheep"], ["elephant", "monkey"]]
```

다만 배열 역시 스위프트가 자료형을 추론을 하기 때문에 위와 같이 초기화를 한 경우라면 자료형을 생략할 수 있다.

```
var animal = ["dog", "cat", "sheep"]
```

그리고 하나의 요소도 없는 배열을 만들고 싶을 때는 다음과 같이 초기화를 하면 된다.

```
var animal:[String] = [ ]
var nation = [String]( )
var number:Array<Int> = Array<Int>( )
```

animal과 같이 대괄호만을 사용해서 빈 배열을 만들고 싶을 때는 반드시 변수의 자료형([String])을 표기해서 선언하여야 한다. 그렇지 않으면 스위프트는 이 변수가 어떤 자료형의 배열인지를 알 수 없기 때문에 컴파일 에러가 난다. 그러므로 주의하도록 하자.

배열에 대해서는 별도의 단원에서 좀 더 구체적으로 배우도록 하자.

▼ 2-3-7 사전형(Dictionary)

스위프트에서 제공하는 Collection형의 다른 하나는 사전형이다. 사전형은 key와 value를 가지는 자료형으로 배열과 가장 다른 점은 요소에 접근하기 위해서 index를 사용하는가, key를 사용하는가이다. 조금 더 쉽게 설명하면 배열의 경우는 요소들이 순서를 가지고 있기 때문에 3번째 요소를 얻고 싶을 때는 바로 얻을 수가 있다. 여기서 3번째라고 하는 것이 인덱스이다.

하지만, 사전형은 안에 있는 요소들이 순서없이 저장되어 있다. 즉 사전형 변수의 3번째 요소를 얻을 방법도 없고 강제적으로 얻는 다고 해도 항상 같을 것이라는 보장이 없다. 대신 사전형은 요소에 접근하기 위해서 key라는 것을 가지고 있다. 이것은 마치 전자사전에서 어떤 단어를 찾으려고 할 때 그 단어가 몇 번째로 저장되어 있는지는 중요하지 않고 단어를 입력했을 때 바로 그 뜻을 찾는 것이 중요한 것과 같다고 보면 된다.

그럼 사전형 변수를 만들어 보도록 하자.

```swift
var student:Dictionary<Int, String> =
        [1:"freshman", 2:"sophomore", 3:"junior", 4:"senior"]


var student:Dictionary = [1:"freshman", 2:"sophomore",
        3:"junior", 4:"senior"]


var student:[Int:String] = [1:"freshman", 2:"sophomore",
        3:"junior", 4:"senior"]


var student = [1:"freshman", 2:"sophomore", 3:"junior",
        4:"senior"]
```

위의 4가지의 방법은 모두 같다. 사전형의 변수나 상수를 만들기 위해서는 Dictionary라는 타입을 사용할 수 있는데 이 타입은 Dictionary〈key자료형, value자료형〉이나 [key자료

형:value자료형]으로 초기화할 수 있다. 다만, 위와 같이 초기화 하는 값이 확실할 경우는
자료형을 생략해도 사전형이라는 것이 확실하므로 생략할 수 있다.

사전형에 대해서도 나중에 별도의 단원에서 자세히 알아보도록 하자.

2-4 nil과 Optional

스위프트에서는 값이 없음이라는 의미로 nil이라는 키워드를 사용한다. 그리고 할당된 값
이 없을 수도 있는 변수에 대해서는 optional로 지정을 해 준다. optional은 타입의 이름 뒤
에 물음표(?)를 넣어서 선언한다. 즉, optional 변수로 선언이 되면 이 변수는 nil을 값으로
가질 수 있다. 물론 optional로 지정되지 않은 변수는 nil값을 가질 수 없다.

```
var value:Int? = 32
var value2:Int = nil
```

위에서 2번째 줄의 value2는 에러가 발생한다. optional이 아닌 Int형 변수에 nil을 할당했
기 때문이다.

optional로 지정된 변수는 다음과 같이 조건문에서 nil인지, 아닌지를 판단할 수 있다.

```
if value == nil {
        print("value is nil.")
} else {
        print("value is not nil.")
}
```

여기서 사용되는 nil은 Objective-C의 nil과는 의미가 조금 다르다. Objective-C에서는 포인터 변수의 값이 없을 경우, 즉 가리키는 메모리가 없을 경우 nil을 할당하지만 스위프트에서는 값이 없다라는 뜻으로 nil을 할당한다. 비슷해 보이지만 다른 것이 포인터의 개념이 아니라 값을 가지는가, 아닌가에 초점이 맞추어져 있다. 값이 없을 수도 있다는 의미로 사용하기 때문에 객체뿐만 아니라 구조체나 열거형에도 optional을 지정할 수 있다.

이런 optional의 경우 사칙연산이나 여러 메소드의 인자로 넘길 수 없는 경우가 많다. 그것은 이 변수가 nil을 가질 수 있기 때문에 타입체크에서부터 걸러내어 에러를 발생시키는 것이다. 만약 해당 변수가 nil이 아니라는 확신이 있다면 강제적으로 optional 속성을 제거할 수 있다. 이것은 forced unwrapping이라고 한다.

```swift
var value:String? = "okay"


if value == nil {
        print("nil!")
} else {
        print(value!)
}
```

위와 같이 forced unwrapping은 변수의 이름 뒤에 느낌표(!)를 붙이면 된다. 이렇게 forced unwrapping하면 보통의 String 변수로서 작용하게 된다. 물론 nil값을 가지는 변수를 forced unwrapping하면 에러가 발생한다.

이렇게 강제적으로 unwrapping하는 방법 이외에도 필요하면 암묵적으로 unwrapping할 수 있는 방법이 있다. 변수를 선언할 때부터 implicit unwrapping하도록 지정하는 것이다. 타입 이름 뒤에 느낌표(!)를 넣으면 된다.

```swift
var str:String! = "Hello"
var str2:String = str
```

위와 같은 코드에서는 str을 implicit unwrapping optional이라고 한다. str은 필요한 경우
에 자동으로 unwrapping되는 것이다. 경우에 따라서 이것은 매우 편리하게 사용할 수 있
다. nil이 아니라는 확신이 있을 때 매우 간단하게 변환작업을 해 주므로 코드를 깔끔하게
유지할 수가 있다.

2-5 튜플(Tuple)

스위프트에서는 2개 이상의 변수를 묶어서 하나로 다루는 방법으로 tuple을 제공한다.

```
let (a, b) = (10, "Kim")
```

이런 방식의 코드는 언뜻 보기에는 변수를 하나씩 따로 선언하여 사용하는 것과 별반 다
를 것이 없어 보이지만 함수로부터 리턴값을 받을 때 매우 강력한 기능을 하게 된다.
전통적인 함수의 개념에서는 여러 개의 인자를 받아서 계산을 한 뒤에 하나의 값을 반환
하는 형태를 지니고 있다. 이것은 함수의 반환값을 즉시 다른 식에서 사용할 때 매우 편리
하다.
하지만, 함수로부터 여러 개의 정보를 넘겨 받고 싶을 때는 매우 귀찮은 작업을 해야 한
다. 예를 들어 함수의 기능이 성공했는지, 실패했는지를 판단하는 불린형 값과 어떤 에러
가 발생했는지 그 내용을 별도의 리턴값으로 받을 수 있다.

```
(result, error_code) = func(param)
```

위와 같은 방법으로 함수의 리턴값에서 에러에 대한 처리를 간단하게 만들 수 있다. 혹시
tuple의 값 중에 필요없는 값이 있다면 받지 않을 수도 있다.

```
let nameAndAge = ("Tom", 15)
let (name, _) = nameAndAge
```

위와 같이 under-score(_) 기호를 사용하여 tuple의 일부 값을 무시할 수도 있다. 그리고 tuple의 index를 사용해서 일부 값에 따로 접근할 수도 있다.

```
var age = nameAndAge.1
```

이것은 nameAndAge 튜플의 2번째 인자인 나이만을 얻는 경우이다. 물론 index가 아니라 이름을 지정할 수도 있다.

```
let nameAndAge = (name:"Tom", age:15)
print("His name is \(nameAndAge.name)")
```

Object-C의 개발에 익숙한 독자라면 이것이 매우 익숙한 코드일 것이다. 바로 함수의 호출에서 사용하는 방법과 비슷하게 각 요소의 이름을 지정하여 튜플을 만드는 것이다. 이것은 함수를 호출할 때나 반환할 때나 비슷한 코드를 사용하도록 설계를 하였기 때문이다.

 ## 2-6 연산자

스위프트는 다른 언어와 마찬가지로 한 글자 이상의 특수문자로 값을 조작하거나 검사한다. 사실 연산자는 심플한 형태의 함수라고 생각할 수 있다. 스위프트는 다양한 연산자를 제공하고 있는데 기본적인 연산자로서 다음과 같은 것들이 있다.

▼ 2-6-1 대입 연산자 =

오른쪽의 값(우변)을 왼쪽에 있는 변수에 할당하는 연산자이다. 다만, 주의할 점은 반환값이 없다는 것이다. 이것은 값을 할당한 뒤에 따로 반환하는 값이 없으므로 다중으로 할당하는 것이 불가능하다.

```
var a:Int
var b:Int


a = 1
b = 2
a = b = 3
```

이 코드의 마지막 줄에서 에러가 발생한다. 이것은 b = 3이 b에 3을 할당하지만 반환값이 없기 때문에 a에 할당할 값이 없다. C/C++나 Objective-C에서 다중할당을 사용하던 사람에게는 당황스러울 수 있다. 하지만, =와 ==를 혼동해서 if문이 잘못 작동하는 경우를 방지하기 위해 스위프트에서는 대입연산자가 반환값이 없도록 설계되었다.

tuple에서 이미 설명하였지만 대입연산자는 한 번에 하나의 값만을 대입하는 것은 아니다. 다음과 같이 tuple을 사용하여 동시에 2개 이상의 변수에 값을 할당할 수 있다.

```
var (a, b) = (1, 2)
```

▼ 2-6-2 산술 연산자

산술적인 계산을 위한 연산자로는 기본적인 사칙연산을 위한 연산자(+, −, *, /)가 있다. 이 외에도 나눗셈의 나머지를 구할 수 있는 연산자(%)가 있다.

```
let a = 1 + 7
let b = 5 - 3.5
let c = 1.9 * 6.0
let d = 7 / 2
let e = 16 % 5
```

모든 연산은 자료형의 범위 안에서 계산되도록 주의를 기울여야 한다. 그렇지 않을 경우 에러가 발생한다. 운이 좋게 컴파일 과정에서 overflow 에러가 발생할 수도 있지만 입력받은 값으로 연산을 할 경우에는 실행 중에 에러가 발생할 수도 있다.

그 외에 주의가 필요한 것은 나눗셈에서의 자료형에 주의해야 한다. 다음의 두 코드는 결과값이 다르다.

```
let div1 = 9 / 4            // 결과값 2
let div2 = 9 / 4.0          // 결과값 2.25
```

Int형과 Int형 사이의 나눗셈 연산의 경우는 소숫점 아래를 버리고 결과값을 Int로 반환하며, Int형와 Double형이나 Double형과 Double형 사이의 나눗셈에서는 소수점 아래까지 계산을 해서 Double형 값을 돌려준다.

그리고 나머지 연산에서도 Double형을 사용할 수 있다.

```
let mod1 = 14 % 3           // 2
let mod2 = 14 % 3.2         // 1.2
let mod3 = 14.2 % 3.2       // 1.4
```

앞에서도 소개를 하였지만 더하기 연산의 경우 문자열을 이어주는 결합연산자로서 사용할 수 있다.

```
let string1 = "abc" + "def"
```

다만, String형과 Int형 또는 String형과 Double형의 결합연산은 불가능하다. 굳이 더하기나 결합을 하고 싶다면 한쪽으로 형변환을 해서 연산해야 한다.

▼ 2-6-3 증감 연산자

C나 Objective-C와 마찬가지로 간단하게 간단하게 1을 더하거나 뺄 수 있는 증감연산자(++, --)를 지원한다.

```
var i = 0
i++
++i
```

증감연산자의 경우 변수의 앞이나 뒤에서 사용할 수 있다. 이 때 다른 점은 앞에서 사용할 경우(전치연산)는 먼저 1을 더하고 해당 줄의 코드를 실행하고, 뒤에서 사용할 경우(후치연산) 먼저 코드를 실행하고 1을 더한다는 것이다.

```
var int1 = 3
var int2 = ++int1
var int3 = int1++
var int4 = int1
```

위의 코드를 실행했을 때 결과는 int2와 int3은 4가 되고, int4는 5가 된다. 이것은 int2는 int1을 증가시킨 뒤에 할당을 했기 때문이고, int3은 int1(4)을 할당하고 int1을 1 증가시켰기 때문이다. 물론 이미 증가된 int1(5)이 할당된 int4는 5를 가지게 된다. 전치연산자와 후치연산자는 복잡한 식에서 사용될 때 특히 주의해서 사용해야 한다.

또 하나 증감연산자에서 주의할 점은 반환값이 상수라는 것이다. 즉 ++i는 i에 1을 증가시키고, 그 증가시킨 값을 반환한다. 그러므로 증감연산자를 중복해서 사용할 수 없는 것이다.

```
var i = 5
var j = ++i--
```

위의 코드는 i에 1을 증가시켜서 j에 할당하고 바로 i에서 1을 빼는 작업을 하려고 한 것이겠지만 ++i의 리턴값은 상수 6이므로 에러가 발생하게 된다.

▼ 2-6-4 단항 연산자

+와 −는 더하기 빼기 외에도 하나의 값의 앞에 사용될 수 있다. 이 때 +는 아무런 동작을 하지 않고, −는 해당 값의 부호를 바꾼다.

```
let val1 = -5
let val2 = -val1
```

즉, 위와 같은 경우 val2는 −5에서 부호가 바뀐 5를 값으로 가지게 된다. 단항연산자에서 주의할 것은 피연산자(변수나 리터럴)와 연산자 사이에 공백이 있어서는 안된다는 점이다. 즉 다음 코드는 에러가 발생한다.

```
var val1 = -5
var val2 = - val1
```

val1과 단항연산자(-) 사이에 공백이 있기 때문이다. 이것은 단항 연산자가 연속으로 사용되는 것을 막아준다. 즉, 단항연산자(-)를 연속으로 사용하면 증감연산자(--)와 같게 되므로 에러의 원인이 되기 때문에 아예 사용하지 못하도록 막는 것이다. 즉 a = - - b와 같이 사이에 공백을 넣어서 단항연산자를 여러 번 사용하지 못하도록 하는 것이다.

▼ 2-6-5 복합대입 연산자

이름이 좀 복잡한 연산자이지만 간단하게 생각해서 산술연산과 대입연산을 동시에 하는 것이다.

```
var v = 3
v += 5
```

실제 프로젝트에서 자주 사용되는 연산자로 위 코드의 아래줄은 v = v + 5와 같은 의미를 가진다. 다만 조금 더 간략하게 표현할 수 있는 것이다. 물론 다른 산술연산에 대해서도 복합대입연산자가 존재한다.

```
v -= 1
v *= 3
v /= 2
v %= 3
```

이 때 복합대입연산자는 대입연산자와 마찬가지로 결과값을 가지지 않는다. 즉 복합대입연산의 결과를 다시 재사용하는 것이 불가능하다.

```
y = v += 3
```

위 코드는 v += 3의 결과값이 없으므로 에러가 발생하게 된다.

▼ 2-6-6 비교 연산자

2개의 값을 비교해서 참인지, 거짓인지를 판단하는 연산자이다. 당연하겠지만 Boolean형
을 결과로 가진다.

```
a == b          // a와 b가 같은가
a != b          // a와 b가 다른가
a > b           // a가 b보다 큰가
a >= b          // a가 b와 같거나 큰가
a < b           // a가 b보다 작은가
a <= b          // a가 b와 같거나 작은가
```

이 비교연산자는 정수형이나 실수형 값에서 사용할 수 있는데 양쪽의 자료형을 같게 해야
한다. 예를 들어 Int형과 UInt16형의 정수를 서로 비교하려고 해도 에러가 발생한다.
비교연산의 결과는 if의 조건문으로 사용될 수 있는데 제어구문에서 자세하게 설명하겠다.
이 외에도 ===와 !== 연산자가 있는데, 이것 역시 클래스와 함께 설명하도록 하겠다.

▼ 2-6-7 조건부 연산자

유일한 3항연산자이며 간단한 조건문을 한 번에 처리할 수 있는 연산자이다.

```
<조건문> ? <참의 경우> : <거짓의 경우>
```

위와 같이 코드를 작성하면 조건문이 참일 때와 거짓일 때에 따라 다른 계산을 하게 된다.

```
let a = 3
let b = (a > 5) ? a - 5 : a
```

여기서는 a가 5보다 크지 않으므로 b에는 3이 할당된다. 이것은 다음과 같은 조건문과 완전히 일치한다.

```
var b:Int
if (a > 5) {
        b = a - 5
} else {
        b = a
}
```

a > 5를 검사해서 참인가 거짓인가에 따라 b에 다른 값을 할당하게 된다. 당연한 이야기이지만 조건부 연산자는 할당만 하지 않는 것이 아니라 참일 때는 3항째의 코드는 전혀 실행하지 않으며 거짓일 때는 2항째의 코드를 전혀 실행하지 않는다.

다음 코드에서 a가 마지막에 가지는 값은 4가 된다.

```
var a = 3
var b = a > 5 ? ++a : ++a
```

즉, ++a는 한 번만 실행되는 것이다. 이렇게 논리값에 따라 최소의 실행만 하는 것은 Short-circuit evaluation이라고 한다. 논리연산의 경우 뒤쪽 부분에 상관없이 앞쪽 부분에서 전체 연산의 결과가 결정되는 경우가 있다. 이럴 경우 많은 언어에서 뒤쪽 부분은 계산을 하지 않고 있다.

이것을 잘 이용하면 매우 깔끔한 코드를 작성할 수도 있다.

▼ 2-6-8 nil coalescing operator

위에서 설명했던 Optional 타입에서는 그 변수의 값이 nil을 가질 수도 있는데 이런 변수의 경우 사용하기 전에 항상 nil인지를 체크를 하고 사용해야 한다. 상황에 따라서는 nil을 넣으면 에러가 발생하는 경우도 있기 때문이다. 이와 같이 어떤 값이 nil인지를 체크하고 만약 nil이라면 다른 값을 대입해야 하는 경우는 종종 발생한다. 그럴 때마다 조건문을 사용하면 코드의 가독성이 떨어지므로 nil coalescing operator를 사용할 수 있다. 이 연산자는 왼쪽의 값이 nil이 아니면 그 값 그대로 반환하며, 만약 nil이라면 연산자 오른쪽의 값을 반환한다.

설명이 조금 복잡하지만 예시를 보면 간단하게 사용할 수 있는 편리한 연산자라는 것을 알 수 있다.

```
var x1:Int? = 3
var y1:Int = x1 ?? 5
var x2:Int? = nil
var y2:Int = x2 ?? 2
```

x1의 경우 nil이 아니기 때문에 y1에는 x1의 값이 그대로 대입되고 x2는 nil이므로 y2에는 2가 대입된다. 이 때 유념할 것은 nil coalescing operator를 사용하므로써 forced unwrapping하지 않았다는 것이다. 일반적인 경우라면 y1 = x1이라고 대입하게 되면 unwrap되지 않았다는 에러가 발생한다. 그것은 x1이 optional 타입이므로 nil일 가능성이 있는 변수를 일반적인 변수 y1에 대입할 수 없기 때문이다. 이것은 나중에 나오는 조건문을 사용해서 x1이 nil이라면 실행되지 않는 코드일지라도 forced unwrapping이 필요하다.

```
if x1 == nil {
        y1 = 4
} else {
        y1 = x1!
}
```

위에서 x1이 nil이라면 y1 = x1!이 실행되지 않음에도 불구하고 x1은 forced unwrapping 해야 한다. 이것은 컴파일러가 y1 = x1!만 보고서는 x1이 nil이 될 가능성이 없다는 것을 모르기 때문이다(물론 코드 전체를 분석해서 가질 수 없다는 것을 확인하는 것은 매우 어렵고 복잡해서 불가능에 가깝다).

하지만 nil coalescing operator를 사용하면 해당값이 nil이 아니라는 것을 컴파일러가 확신할 수 있으므로 forced unwrapping할 필요가 없어지는 것이다(물론 하더라도 당연히 에러가 발생하지는 않는다).

☑ 2-6-9 범위 연산자 (Range Operator)

반복문에 사용하는 목적으로 범위를 의미하는 연산자이다. 사용법은 다음과 같다.

```
for i in 1...3 {
        print(i)
}
```

이렇게 점을 3개 연속으로 찍으면 Closed Range Operator라고 해서 모든 범위의 수를 가지는 범위가 된다. 하지만 많은 반복문의 경우 마지막 수는 빼고 루프를 실행하는 경우가 많은데, 이를 위해서 Half-open Range Operator가 있다.

```
let animals = [ "Tiger", "Lion", "Monkey" ]

for n in 0..<animals.count {
        print(animals[n])
}
```

위와 같이 ..< 연산자로 범위를 만들면 마지막 값은 빠지게 된다. 이것은 특히나 0부터 시작하는 배열의 인덱스를 처리할 때 매우 편리하게 사용할 수 있다. 위 코드는 animals에 있는 동물들의 이름을 차례대로 출력한 뒤 종료한다.

❖ 2-6-10 논리 연산자

원래 컴퓨터에 저장하는 데이터는 0과 1로 이루어져 있고 0을 거짓(false), 1을 참(true)으로 하는 논리연산을 처리하도록 되어 있다. 이 논리연산은 크게 3가지가 있다. 그것은 각각 AND, OR, NOT인데 스위프트에서는 다음과 같은 연산자로 이 논리연산을 처리할 수 있다.

- AND 연산자 : &&
- OR 연산자 : ||
- NOT 연산자 : !

AND 연산은 2개의 논리값이 모두 참일 때만 결과값이 참이 되고 나머지의 경우는 거짓이 된다.

OR 연산은 2개의 논리값이 모두 거짓일 때만 결과값이 거짓이 되고 나머지의 경우는 참이 된다.

NOT 연산은 하나의 논리값에 대해 참일 때는 결과가 거짓이 되고 거짓일 때는 참이 된다.

A	B	A AND B	A OR B	NOT A
0	0	0	0	1
0	1	0	1	1
1	0	0	1	0
1	1	1	1	0

◆ 표 2-2. 논리 연산표

다음의 예시를 보도록 하자.

```
 let age = 22
 let blood = "A"


if age >= 18 && blood == "A" {
        print("OK")
} else {
        print("Not OK")
}
```

위 코드에서 age는 22이고 blood는 "A"가 된다. 이때 구하려는 사람이 18살 이상의 A형인 사람이라면 위와 같이 age >= 10 && blood == "A"로 표현할 수 있다. 이것은 age가 10보다 같거나 크고, blood가 "A"여야 전체가 참이 되는 것이다. 만약에 age가 18미만이거나 blood가 "B"와 같이 하나라도 충족되지 않으면 전체의 결과가 거짓이 된다.

이런 논리연산은 조건문이나 반복문에서 흔하게 사용되며 실수로 잘못된 논리식을 입력했을 때 발생하는 버그는 찾기가 매우 어렵다. 그러므로, 주의를 기울여 작성하도록 하자.

▼ 2-6-11 비트논리 연산자

전체의 참과 거짓을 다루는 것이 아니라 비트단위로 논리연산을 하는 논리연산자도 있다.
비트논리연산자는 다음과 같이 계산한다.

- `AND, OR, NOT, XOR, Shift`

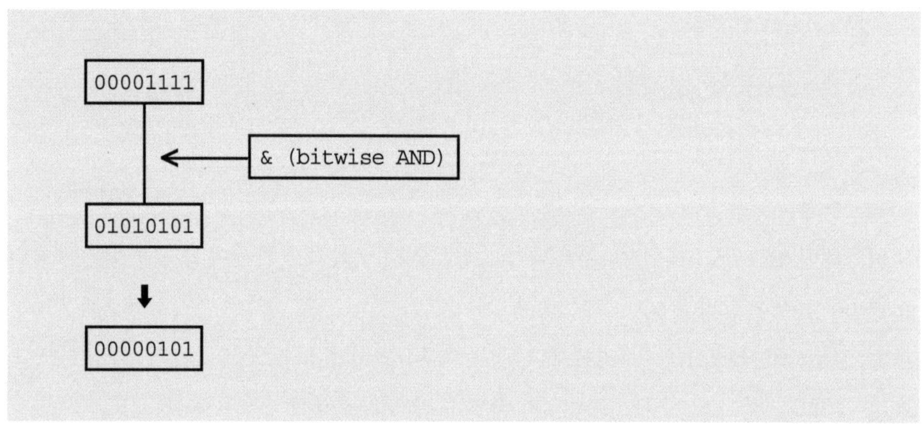

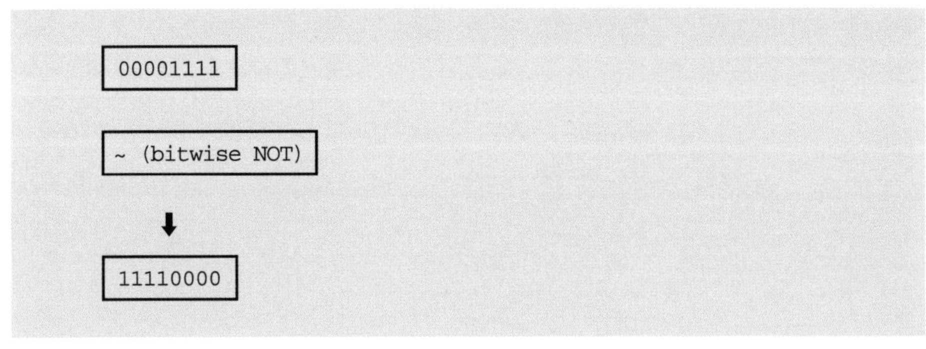

00001111
~ (bitwise NOT)
11110000

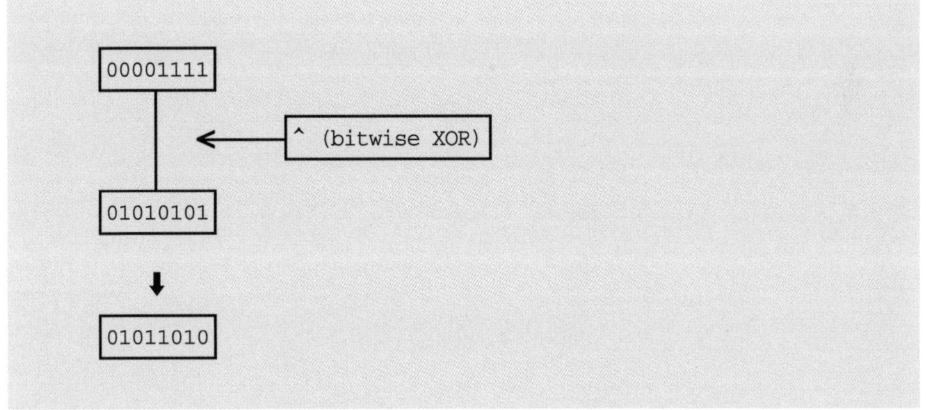

00001111
^ (bitwise XOR)
01010101
01011010

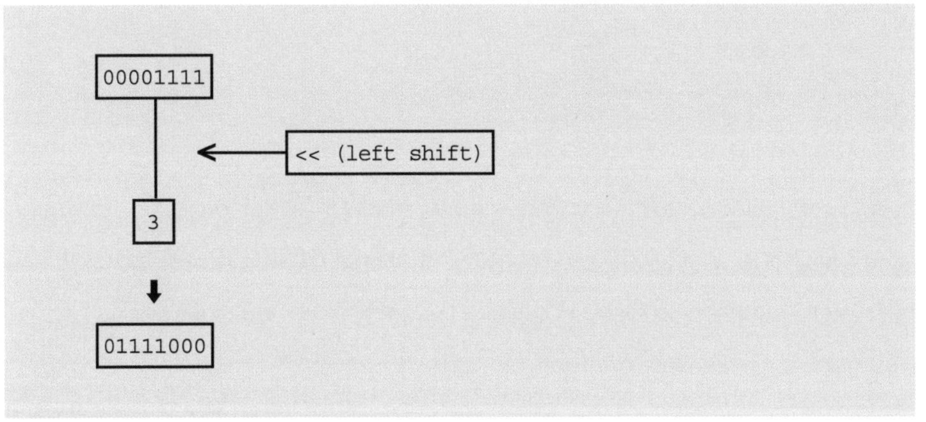

00001111
<< (left shift)
3
01111000

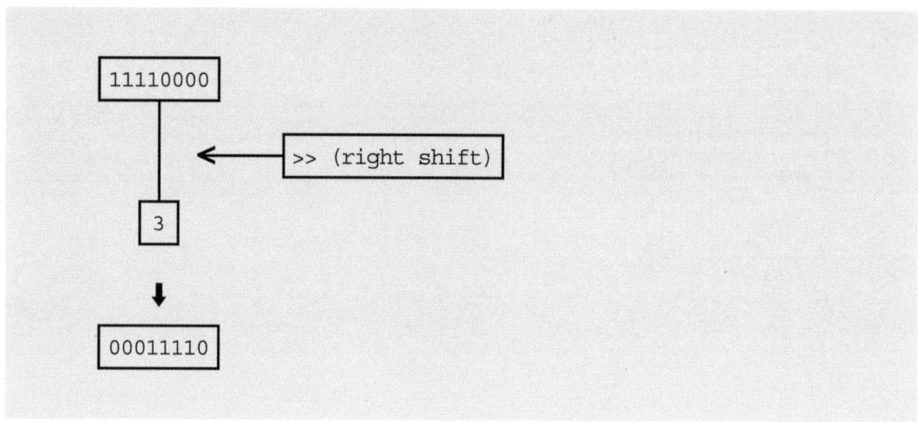

사용 방법은 다음과 같다.

```
let a:UInt8 = 0b00001111
let b:UInt8 = 0b01010101


let and:UInt8 = a & b       // 0b00000101
let or:UInt8  = a | b       // 0b01011111
let xor:UInt8 = a ^ b       // 0b01011010
let not:UInt8 = ~a          // 0b11110000
let lsh:UInt8 = a << 3      // 0b01111000
let rsh:UInt8 = a >> 3      // 0b00000001
```

이런 비트논리연산은 C/C++에서 많이 사용되던 연산으로 하나의 값에 여러 가지 비트값을 저장하여 다룰 때 흔히 사용되던 연산이다. 최근에는 사용빈도가 많이 줄어들긴 했지만, 플래그 처리나 연산 최적화에서 사용하는 경우가 있으므로 알아두도록 하자.

▼ 2-6-12 Overflow 연산자

UInt8형의 변수가 가질 수 있는 값의 최대값은 255이다. 만약 여기서 1을 더하면 어떻게
될까?

정답은 overflow 에러가 발생한다. 즉, 변수가 가질 수 있는 범위를 벗어났다는 뜻을 가진
에러이다. 이런 overflow 에러를 발생시키지 않도록 연산을 하는 것이 Overflow 연산자이
다. 이 연산자는 연산자 앞에 &를 붙여서 표현한다. 즉, &+, &-, &*, &/, &% 가 되는 것
이다.

overflow 연산자를 사용해서 UInt8형 변수가 255를 가질 때 1을 더하면 UInt8형의 최소
값인 0이 된다. 왜 255에서 1을 더했을 때 최소값인 0이 되는지는 다음을 보자.

11111111 + 1 → 00000001 00000000

실제로 메모리에 가지는 값은 2진수의 값을 가지게 되는데 UInt8형의 경우 00000000 이
0을 의미하고, 11111111이 255가 된다. 그런데 11111111에서 2진수의 셈법으로 1을 더하
면 00000000이 되는 것이다.

```
var x:UInt8 = 255
x = x &+ 1
```

같은 방법으로 Int8의 경우는 01111111이 127을 의미하고 10000000 이 −128을 의미한다.
그러므로, Int8형의 변수가 127을 가질 때 &+ 1을 하면 10000000이 되어 −128이 되는 것
이다.

```
var y:Int8 = 127
y = y &+ 1
```

또한 다른 overflow 연산도 다음과 같이 사용할 수 있다.

```
var n:UInt8 = 0
n = n &- 1


n = 100
n = n &* 3
```

위와 같이 &-와 &*도 overflow 연산을 사용할 수 있다. 하지만, 주의할 것은 &/과 &%는 스위프트가 처음 생겨날 때는 있었지만 2.0부터는 삭제되었다. 의도치 않게 0으로 나누어도 에러가 발생하지 않는 것을 방지하기 위해서인 듯 하다.

2-7 주석(Comment)

코드를 작성하는 것만큼이나 중요한 것이 자신이 만든 코드에 대한 설명을 남기는 것이다. 그 설명은 해당 코드를 보게 되거나 같이 작성하게 되는 동료 개발자를 위한 것이기도 하지만 사실 시간이 흐른 뒤 그 설명이 가장 필요한 사람은 자기자신이 되는 경우가 많다. 인간은 너무나 쉽게 많은 것을 잊어버린다. 게다가 프로그래밍과 같은 고도의 작업의 경우 그 내용을 시간이 흐른 뒤에도 기억하고 있기란 불가능에 가깝다.

많은 경우 그 설명은 별도의 명세서와 같은 문서가 된다. 하지만 코드가 매우 자주 변경될 때는 문서를 같이 갱신하는 것이 생각만큼 쉽지가 않다. 하지만 코드에 직접 간략하게 그 설명을 추가하는 것은 큰 비용이 들지 않으면서도 효용은 대단히 좋다.
이렇게 실행에는 전혀 영향을 끼치지 않지만 코드 내에 설명을 적는 것은 주석(Comment)이라고 한다. 스위프트는 다음과 같은 2가지 방식의 주석을 사용할 수 있다.

- /* 설명 */
- // 설명

/* 과 */ 사이에 있는 주석의 경우 괄호와 같이 중첩으로 사용할 수가 있다.

```
/* 이것은 /* 샘플 */ 입니다 */
```

이것은 기존 C나 C++에서 좀 더 발전한 형태의 주석으로 이미 주석으로 된 부분을 포함해서 더 넓은 범위를 일시적으로 주석처리할 경우 매우 효율적이다.

그리고 //는 현재 줄에서 뒷부분을 모두 주석으로 처리한다. 다음 예를 보도록 하자.

```
var height:Int = 75     // 책상의 높이
var width:Int = 120     // 책상의 너비
```

책상의 높이와 너비를 정의할 경우 위와 같이 주석을 달아두면 나중에 이 변수가 어떤 역할을 하는지 정확하게 확인할 수 있다.

2-8 Type alias

어떤 인터넷 서비스를 만드는 데 회원번호가 4자리 숫자라고 가정해 보자. 그럼 Int16으로 정의하면 충분히 4자리 숫자를 모두 표현할 수 있을 것이다. 프로그램 속의 많은 부분에서 이 회원번호로 사용할 변수를 정의해야 하는데 모두 UInt16으로 선언을 하면 문제없이 프로그램이 동작할 것이다.

그런데 서비스가 성장함에 따라 급속히 회원이 늘어 4자리 숫자로는 모두 표현하기가 힘들어졌다. 따라서 회원번호를 8자리나 10자리로 늘인다고 생각해보자. 8자리라면 Int, 10

자리라고 하더라도 Int64면 모두 표현을 할 수 있으니 자료형을 바꾸면 될 것이다(물론 이 것말고도 엄청나게 많은 것을 고려해야 한다. 하지만 여기서는 소스코드만 생각해보자). 그런데 시스템의 많은 부분에서 UInt16으로 선언된 회원번호를 모두 찾아서 Int나 Int64 로 바꾸는 것은 생각만큼 쉬운 일이 아니다. 이 때 사용할 수 있는 것이 Type alias이다. 말 그대로 변수형에 별명을 만드는 것이다.

예를 들어 위의 경우 회원번호의 자료형을 Int16으로 하고 싶으면 Int16의 별명으로 AccountType이라는 type alias를 선언하고, 회원번호의 변수는 AccountType형으로 선언 을 하면 된다.

```
typealias AccountType = Int16
var account:AccountType = 1001
```

그러면 나중에 회원번호의 자리수를 4자리에서 8자리로 늘인다고 하더라도 다음과 같이 수정하면 된다.

```
typealias AccountType = Int
```

이것은 Int나 Float같은 build-in타입의 자료형을 그대로 사용하기보다 그 변수가 의미하 는 데이터의 자료형을 만들어서 사용하는 편이 나중에는 더 편할 수 있다는 것을 의미한 다.

2-9 조건문

조건문(또는 조건분기문)은 if문과 switch문이 두 가지가 있다. 먼저 if문은 Boolean형 값 이 true인지 false인지에 따라서 다른 코드를 실행하게 된다.

- ⟨if 조건분기문⟩

```
if 조건식 {

    조건식이 true일 때 실행할 코드

} else {

    조건식이 false일 때 실행할 코드

}
```

위에서처럼 조건식을 계산한 뒤 결과값이 true인지, false인지에 따라 실행할 코드를 달리
한다. 다음 예제를 보자.

```
let height:Int = 80


if height < 100 {
        print("높이가 100보다 작습니다")
} else {
        print("높이가 100보다 크거나 같습니다.")
}
```

height는 80으로 초기화 되었으므로 분명 100보다 작다. 그러므로 조건문은 참이 되고 위
쪽의 블럭만이 실행된다.

두 개 이상의 조건식을 사용하여 여러 경우로 분기할 수도 있다.

```
if height < 80 {
        print("높이가 80보다 작습니다")
} else if height < 100 {
        print("높이가 80보다 크거나 같고, 100보다 작습니다.")
} else {
        print("높이가 100보다 크거나 같습니다.")
}
```

위와 같이 else if를 사용하여 두 개 이상의 조건식을 사용하려 분기할 수 있다. 주의할 것은 첫 if문에서 false가 된 경우에 다음 else if문으로 진행을 한다는 것이다. 그러므로, else if문에서 height가 80보다 크거나 같은지를 조건식에 넣을 필요가 없는 것이다.

guard는 해당 명령문이 실행되었다는 것을 보장받고 싶을 때 사용한다. 즉, 이 명령문 다음의 명령문이 실행되는 것은 guard문이 성공했다는 전제가 있다는 것이다. 따라서 guard문은 if와 매우 비슷하지만 몇 가지 제약이 있다. 하나는 else만 사용할 수 있다는 것이고 다른 하나는 else뒤에 따라오는 블럭에서 탈출문(return, break, throw 등)을 사용해야 한다는 것이다.

이것은 guard의 조건문이 참인지를 확인하는 용도로 사용되고, 참이 아닐 경우는 해당 함수나 구문에서 빠져나간다는 것을 의미한다. 예를 들면 할당문이나 함수의 시작부분에서 파라미터의 내용 확인과 같은 경우이다. 다음 코드를 보도록 하자.

```
func buyTabacco(age:Int) {
        guard age > 19 else {
                print("age는 19보다 커야 합니다.")
                return
        }
}
```

담배를 사려는 함수를 실행할 때 나이를 파라미터로 넘겨받아서 나이를 확인할 수 있다. 특별히 guard문을 사용하지 않고, if만으로 처리할 수 있는 단순한 문장이지만 이것이 age 〉19를 확인하기 위한 문장이기 때문에 guard를 사용했다. 이것은 코드의 가독성을 올려주므로 이런 경우에는 guard를 사용하도록 습관을 들이도록 하자(참고로 guard는 스위프트 2.0부터 도입된 키워드이다).

switch문은 다중 if문과 비슷하지만 하나의 변수가 가지는 값에 따라서 실행할 코드를 달리할 때 사용한다.

- 〈switch 조건분기문〉

```
switch 검사할 값 {

 case 값1:

        값1일 때 실행할 코드

 case 값2:

        값2일 때 실행할 코드

 default:

        그 외의 경우 실행할 코드

}
```

switch문에서 주의할 것은 Objective-C와 달리 break문이 필요없다는 것과 실행할 코드가 생략되면 에러가 발생한다는 것이다. 그리고 default문을 반드시 작성해야 한다. 만약 default문이 없다면 컴파일 에러가 발생하게 된다.

또한 검사할 값이 두 가지 이상일 경우에 조건분기를 하려면 다음과 같이 case문을 작성한다.

```
let i:Int = 3

switch i {
    case 1, 2:
            print(" \(i) is 1 or 2.")
    case 3, 4:
            print(" \(i) is 3 or 4.")
    default:
            print("None")
}
```

위와 같이 하나의 case문에 검사하려는 값을 모두 열거할 수 있다. 이것은 다음과 같이 범위연산자를 사용할 수도 있다.

```
switch i {
        case 1...4:
                print("1~4")
        case 5...10:
                print("5~10")
        default:
                print("None")
}
```

switch문으로 조건 분기를 할 때에는 상위의 case문에서 일치하는 값이 검출되면 해당하는 코드를 실행할 뒤에 switch문을 빠져나오게 된다. 즉, 아래에 있는 case문에 일치하는 값이 한 번 더 있다고 하더라도 무시된다.

그리고 switch문은 숫자뿐만 아니라, 문자열에 대해서도 조건분기가 가능하다. 다음 예제를 보자.

```
let s = "Home"
switch s {
        case "Home":
                print("At home.")
        case "School":
                print("At school.")
        default:
                print("None")
}
```

문자열을 조건분기 할 때에는 대소문자도 일치하도록 주의하도록 하자.

또한 switch문은 tuple을 이용해서 두 개 이상의 값을 동시에 비교할 수도 있다. 다음 예제
를 보도록 하자.

```
let size = 15
let color = "red"

switch (size, color) {
        case (10, _):
                print("size 10")
        case (_, "blue"):
                print("blue")
        default:
                print("not ok")
}
```

어떤 제품의 사이즈와 색깔별로 상품이 여러 가지가 있다고 할 때 위와 같이 두 가지를 동
시에 체크해서 분기처리를 할 수 있다. 여기서 튜플의 underscore()를 사용해서 해당 항
목을 무시할 수 있는데 그 값이 필요하다면 let을 사용해서 받아올 수도 있다.

```
case (10, let c):
```

위와 같이 처리하면 어떤 색깔이든 이 case에 해당하지만 그 색깔을 c라는 상수에 저장해
서 처리할 수 있게 된다.
그리고, switch에서는 단순히 일치하는가를 체크하는 것뿐만 아니라 좀 더 복잡한 조건문
을 처리할 수 있는데 이 때 사용하는 것이 where문이다.

```swift
let x = 0
let y = 0

switch (x, y) {
    case let(x, y) where x == y :
        print("y = x")
    case let(x, y) where x == -y :
        print("y = -x")
    case let(x, _) where y > 4:
        print("x = \(x)")
    default:
        print("not ok")
}
```

위 예제에서 2차원의 좌표를 가지고 여러 가지 분기처리를 하고 있다. (x, y)라는 좌표가 y = x라는 조건을 만족하는지, y = −x 라는 조건을 만족하는지에 따라 다른 처리를 하고 있다. 다만 switch문의 특성상 두 가지 이상을 만족하는 경우라고 해도 가장 먼저 만족한 case문만 실행하게 된다.

마지막으로 스위프트의 switch문은 case의 마지막에 break문을 적지 않아도 되는 대신에 fallthrough문을 제공하고 있다. 이것은 case의 처리를 끝내고, 바로 빠져나가는 것이 아니라, 조건 비교를 계속해서 진행하는 것이다.

```swift
let n = 15

switch n {
    case 0:
        print("zero")
    case _ where n % 2 == 0 :
        print("짝수")
```

```
            fallthrough
    case _ where n % 2 == 1 :
            print("홀수")
            fallthrough
    case _ where n > 0 :
            print("양수")
    case _ where n < 0 :
            print("음수")
    default:
            break
}
```

위 switch문은 n이 0, 짝수, 홀수, 양수, 음수 중에 어떤 수인지를 체크한다. 만약 계속해서 조건을 확인할 필요가 있다면 fallthrough를 사용해서 switch문에서 빠져나가지 않도록 해 주어야 한다.

2-10 반복문

프로그램을 만들다보면 어떤 처리를 반복해서 해야 하는 경우가 자주 있다. 어떤 조건이 만족될 때까지(또는 반대로 만족하지 않을 때까지) 일정 코드를 반복해서 실행하는 것이다. 대표적으로 앞에서 범위연산자 파트에서 잠시 설명했던 for-in문이 있는데, 이것은 배열이나 범위의 요소들을 차례대로 사용하여 코드를 반복 실행하는 구문이다.

```
var sum:Int = 0
for i in 1...5 {
        sum += i
}
```

위 코드는 1에서 5까지를 차례대로 더하는 코드를 반복하는 것이다. 즉, sum은 1 + 2 + 3 + 4 + 5가 되는 것이다. 또한 문자열을 다음과 같은 형태로 입력 받을 수도 있다. string 타입에서 지원하는 characters는 각 문자들의 집합을 반환한다.

```
for ch in "hello, world!".characters {
        print(ch)
        print(" ")
}
```

이 코드로 출력되는 것은 각 문자를 각각 한 줄에 따로따로 표시하는 것이다. 이렇게 집합형의 데이터를 사용해서 각각의 요소에 대해서 코드를 반복하는 것은 매우 흔하게 사용된다. 또한 집합형의 데이터가 없더라도 조금 더 정밀하게 반복에 사용할 데이터를 다룰 수있다.

- 〈for 반복문〉

```
for 초기화; 조건문; 증감처리 {
    반복할 코드
}
```

이런 방식의 for문은 C에서 사용하는 매우 전통적인 방식의 반복문으로 대부분의 다른 언어에서도 비슷한 문법으로 지원하고 있다. 이 방식에서 반복문에 사용하는 식은 크게 세 부분으로 나뉘는데 "초기화"는 반복문에 사용할 변수들을 초기화는 부분이다. 이미 초기화되었거나 사용하던 변수를 그대로 사용하는 경우라면 이 부분은 비워둔다.

"조건문"은 반복을 위해서 가장 중요한 부분인데, 이 조건문이 true인 동안 반복을 계속하게 된다. 즉, "조건문"이 비어있다면 이 반복문은 무한으로 반복해서 실행하게 된다. 의도적으로 비워두는 경우도 있지만, 대부분 "조건문"은 작성을 해야 한다. 마지막으로 "증감처리"는 반복문에서 사용하는 변수를 증가시키거나 감소시키는 처리를 한다. 변수가 변화하지 않고 그대로라면 조건문은 계속해서 true가 되기 때문에 해당 변수를 증가시키거나 감소시키는 처리를 해야한다.

```
var sum:Int = 0


for var i = 0; i < 5; ++i {
        sum += i
}
```

이 반복문에서는 변수 i를 사용하여 반복하게 된다. i는 0에서 시작하여 하나씩 증가하게 되고 5보다 작은 동안은 반복해서 실행한다. sum은 반복되는 동안 i를 계속 더하므로 결국 0에서 4(5보다 작은 정수)까지의 수를 합한 것이 된다.

물론 초기화나 조건문, 증감처리에서 모두 다른 변수를 사용하거나 변수가 아닌 함수의 호출 등 다양한 처리를 할 수는 있다. 하지만, 그렇게 하면 코드의 가독성이 떨어지고 유지보수에 많은 리소스가 필요하게 되므로 피하는 것이 좋다.

for문의 중간에 반복을 그만두고 싶으면 break문을 사용할 수 있다.

```
var sum:Int = 0
for var i = 0; i < 5; ++i {
        if i % 3 == 2 {
                break
        }
        sum += i
}
```

0에서 4까지의 수를 더하기는 하지만 만약 3으로 나누어서 나머지가 2가 되면 반복문을 중간에 그만 두는 구문이다.

그리고 반복처리의 남은 부분을 모두 건너뛰고 증감처리로 바로 돌아가는 continue문이 있다. break가 반복문의 바깥으로 나가는 것인데 비해, continue는 반복처리의 남은 부분은 건너뛰지만 반복문을 나가는 것이 아니라 증감처리 후에 다시 조건문을 검사한 후 반복처리를 계속할 수 있는 구문이다.

```
for var i = 0; i < 5; ++i {
  if ( i % 3 == 1 ) { continue }
  print(i)
}
```

이 예제에서 i는 0에서 4까지 반복하면서 3으로 나눈 나머지가 1인 경우를 제외하고 콘솔 화면에 출력하게 된다. 즉 023이 출력되게 된다. 왜냐하면 i가 1과 4일 경우에는 3으로 나누었을 때 나머지가 1이므로 continue문이 실행되어 증감처리 하는 부분으로 건너 뛰게 된다. 이 continue문은 이와 같이 반복문에서 제외처리를 해야하는 부분에 유용하게 사용할 수 있다.

그리고 for문과 비슷하지만 초기화와 증감처리 없이 조건문만을 가지는 while문이 있다. while문의 경우 조건문만을 가지며 다음과 같이 사용할 수 있다.

● 〈while 반복문〉

```
while 조건문 {
    반복 처리할 코드

}
```

물론 while문 이전에 초기화를 하고, while문 안에서 증감처리를 할 수도 있다. 하지만 이것이 필요없는 경우에 매우 단순하게 while문을 활용하여 코드를 작성할 수 있다.

```swift
var n = 3;
while n >= 0 {
        print( n-- )
}
```

이 코드는 n이 3에서 0까지 감소하면서 한 줄에 출력하게 된다. 즉 3210이 출력된다.while 문과 증감연산자를 사용하여 매우 단순하고 명확하게 코드를 작성하였다.

또한 조건문을 반복문의 뒤에 두는 repeat-while문이 있다. 이것은 다른 언어의 do-while문 과 흡사하다. 이것은 적어도 한 번은 반복처리를 한 뒤에 조건문을 검사하는 식으로 동작 한다. 반드시 한 번은 실행해야 하는 경우의 반복처리에 사용된다.

```swift
var n = 0
repeat {
        print(n)
} while (++n < 5)
```

위 예제는 증감연산자를 사용하여 n이 0에서 4까지 반복하도록 하는 반복문이다. 전치증 가연산자인 ++n의 경우 먼저 증가를 하고 조건문을 검사하므로 n은 4까지 반복하게 된 다.

반복문은 자칫 잘못하면 무한루프에 빠지게 되므로 조심해서 사용해야 한다. 또한 0에서 시작하는지, 1에서 시작하는 지, 조건문에서 등호가 들어있는지, 아닌지에 따라 결과가 달 라지게 되므로 신중하게 작성해야 한다.

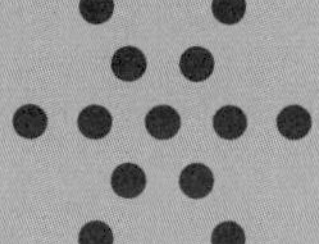

chapter 03

컬렉션 타입 (Collection type)

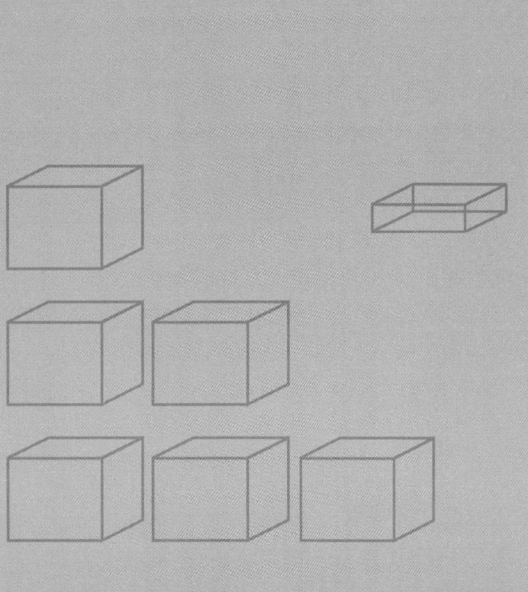

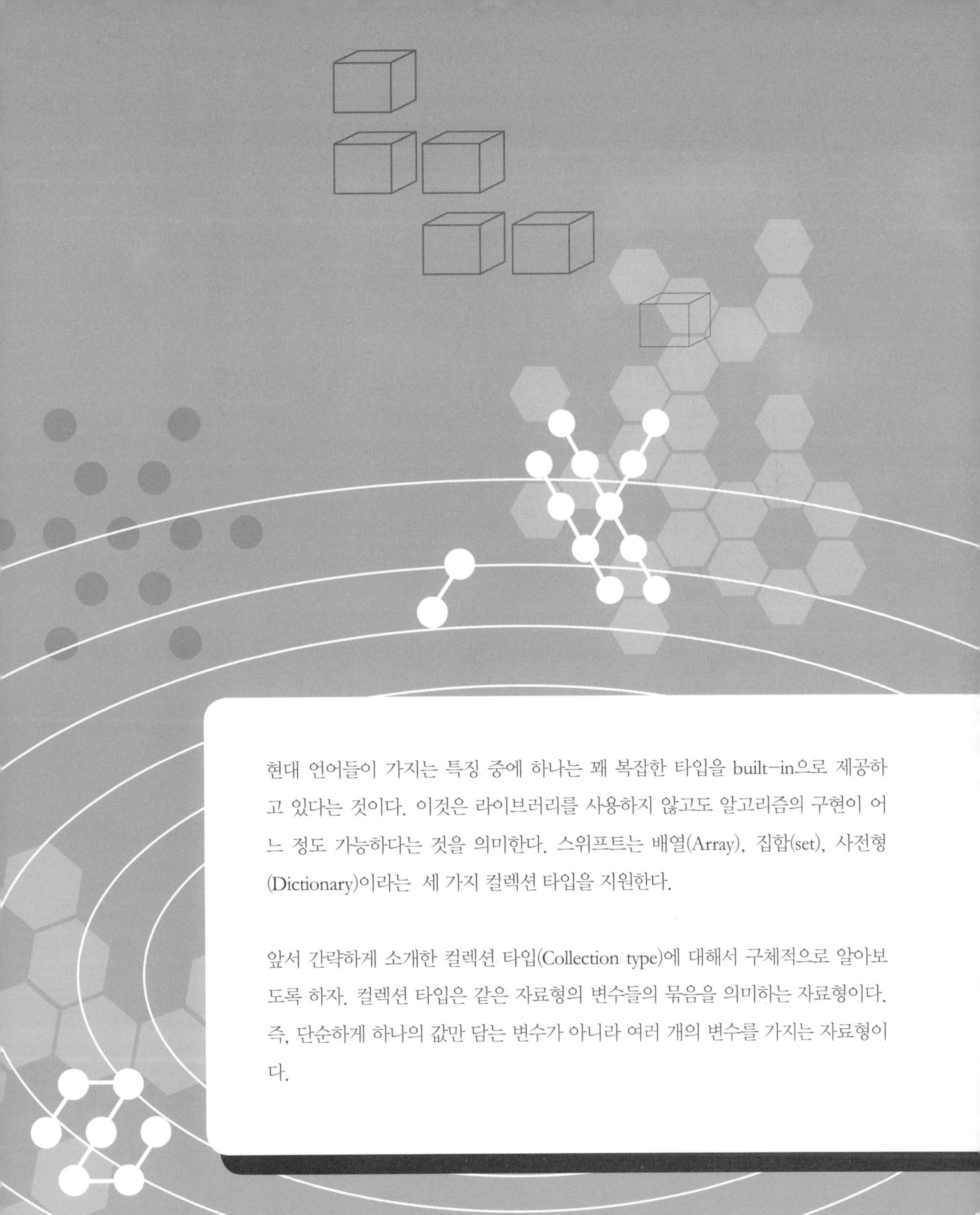

현대 언어들이 가지는 특징 중에 하나는 꽤 복잡한 타입을 built-in으로 제공하고 있다는 것이다. 이것은 라이브러리를 사용하지 않고도 알고리즘의 구현이 어느 정도 가능하다는 것을 의미한다. 스위프트는 배열(Array), 집합(set), 사전형(Dictionary)이라는 세 가지 컬렉션 타입을 지원한다.

앞서 간략하게 소개한 컬렉션 타입(Collection type)에 대해서 구체적으로 알아보도록 하자. 컬렉션 타입은 같은 자료형의 변수들의 묶음을 의미하는 자료형이다. 즉, 단순하게 하나의 값만 담는 변수가 아니라 여러 개의 변수를 가지는 자료형이다.

배열은 거의 대부분의 언어가 지원하는 컬렉션 타입으로 같은 자료형의 변수들을 순서대로 모아둔 것이다. 여기서 중요한 것은 순서가 있다는 것이다. 배열이 각 요소들 사이에 순서가 있다는 것은 그 순서를 알면 각 요소들의 위치를 알 수 있다는 것이다. 여기서 그 요소의 순서를 index라고 한다.

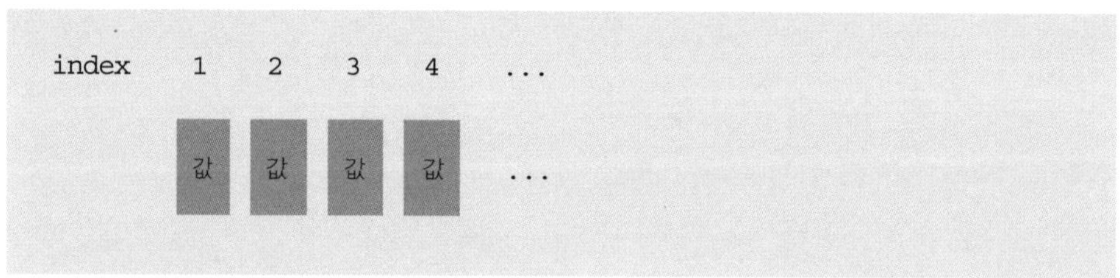

◆ 그림 3-1. 배열의 구조

배열의 각 요소가 index를 가진다는 것은 index를 사용해서 한 번에 그 요소로 접근할 수 있다는 것을 의미한다. 이것을 random access 또는 direct access라고 한다.

실제로 메모리에서 배열은 순서대로 저장된다. 즉 ["a", "b", "c", "d", "e"]라는 배열을 생성하면 실제 가상 메모리에서 다음과 같이 저장된다.

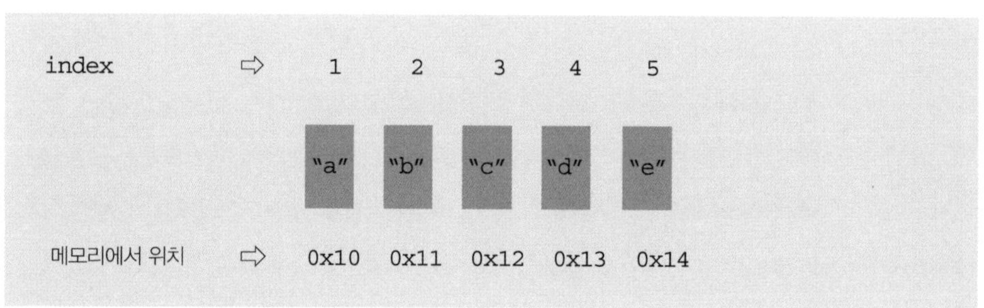

◆ 그림 3-2. 메모리에서 배열의 구조

이렇게 저장하면 배열이 메모리에 저장된 위치(0x10)와 해당 요소의 index만 알면 그 요소에 바로 접근 가능하다. 예를 들어 0x10부터 저장된 배열의 3번째 요소를 얻고 싶으면 0x10 + (3−1)로 0x12에 해당 요소가 있다는 것을 알 수 있다. 이렇게 첫 번째 요소부터 차례대로 접근할 필요가 없이 매우 빠른 속도로 값을 얻을 수 있다.

이것이 배열의 인덱스가 0부터 시작하는 이유이다. 0부터 시작하게 되면 다음과 같이 간단히 계산할 수 있기 때문이다.

```
배열[n]의 위치 = 배열의 시작위치 + n
```

▼ 3-1-1 배열에 접근하기

먼저 배열을 하나 만들어 보자. 아래의 경우과 같이 배열의 이름은 한국어로도 만들 수 있다. 물론 객체나 클래스의 이름도 마찬가지이다.

```swift
var 무한도전: [String] = [ "토토가", "극한알바", "나홀로 집에" ]
```

배열의 각 요소는 다음과 같이 접근한다.

```swift
print(무한도전[1])

[결과]
극한알바
```

또한 하나 이상의 요소를 한꺼번에 가져올 수도 있다.

```
var 무한2 = 무한도전[1...2]
```

무한2는 ["극한알바", "나홀로 집에"]만을 요소로 가지게 된다. 또한 배열은 앞에서 설명했
듯이 for-in문에서도 사용될 수 있다.

```
for 프로그램 in 무한도전 {
        print( 프로그램 );
}
```

▼ 3-1-2 배열의 요소 다루기

다음과 같은 방법으로 배열의 요소를 수정, 추가, 삭제할 수 있다.

```
// 수정하기
무한도전[0] = "토요일 토요일은 가수다"
무한도전[1...2] = ["극한 알바", "나홀로 집에"]

// 추가하기
무한도전.append("쩐의 전쟁")
무한도전 += ["유혹의 거인", "도둑들"]
무한도전.insert("열대야", atIndex: 1)

// 삭제하기
무한도전.removeAtIndex(3)
무한도전.removeLast()
```

먼저 수정하기는 배열의 내용을 수정하는 것인데, 하나의 요소만 수정할 수도 있고, 여러 개의 요소를 한꺼번에 수정할 수도 있다. 여러 개의 요소를 한꺼번에 수정할 때는 예제와 같이 범위를 사용해서 새로운 배열을 할당하면 된다. 이 때 지정한 범위가 대입하는 배열의 크기와 다르더라도 정상적으로 대입이 된다. 해당하는 범위가 사라지고 새로운 배열의 요소들이 삽입되는 것이므로 의도치 않게 요소가 사라질 수 있으므로 주의하도록 하자.

```
무한도전[1...3] = ["극한 알바", "나홀로 집에"]
```

그리고, 배열에 요소를 추가할 때는 일반적으로 가장 마지막에 추가하게 된다. 이것은 배열이 메모리에서 순서대로 저장되어 있기 때문에 중간에 추가하려면 추가하려는 위치를 기준으로 뒤에 있는 요소들의 위치를 바꾸어주어야 하기 때문이다.

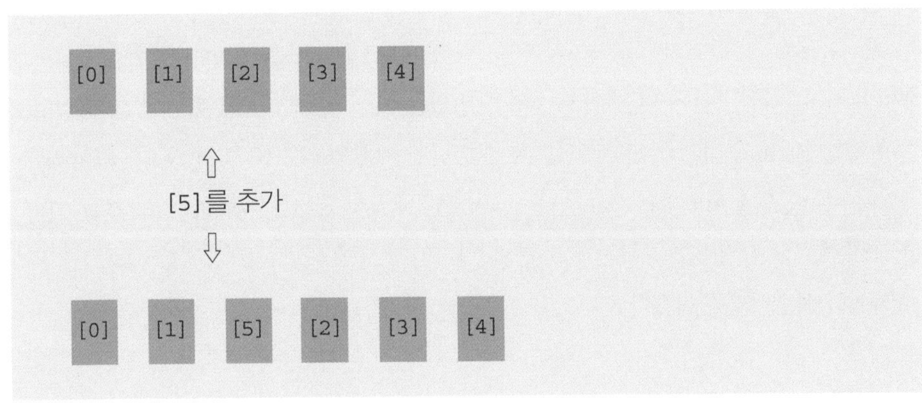

◆ **그림 3-3.** 배열의 중간에 요소 추가하기

따라서 append나 += 연산자를 사용하여 배열의 가장 마지막에 요소를 추가할 수 있다. 그리고 insert를 사용하여 배열의 중간에 요소를 추가할 수 있는데 위 그림과 같이 요소를 미뤄주는 작업을 내부에서 수행하기 때문에 마지막에 요소를 추가하는 것보다 더 시간이 걸리게 된다.

배열에서 요소를 삭제하는 것도 마찬가지의 이유로 마지막의 요소를 삭제하는 removeLast와 배열의 특정 index에 있는 요소를 삭제하는 remove가 따로 존재한다. removeLast의 경우 빠르게 실행되지만, remove는 특정 index의 요소를 삭제한 뒤에 그 뒤로 있는 요소들의 위치를 하나씩 당기는 처리를 하므로 시간이 더 걸린다.

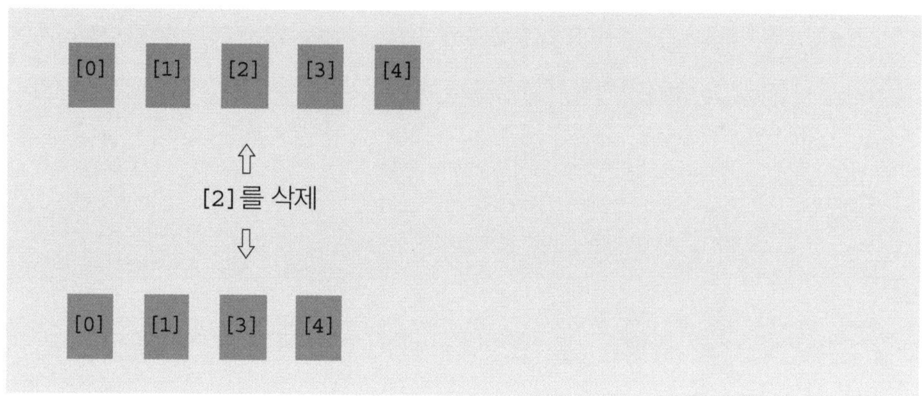

◆ 그림 3-4. 배열의 중간에 위치한 요소를 삭제하기

▼ 3-1-3 배열의 크기

배열의 크기는 배열 안에 몇 개의 요소가 들어있는가를 의미한다. 배열 안에 요소가 없다면 비어있다(empty)라고 말하고 요소가 5개 있다면 배열의 크기를 5라고 한다. isEmpty는 배열이 비어있는지 확인하는 프로퍼티이고 size는 배열의 크기를 얻을 수 있는 프로퍼티이다. 프로퍼티란 타입이 제공하는 요소 중에 하나인데 뒤에 나오는 객체지향 프로그래밍에서 자세히 설명하도록 하겠다.

```
if 무한도전.isEmpty {
        print ( "무한도전에 요소가 없습니다.")
} else {
        let len = 무한도전.count
        print ( "무한도전에 \(len) 개의 요소가 있습니다." )
}
```

❖ 3-1-4 mutable

배열을 생성할 때 변수로 생성을 하면 위의 수정, 추가, 삭제 동작을 모두 할 수 있다. 하지만, let을 사용하여 상수로 생성을 하게 되면 수정, 추가, 삭제 작업을 모두 할 수가 없게 된다. 이것은 배열의 내용과 크기를 모두 변경할 수 없게 하는 것이다.

따라서 굳이 변경하지 않아도 되는 배열은 let으로 생성을 하는 편이 좋다. 그렇게 해야 중간에 내용이 변경되지 않는다는 보장을 할 수 있기 때문에 버그의 원인을 줄일 수 있다.

 ## 3-2 집합(Set)

집합 타입은 배열과 매우 비슷하지만 두 가지의 차이점이 있다.

하나는 요소들 간에 순서가 없다는 점이고, 다른 하나는 요소가 중복되어 저장되지 않는다는 점이다.

먼저 집합변수를 하나 만들어보도록 하자.

```
var animals:Set = ["monkey", "elephant", "snake", "dog"]


print(animals)
```

배열과 매우 흡사하지만 Set으로 타입 지정을 한다는 부분이 다르다. 또는 Set⟨String⟩으로 타입 지정을 해 줄 수도 있다.

이제 이 집합에 insert 메소드를 사용하여 새로운 요소를 추가해 보자.

```
animals.insert("cat")
print(animals)


animals.insert("dog")


print(animals)
```

"cat"을 추가했을 때는 요소가 늘어난 것을 확인할 수 있지만 "dog"을 추가했을 때는 집합
변수의 요소들은 변화가 없다. 이것은 이미 "dog"이라는 요소가 있었기 때문에 중복하여
저장하지 않는 집합을 특성상 요소를 추가하지 않은 것이다.

집합형은 다음과 같이 요소가 포함되어 있는 지 확인할 수 있다.

```
if animals.contains("elephant") {
        print("ok!")
} else {
        print("Not elephant!")
}
```

또는 remove를 이용하여 요소를 삭제할 수도 있다. 삭제하고 나면 당연히 contains로 그
요소가 없다는 것을 확인할 수 있을 것이다.

```
animals.remove("elephant")

if animals.contains("elephant") {
        print("ok!")
} else {
        print("Not elephant!")
}
```

다음으로 집합형은 for-in문을 사용하여 각 요소에 대한 처리를 할 수 있다.

```
for animal in animals {
        print(animal)
}
```

다만 여기서 주의할 것이 있는데, 집합형은 요소들 사이의 순서를 보장하지 않는다는 것이다. 이것은 내가 추가한 순서대로 저장되거나 표시되지 않는다는 것을 의미한다.
하지만, 특별한 순서를 지정해서 처리하고 싶을 때는 sort와 같은 메소드를 사용하여 정렬할 수 있다.

```
for animal in animals.sort() {
        print(animal)
}
```

3-3 사전형

사전형은 ⟨key,value⟩라는 쌍으로 된 값을 여러 개 가지는 자료형이다. 배열이 하나의 자료형을 복수 개 가지는 것에 비해서 조금 복잡하긴 하지만, 기본적으로 각 요소가 같은 자료형을 가진다는 점은 동일하다. 다만 사전형이 배열과 가장 다른 점은 순서가 없다는 점이다. index로 각 요소에 접근하는 것이 불가능하다. 사전형 변수 안에서 각 요소가 어디에 위치하고 있는지를 알 방법이 없다는 뜻이다. 그렇다면 어떻게 각 요소에 접근할 수 있을까? 바로 처음 만들 때 입력한 key값을 통해서 접근할 수 있다.

우리가 책에서 어떤 페이지를 찾는다고 해 보자. 바로 32페이지에 있다는 것을 알고 찾을 수도 있지만 그 페이지에 있는 키워드를 사용해서 책 뒤쪽에 있는 키워드 리스트를 통해서 찾을 수도 있다. 전자는 배열 방식이고, 후자는 사전 방식이 되는 것이다.

❖ 3-3-1 사전에 접근하기

먼저 사전형의 변수를 만들어 보도록 하자. 배열과 비슷한 문법을 가지므로 어렵지 않게
만들 수 있을 것이다.

```
var fruits:Dictionary<String,String>
var fruits: [String:String]
var fruits = [ "사과":"apple", "바나나":"banana", "포도":"grepe" ]
```

물론 배열과 마찬가지로 Key와 Value의 자료형을 정의한 경우는 초기화를 하지 않아도 된
다. 하지만 마지막 경우와 같이 자료형을 지정하지 않는다면 반드시 초기화를 같이 해주
어야 한다. 그리고 첫 번째와 두 번째의 경우처럼 초기화를 하지 않으면 빈 사전형 변수가
된다. 이렇게 만들어진 사전형 변수의 각 요소에는 key를 사용해서 접근할 수 있다.

```
fruit["사과"]
fruit["바나나"]
```

화면에 요소를 출력해 보자.

```
print(" 사과 : " + fruits["사과"]! )
```

여기서 fruits["사과"] 뒤에 !가 붙는 것을 확인할 수 있다. 이것은 기본적으로 사전형의 값
은 value의 타입에서 optional이 되기 때문이다. 왜냐하면 해당 key값에 대한 요소가 존
재하지 않을 수도 있기 때문에 사전형의 값은 항상 optional이 된다. 그러므로 forced
wrapping하거나 nil coalescing operator를 사용해서 nil이 아니도록 해 주어야 한다.

▼ 3-3-2 추가, 수정, 삭제

fruits라는 사전형 변수를 초기화할 때 눈썰미가 좋은 사람이라면 포도의 value가 스펠링
이 틀린 것을 눈치 챘을 것이다. 얼른 수정해 보도록 하자. 이렇게 value를 수정할 때 역시
key를 사용하게 된다.

```
fruits["포도"] = "grape"        // 수정하기
```

이미 생성된 사전형 변수에 요소를 추가하거나 삭제할 수도 있을까? var을 사용해서 변수
로 생성이 된 것이라면 물론 추가하거나 삭제하는 것이 가능하다.

```
fruits["딸기"] = "strawberry"
print(fruits.count)

fruits["바나나"] = nil
print(fruits.count)
```

주의할 점은 사전형에서 요소를 삭제할 때는 따로 메소드를 사용하는 것이 아니라, 간단
히 nil만 할당해 주면 된다. 단순히 value가 nil로 변하는 것이 아니라 그 요소를 삭제하게
된다. 이것은 count 프로퍼티를 사용해서 사전형 변수의 크기를 출력해 보면 알 수 있다.

▼ 3-3-3 그 외

사전형 역시 isEmpty 프로퍼티를 사용해서 비어있는지를 체크할 수 있다.

```
if fruits.isEmpty {
        print("fruits is empty.");
} else {
        print("fruits is not empty.");
}
```

그리고, 사전형 변수 역시 배열처럼 for-in문에서 사용할 수 있다.

```
for (key, value) in fruits {
        print("\(key)는 영어로 \(value)입니다.")
}
```

각 요소는 위와 같이 key와 value를 같이 쌍으로 받게 된다. 변수의 이름은 자유롭게 정할 수 있다. 다만, 여기서 출력되는 순서가 어떻게 될지는 알 수가 없다.

가끔은 이 사전형 변수의 key나 value만 모아서 할 경우가 있다. 하나의 배열을 만들어 두고 for in문을 사용해서 하나씩 추가해서 만들 수도 있겠지만 스위프트는 keys와 values라는 프로퍼티를 제공하고 있다.

```
var fruit_keys = [String](fruits.keys)
var fruit_values = [String](fruits.values)
```

그 외에도 mutable이나 연산자들은 배열과 비슷하게 동작한다. 여러 가지로 시험해 보면서 익히도록 하자.

memo

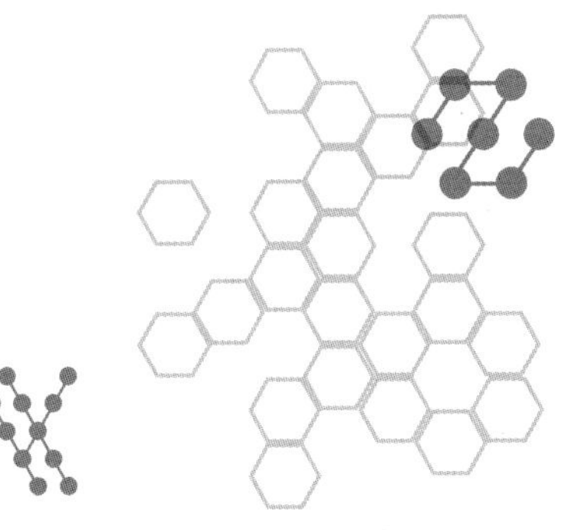

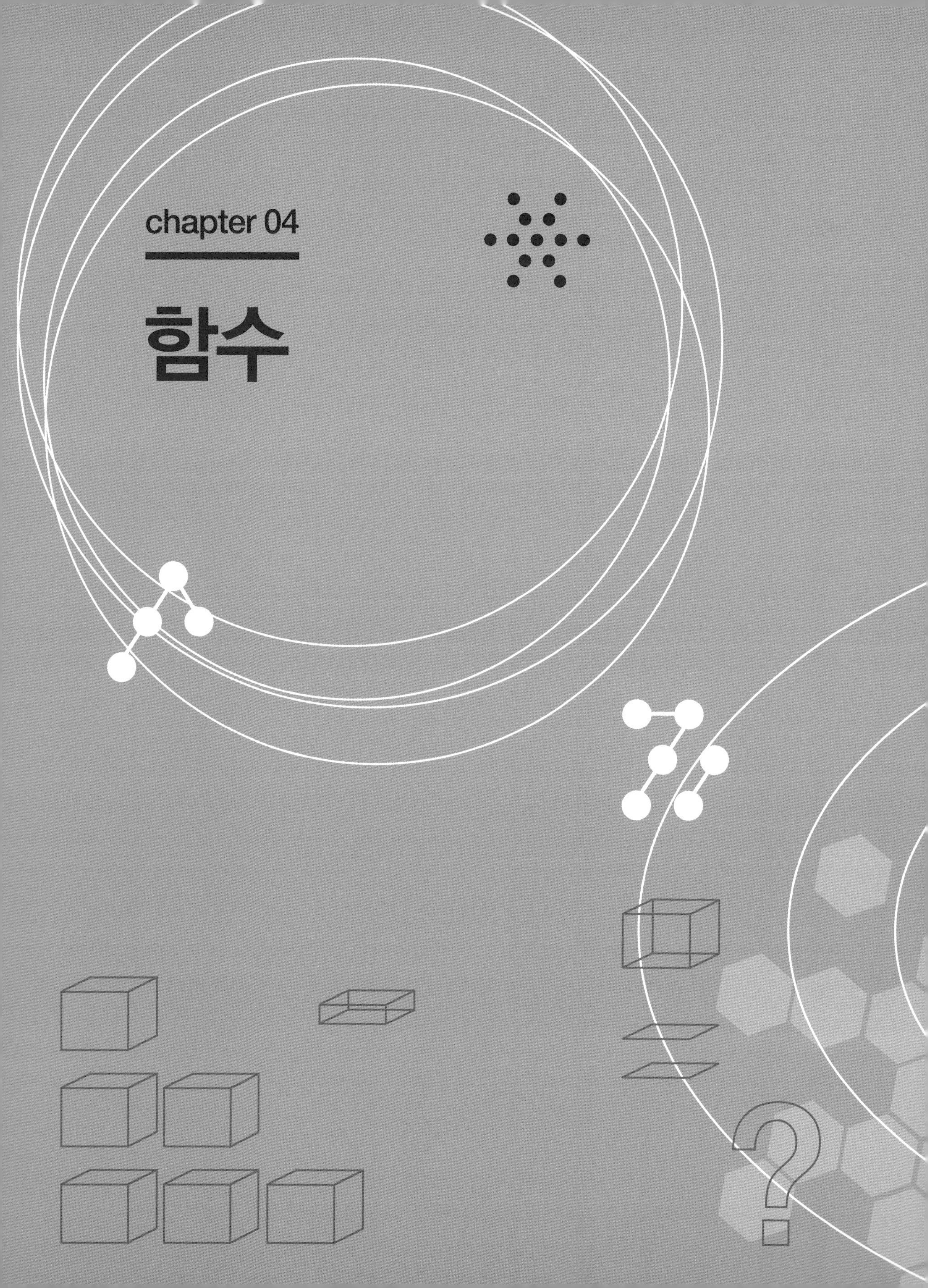

chapter 04
함수

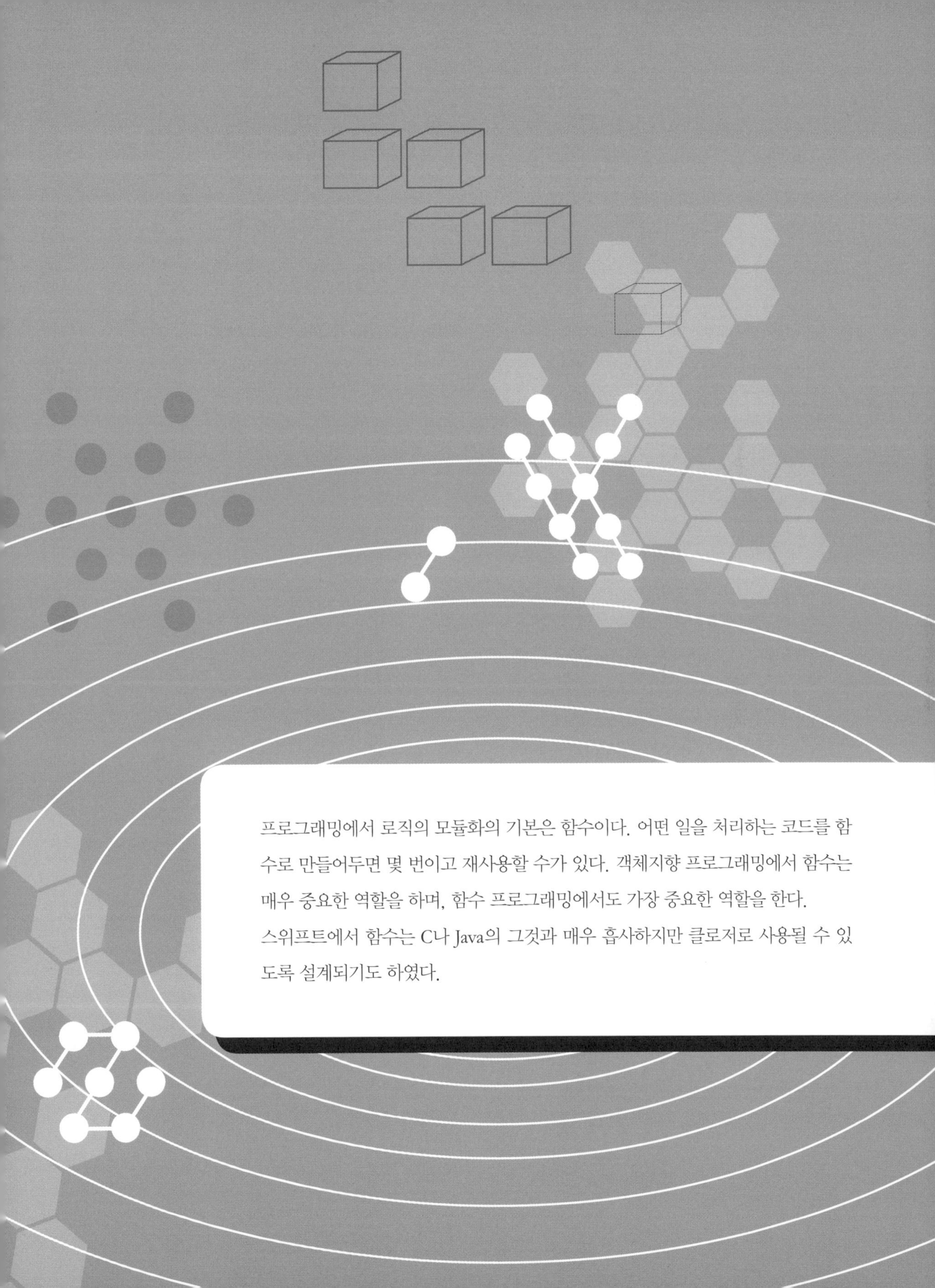

프로그래밍에서 로직의 모듈화의 기본은 함수이다. 어떤 일을 처리하는 코드를 함수로 만들어두면 몇 번이고 재사용할 수가 있다. 객체지향 프로그래밍에서 함수는 매우 중요한 역할을 하며, 함수 프로그래밍에서도 가장 중요한 역할을 한다.

스위프트에서 함수는 C나 Java의 그것과 매우 흡사하지만 클로저로 사용될 수 있도록 설계되기도 하였다.

함수는 여러 개의 값을 받아서 하나의 값을 반환하는 일련의 작업이다. 함수의 선언은 다음과 같이 할 수 있다. 여기서 함수가 받는 값을 파라미터(parameter)라고 한다. 함수에 따라서는 파라미터가 없을 수도 있고 여러 개가 될 수도 있다. 그리고 파라미터를 전달해서 함수를 호출(call)하면 함수는 일련의 코드를 실행하고 나서 하나의 값을 반환(return)한다.

● 〈함수의 선언〉

```
func  함수명 (파라미터 이름 : 파라미터 타입,  ... )  -> 반환타입 {

    함수 내용

}
```

다음 예시를 보도록 하자. 이 예제는 hello라는 함수를 정의하고 있다. hello 함수는 String형 변수 name을 받아서 String형 값을 반환한다. 하는 일을 매우 간단하다. 전달받은 파라미터를 이용해서 인사말을 만들어 돌려주는 것이다.

```
// 인사하는 문자열을 반환하는 함수
func hello(name: String) -> String {
    return "Hello, " + name
}
```

이렇게 만든 함수는 다음과 같이 호출해서 사용할 수 있다.

```
print( hello("Swift") )
print( hello("Alice") )
```

이렇게 hello 함수를 호출하면 반환값은 각각 "Hello, Swift"와 "Hello, Alice"가 된다. 이 예제에서는 print를 사용하여 인사말을 콘솔에 출력하고 있다.

경우에 따라서 함수는 반환값을 가지지 않을 수도 있는데 그럴 경우에는 다음과 같이 생략할 수 있다.

● 〈함수의 선언에서 반환값 생략〉

```
func  함수명 (파라미터 이름:파라미터 타입,  ... ) {

   함수 내용

}
```

예를 들어 위의 예제에서 사람 이름에 Hello만 붙일 것이 아니라, 함수 안에서 화면에 출력까지 해 준다면 굳이 반환값을 받지 않아도 될 것이다. 다음 코드를 보도록 하자.

```
func say_hello(name: String) {
       print( "Hello, " + name )
}

say_hello("Swift")
say_hello("Alice")
```

앞의 예제와 완전히 같은 일을 하는 코드이지만 조금 더 간결해 졌다. 이것은 함수가 출력까지 해 주므로 메인 코드는 함수 호출만 해 주면 되기 때문이다.

위에서 함수는 하나의 반환값을 가진다고 했지만 사실 스위프트는 다음과 같은 방법으로 2개 이상의 반환값을 가질 수도 있다.

```swift
// 배열의 합계와 평균을 구하는 함수
func calc(numbers:[Int]) -> (sum:Int, average:Double)
{
        var sum:Int = 0;
        var average:Double;

        for number in numbers {
                sum += number
        }
        average = Double(sum) / Double(numbers.count);

        return (sum, average)
}

let numbers = [4,7,1,8,3,13]
let result = calc(numbers)

print(" 합계 : result.sum")
print(" 평균 : result.average")
```

위에서 calc라는 함수는 Int 배열의 합계와 평균을 계산하는 함수이다. 위와 같은 방법으로
합계와 평균을 한꺼번에 반환할 수 있다.

4-2 파라미터

함수를 호출할 때 함수가 작업을 할 수 있도록 필요한 값을 넘겨주는데 이 값을 파라미터
(parameter)라고 한다. 이것은 함수라는 개념이 생긴 이래 거의 모든 프로그램 언어가 공
통적으로 가지는 개념으로 함수는 파라미터를 가지고 계산을 해서 결과로 반환값(return
value)을 돌려준다.

함수를 작성할 때 특히 주의해야 하는 점은 이 파라미터들의 사용 범위(scope)이다. 함수가 전달받은 파라미터는 함수 안에서만 사용할 수 있다. 즉, 같은 이름의 변수가 호출된 함수(callee function)와 호출한 함수(caller function)에 모두 있다고 하더라도 둘은 서로 다른 변수인 것이다.

```swift
func plus( n1:Int, n2:Int) -> Int {
    return n1 + n2
}


plus(43, n2:91)
```

위와 같이 파라미터 이름을 n1, n2라고 지정할 수 있는데, 이 때 이 이름은 내부변수 이름이기도 하고, 외부변수 이름이기도 하다. 다만 호출하는 쪽에서는 첫 번째 외부변수 이름은 생략한다.

물론 다음과 같이 외부변수 이름과 내부변수 이름을 구분할 수도 있다.

```swift
func plus( number1 n1:Int, number2 n2:Int) -> Int {
        return n1 + n2
}

let sum = plus(number1:43, number2:91)
```

이 경우에는 number1, number2와 같은 반드시 같이 써서 호출을 해야 한다. 이렇게 호출할 때 변수명을 명시해서 호출하는 것은 코드를 읽을 때 좀 더 직관적으로 받아들일 수 있도록 하기 위해서이다.

그리고 호출하는 쪽에서 파라미터를 전달해 주지 않더라도 기본값(default)을 지정해서 사용할 수 있다. 예를 들어 특별히 언급이 없으면 "Hello"라고 인사하고, 인사말을 언급하면 그 인사말을 사용하는 함수를 만들어 보자.

```swift
func greeting( name: String, greeting: String = "Hello") {
        print( greeting + ", " + name )
}


greeting(name:"Daenerys")
greeting(name:"Tyrion", greeting:"Good morning")
```

굳이 외부 변수 이름으로 사용되지 않기를 원한다면 외부 변수 이름으로 underscore(_)를 적어주면 된다.

```swift
func greeting( name: String, _ greeting: String = "Hello") {
        print( greeting + ", " + name )
}


greeting("Arya", "Hey")
```

함수가 전달받을 파라미터의 개수를 정하지 않고 싶을 때가 있다. 예를 들어 일련의 정수를 전달 받아 합계를 구하고 싶을 때 전달 받을 정수의 개수는 2개가 될 수도 있고, 10개가 될 수도 있다. 이럴 때는 다음과 같이 … 으로 표시해서 파라미터의 개수를 유동적으로 받을 수 있다.

```swift
// int 파라미터들의 합계를 구하는 함수
func sum(numbers:Int...) -> Int {
        var result = 0
        for num in numbers {
                result += num
        }
        return result
}


let n = sum(10,45,23)
let n2 = sum(11,12,13,14,15,16,17,18,19,20)
```

위와 같이 ...을 이용해서 선언한 sum 함수는 몇 개의 파라미터든지 전달할 수가 있다. 다만, 위와 같이 전달할 때는 같은 타입의 변수만을 전달할 수 있다.

4-3 변수 파라미터

지금까지 함수에게 전달한 파라미터들은 모두 상수이다. 스위프트에서 함수는 파라미터 변수를 기본적으로 상수로 선언한다. 이것은 함수 안에서 실수로 파라미터의 내용을 바꾸는 것을 막기 위해서이다. 하지만, 때로는 의도적으로 파라미터를 변수로 사용해서 더 깔끔하게 작성할 수도 있다. 이 경우에는 파라미터 이름 앞에 var를 넣어주면 된다.

```swift
// baseInt^2 + intergers... 를 계산하여 반환하는 함수
func squareAndSum(var baseInt:Int,_integers:Int...) -> Int {
        baseInt *= baseInt;
        for integer in integers {
                baseInt += integer
```

```
        }
        return baseInt
}


squareAndSum(12, 1, 2, 3, 4, 5)
```

sqaureAndSum 함수는 제일 앞의 파라미터인 baseInt만 제곱을 하고 나머지 변수들은 더해서 반환하는 함수이다. 여기서 baseInt에 바로 결과를 계산해서 반환하면 군이 result와 같은 반환용 변수를 만들지 않아도 되어서 좀 더 짧게 코드를 작성할 수 있다.

위와 같이 작성하면 12만 제곱과 계산을 하고 나머지 1, 2, 3, 4, 5는 더하기를 하여 159를 반환하게 된다.

여기서 명심할 것은 상수든지, 변수든지 파라미터의 사용 범위(lifetime)는 함수 안으로 한정된다는 사실이다. 함수의 실행이 끝나면 당연히 파라미터 변수는 사라지게 된다. 함수가 리턴되고 난 뒤에는 그 변수를 사용해서는 안되는 것이다.

하지만, return값과는 별도로 파라미터를 사용해서 결과를 전달받는 게 편할 때도 있다. 예를 들어 두 변수의 값을 서로 바꾸는 함수를 작성한다고 생각해보자. 함수를 호출하는 쪽에서는 a와 b라는 파라미터를 넘겨주어서 (b, a)의 쌍을 반환값으로 받는 것보다는 a와 b의 내용이 바뀌는 편이 자연스럽다.

```
func swap(inout a:Int, inout b:Int) {
        let temp = a
        a = b
        b = temp
}
```

이 함수는 반환값은 없지만 a와 b의 내용을 서로 바꾸어주는 일을 한다. 이렇게 전달받은 파라미터의 내용을 바꾸고 싶을 때는 inout이라는 키워드를 사용하면 된다. inout은 전달받은 파라미터의 변수의 값을 변경하면 그 내용이 함수가 끝나도 유지가 되도록 해준다. 또한 inout으로 선언된 파라미터의 경우는 var이나 let을 사용할 수 없다.

다음과 같이 swap 함수를 사용할 수 있다.

```
var a = 3
var b = 5


swap(&a, &b)
```

inout 파라미터의 경우는 함수에 넘겨주는 것은 변수이어야 한다. 상수나 리터럴이면 안 된다. 당연하지만 상수나 리터럴은 변경할 수가 없기 때문이다. 그리고 인자로 넘겨주는 변수에는 "&"를 붙여야 한다. 이것은 이 변수를 변경할 수 있다는 의미이다.

이렇게 inout 키워드를 사용하여 호출한 함수의 변수를 조작하는 방법을 알아보았다. 이것은 사실 함수의 자연스러운 호출 방식(파라미터를 전달하고 반환값을 받는 방식)이 아니다. 함수 안에서 함수의 바깥의 변수의 제어하는 것이기 때문에 조심스럽게 사용해야 한다. 무엇인가 잘못되었을 경우 원인을 찾기 어려운 경우도 발생할 수 있기 때문이다.

 4-4 함수타입

지금까지는 함수를 어떻게 만들고 사용하는가에 대해서 알아보았는데, 이번에는 함수 자체를 다루는 방법에 대해서 알아보도록 하자.

앞에서 함수를 정의할 때 보았듯이 함수는 파라미터와 반환값을 정의하여 선언하였다. 이 것은 파라미터의 자료형과 반환값의 자료형이 함수의 타입을 결정하는 요소가 되는 것이다. 따라서 파라미터와 반환값의 자료형을 묶어서 함수 타입이라고 한다.

예를 들어 다음과 같은 함수 2개를 만들어보자.

```swift
func calc(n1:Int, n2:Int) -> Int {
    return n1 * n1 + n2
}

func calc2(n1:Int, n2:Int) -> Int {
    return n1 + n2 * n2
}
```

하는 일은 매우 간단하다. calc는 첫 번째 정수의 제곱과 두 번째 정수의 합을 구하고,
calc2는 두 번째 정수의 제곱과 첫 번째 정수의 합을 구하는 함수이다. 이 함수들은 모
두 두 개의 Int값을 받아서 하나의 Int값을 반환하고 있다. 따라서 이 함수들의 함수타입
(function-type)은 (Int, Int) → Int가 된다.
참고로 파라미터도 없고, 반환값도 없는 함수의 함수 타입은 ( ) → ( )가 되고, 파라미터가
없고, String형 변수를 반환하는 함수의 함수 타입은 ( ) → String이 된다.

그럼 이제부터 이 함수 타입을 사용해 보도록 하자. 함수 타입은 변수의 자료형과 같이 사
용할 수 있다. 이 함수 타입을 이용해서 함수를 담는 변수나 상수를 만들 수 있다.

```swift
var calcFunc:(Int, Int) -> Int = calc

calcFunc(3, 4)

calcFunc = calc2

calcFunc(3, 4)
```

```
let calcFunc2:(Int, Int) -> Int = calc

calcFunc(2, 3)
```

위 코드는 먼저 calcFunc라는 함수형 변수를 만들어서 calc를 대입해서 호출을 하고 calc2를 대입해서 다시 호출을 한다. 그리고 calcFunc2는 let으로 선언을 한 상수이므로 처음 할당한 calc 이외에 다른 함수를 할당할 수가 없다.

원리는 매우 간단하다. 변수나 상수의 자료형처럼 함수 타입을 이용해서 함수를 담는 변수를 만들 수 있는 것이다. 또한 함수 타입은 다른 함수의 파라미터나 반환값의 자료형으로도 쓰일 수 있다.

예를 들어 시간에 따라서 다른 인사를 해야 하는 경우가 있다고 하자. 다음과 같이 여러 개의 인사 함수를 만들어두고 시간에 따라 알맞은 함수를 반환하는 함수를 만들 수 있다.

```
func greet_morning(name:String) {
        print("Good morning, " + name)
}

func greet_afternoon(name:String) {
        print("Good afternoon, " + name)
}

func greet_evening(name:String) {
        print("Good evening, " + name)
}

func hello(name:String) {
        print("Hello, " + name)
}
```

```swift
func getGreetFunc(time:Int) -> (String) -> () {
        switch time {
                case 5...10:
                        return greet_morning

                case 12...14:
                        return greet_afternoon

                case 17...20:
                        return greet_evening

                default:
                        return hello
        }
}


var greetFunc:(String) -> ()


greetFunc = getGreetFunc(13)
greetFunc("Tom")
```

위 예제에서 getGreetFunc은 전달받은 파라미터(time)를 보고 그 시각에 적절한 함수를
반환한다. 13시에 적절한 인사말은 greet_afternoon이 반환되어 해당 함수가 호출될 것이
다. 하지만, 아직까지도 함수 타입이 왜 필요한지 납득하기 힘든 독자도 있을 것이다. 왜
냐하면 얼마든지 하나의 함수 안에서 분기문을 사용하여 처리할 수 있는 것을 억지로 여
러 개의 함수로 늘려놓았다고 생각될 수 있기 때문이다.

하지만 이렇게 함수 타입을 사용하여 "처리하는 부분"과 "처리를 분기하는 로직"을 분리하
는 것이 가능하다. 큰 단위의 프로젝트에서는 조금이라도 모듈화가 가능한 부분을 찾아서
분리를 하는 것이 유지보수에 좋을 때가 많다. 위 예제는 매우 간단하여 하나의 함수로 만
드는 것이 더 편해 보이지만 코드 양이 매우 많은 프로젝트의 경우는 이렇게 함수를 기능
별로 분리하고 필요한 함수를 전달받아 사용하는 것이 더욱 효과적일 때가 있다.

위 예제에서는 함수의 반환형으로 함수 타입을 사용하였으나 파라미터로 함수를 넘겨줄 수도 있다. 예를 들어 정수와 함수를 하나씩 전달받아 그 정수만큼 함수를 호출하는 함수를 만들어 보자.

```swift
func actions(count:Int, _action:() -> ()) {
        for var i=0; i<count; ++i {
                action()
        }
}

func hello() {
        print( "Hello" )
}

actions(-1, hello)
actions(3, hello)
```

위 예제에서 actions는 count 회수만큼 action 함수를 호출한다. 여기서 action은 함수 타입으로 ( ) –> ( )를 가진다. 물론 인자를 가지는 함수의 함수 타입을 받아서 사용할 수도 있다.

이런 함수 타입은 함수를 마치 변수처럼 다룰 수 있게 해주어 익숙해지면 매우 편리하게 프로그램을 작성할 수 있도록 해 준다. 그리고 조금 더 발전하여 클로저(closure)가 된다. 클로저에 대해서는 뒤에서 알아보도록 하자.

4-5 중첩 함수(nested function)

함수가 변수와 구분되는 점은 변수는 값(데이터)을 저장한다는 것이고, 함수는 실행되는 코드를 저장한다는 점이다. 즉, 이런 관점에서 함수를 보면 함수는 "파라미터와 반환값을 가지는 코드의 묶음"으로 생각할 수 있다. 그렇다면 코드의 묶음 안에 다시 코드의 묶음이 존재하는 것도 생각해 볼 수 있다. 이것을 중첩 함수 또는 nested function이라고 한다.

다음 예제를 보도록 하자.

```
func parent_func() {
       func nested_func() {
              print("I'm nested func!")
       }


       for _in 1...3 {
              nested_func()
       }


}

parent_func()
```

여기서 nested_func은 parent_func 안에서 정의된 함수이다. 이 함수는 parent_func 안에서만 보인다. 즉, parent_func 함수의 바깥에서 nested_func를 직접 호출하게 되면 에러가 발생한다. 하지만, parent_func이 종료한다고 해서 nested_func가 없어지는 것은 아니므로 바깥에서도 호출할 수는 있다.

아주 간단한 방법으로 parent_func이 nested_func을 반환해주면 된다. 그러면 parent_func의 외부에서도 nested_func을 호출할 수 있게 된다. 다음 예제를 보도록 하자.

```
func selector(sel:Int) -> (Int) -> Int {
        func add(n:Int) -> Int { return n + 1 }
        func sub(n:Int) -> Int { return n - 1 }


        if sel >= 0 {
                return add
        }


        return sub
}


var f = selector(2)
print( f(3) )


f = selector(-3)
print( f(3) )
```

이 함수에서 selector는 전달받은 인자가 0보다 크면 add 함수를, 그렇지 않으면 sub 함수를 반환하게 된다. 즉, selector(2)는 add를 반환하게 되므로 f(3)은 add(3)과 같은 의미가 된다. 같은 방식으로 selector(−3)은 sub를 반환하게 되고, f(3)은 sub(3)을 호출하게 된다. 이 예제에서 우리는 함수 타입의 반환값을 사용하여 직접 호출할 수 없는 중첩 함수를 호출할 수 있음을 알 수 있다.

4-6 클로저(closure)

앞서 알아본 중첩 함수는 코드 안에서 존재하면서 함수타입을 이용해서 함수 바깥으로 넘겨주기도 하는 등 매우 편리한 기능을 제공한다. 이번에는 중첩 함수와 매우 비슷하게 작용하지만 훨씬 더 간단하게 만들고 사용할 수 있는 클로저에 대해서 알아보도록 하자.

중첩 함수는 일단 반환형과 파라미터 타입, 함수 이름을 가지고 있는 하나의 완전한 형태
의 함수이다. 하지만 클로저는 문법적으로 가능한한 심플한 형태를 추구하고 있다.

다음 예제를 보도록 하자.

```swift
// 조건에 맞는 숫자를 세는 함수
func count(numbers:[Int], eval:(Int) -> Bool) -> Int {
        var cnt = 0

        for n in numbers {
                if eval(n) {
                        cnt++
                }
        }

        return cnt
}


func isPositive(n:Int) -> Bool {
        return n > 0
}

count([-1, 3, 5, -4, 10, -8], isPositive)
```

위 예제에는 2개의 함수가 나오는데 count는 정수의 배열과 판정 함수를 전달받아 배열
앞의 정수 중에 판정 함수로부터 참이라고 판정된 정수의 개수를 구한다. 우리는 이 함
수를 이용하여 [−1, 3, 5, −4, 10, −8]의 배열에서 양수의 개수를 구하려고 한다. 따라서
count 함수에게 양수를 판정하는 함수를 전달해야 한다. 위 예제에서 isPositive 함수가 그
역할을 하게 된다. 마지막 줄의 코드를 보면 count 함수에게 숫자 배열과 함께 isPositive를
전달하는 것을 확인할 수 있다.

isPositive 함수는 정수를 전달받아 양수이면 true를 반환하고, 아니면 false를 반환하게 된다. 이 isPositive 함수에 집중해 보도록 하자. 이 함수는 count 함수를 호출할 때만 사용하는 1회용 함수라고 해보자. 그렇다면 count를 한 번 호출하기 위해서 함수를 완전한 형태로 정의하고 있는 것이다.

클로저는 이런 경우에 문법적으로 생략할 수 있는 부분을 생략한 것이다.

먼저 다음과 같이 함수를 따로 정의하지 않고 이름을 생략하여 인라인 형태로 만들어 사용할 수 있다.

```
count([-1, 3, 5, -4, 10, -8], { (n:Int) -> Bool in
    return n > 0
})
```

함수의 정의를 하지 않고 코드 안에서 사용하는 대신 in을 사용해서 함수의 내용과 분리를 한 형태이다. 위의 코드에 비해서 매우 간단해졌다. 하지만 count 함수의 타입에서 우리는 클로저의 타입을 유추할 수 있으므로 파라미터와 반환값의 자료형을 생략할 수 있다. 다음 코드를 보도록 하자.

```
count([-1, 3, 5, -4, 10, -8], { n in return n > 0 })
```

우리는 n이 Int형이라는 것과 반환값이 Bool형이라는 것을 count의 함수형을 보고 유추할 수 있으므로 매우 간단하게 파라미터의 이름만 주어주면 이 클로저를 작성할 수 있다. 그리고, 클로저에서는 return 키워드를 생략할 수 있다. 해당 클로저가 반환값이 존재한다면 마지막 계산의 결과값을 자동으로 반환하게 된다. 따라서 다음과 같이 표현할 수 있다.

```
count([-1, 3, 5, -4, 10, -8], { n in n > 0 })
```

그리고 마지막으로 전달받은 파라미터의 이름도 생략할 수가 있다. 이것은 유닉스 계열의 쉘에서 잘 사용하는 형식으로 파라미터의 순서대로 $0, $1, $2과 같은 형태로 지정할 수가 있다. 즉, 다음과 같은 코드로 줄일 수 있는 것이다.

```
count([-1, 3, 5, -4, 10, -8], { $0 > 0 })
```

이 정도가 되면 전달하는 것이 변수인지, 함수인지 애매해지지만 클로저는 엄연히 함수의 하나의 형태이다. 그렇기 때문에 반드시 중괄호({, })로 묶어야 한다.
매우 극단적이긴 하지만 다른 함수를 파라미터로 전달하듯이 연산자를 전달할 수도 있다. 예를 들어 두 개의 파라미터를 전달받아 크기를 비교하는 클로저의 경우 다음과 같이 간단하게 〈 를 파라미터로 전달할 수도 있다.

```
sort(numbers, <)
```

대부분의 경우에 있어서 클로저는 한 줄 내지 두 줄의 간단한 형태의 함수가 된다. 그렇지 않고 여러 줄이 되는 코드 블럭을 전달해야 하는 경우라면 코드의 가독성을 떨어뜨리지 않기 위해 완전한 형태의 함수를 만들어서 전달하는 편이 좋다.

하지만, 예외적으로 여러 줄의 클로저를 전달해야 하는 경우에는 다음과 같은 형태가 된다.

● 〈여러 줄의 클로저 1〉

```
func( 파라미터, { ...
...
...
```

```
    ...
})
```

위와 같이 함수의 마지막 인자로 클로저를 전달하는 경우에는 약간이라도 가독성을 올리
기 위해 다음과 같이 클로저를 파라미터 리스트의 바깥으로 빼서 호출할 수 있다.

● 〈여러 줄의 클로저 2〉

```
func( 파라미터 ) {
        ...
        ...
        ...
}
```

count 예제를 위와 같은 형태로 표현하면 다음과 같이 호출할 수 있다.

```
count([-1, 3, 5, -4, 10, -8]) {
        (n:Int) -> Bool in return n > 0
}
```

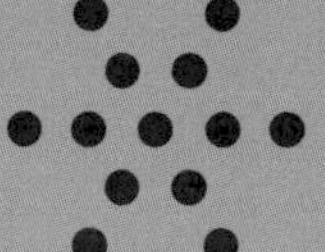

객체지향 프로그래밍

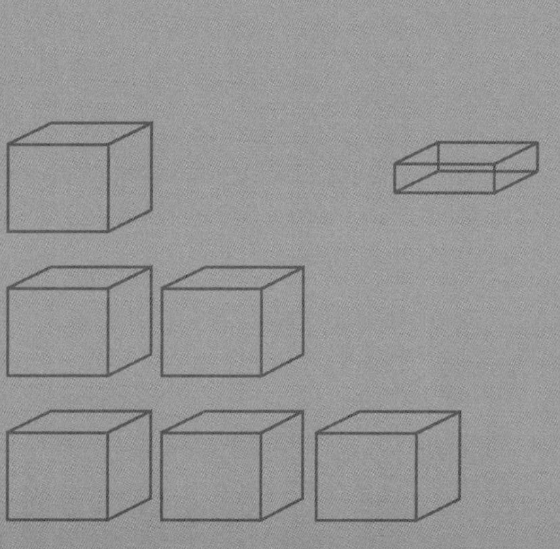

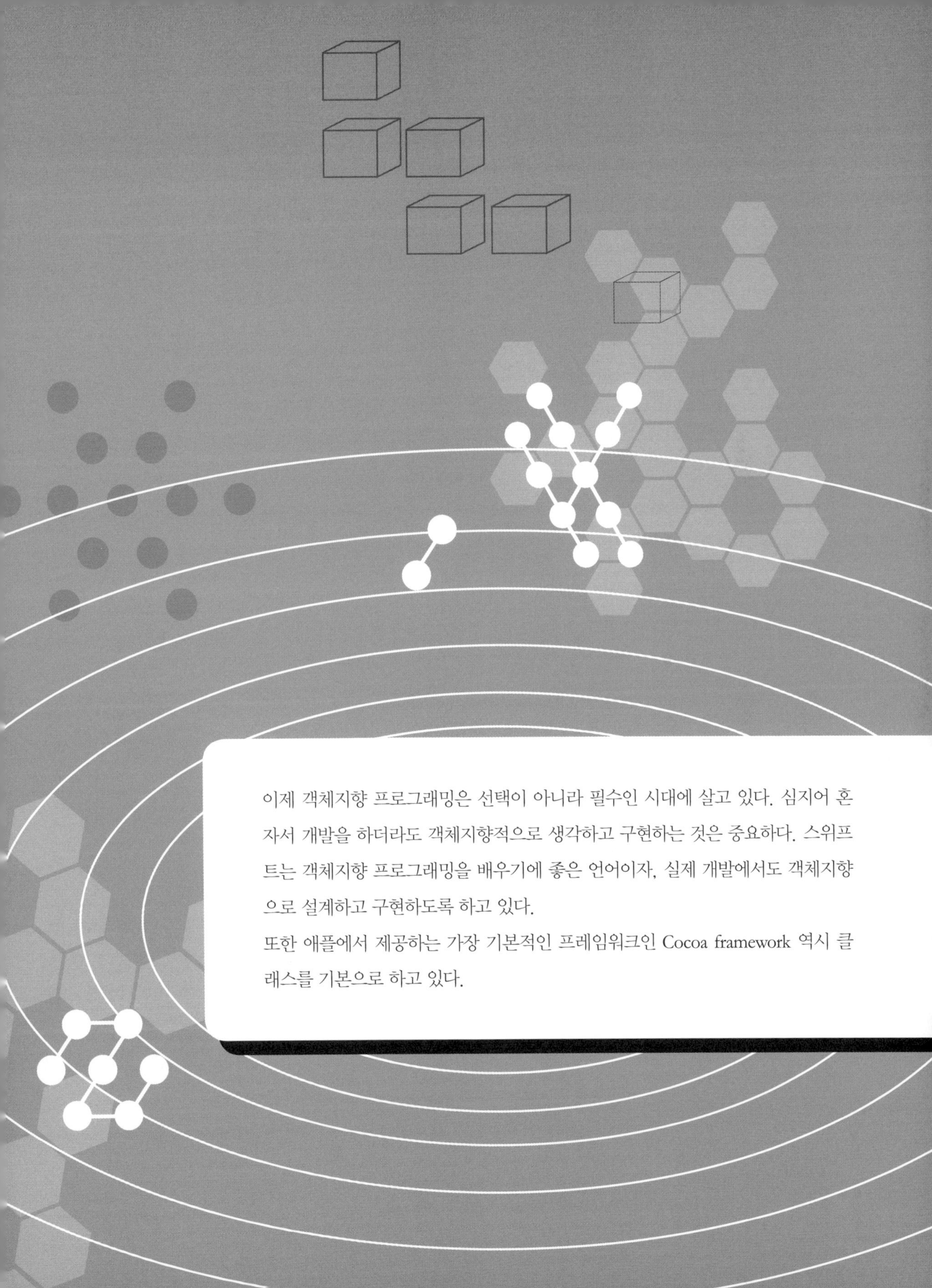

이제 객체지향 프로그래밍은 선택이 아니라 필수인 시대에 살고 있다. 심지어 혼자서 개발을 하더라도 객체지향적으로 생각하고 구현하는 것은 중요하다. 스위프트는 객체지향 프로그래밍을 배우기에 좋은 언어이자, 실제 개발에서도 객체지향으로 설계하고 구현하도록 하고 있다.

또한 애플에서 제공하는 가장 기본적인 프레임워크인 Cocoa framework 역시 클래스를 기본으로 하고 있다.

지금까지 배운 과정은 코드를 처리하는 순서대로 작성하고, 경우에 따라 다른 처리를 하거나 반복하는 부분에 대해서는 제어구문을 사용하여 처리하며, 코드가 복잡해지고 반복되는 처리는 함수로 따로 만들어서 처리하는 방법을 배웠다. 이런 개발 방법을 절차적 프로그래밍이라고 한다.

하지만, 현대의 대부분의 프로젝트들은 대부분 그 규모가 어마어마하게 커져서 절차적 프로그래밍만으로는 한계에 도달하게 되었다. 개발조직의 인원수가 많아진 부분도 있지만, 프로젝트의 수명이 길어지고, 유지보수의 중요성이 부각되었다. 그리하여 코드를 역할에 따라 모듈화하고 재사용하기 쉽게 할 필요가 있었다.

그런 이유로 1990년대부터 부각된 페러다임이 객체지향 프로그래밍이다. 객체는 정보(변수, 상수)와 기능(함수)을 가지는 독립적인 개체로 대부분의 언어에서 클래스를 사용하여 생성한다. 클래스는 다른 클래스를 상속받을 수 있는데, 이를 이용하여 독립된 개체의 코드를 재사용할 수 있다. 이 클래스를 이용하여 생성한 대상을 대부분의 다른 언어에서는 객체라고 하는데, 스위프트에서는 이를 인스턴스라고 부른다. 이것은 객체보다 조금 더 기능성에 중점을 둔다는 의미이다.

스위프트에서 객체가 가지는 변수와 함수를 각각 프로퍼티(property)와 메소드(method)라고 한다. 변수나 함수와 완전히 같은 형태로 동작하는 것은 아니지만, 클래스에서 자료를 저장하는 곳과 기능을 제공한다는 의미에서 상통한다.

5-1 클래스(class)

스위프트는 객체 instance(인스턴스)를 생성하기 위해서 class(클래스)를 사용한다. 클래스와 인스턴스는 서로 다른 개념이므로 혼동하지 않도록 주의해야 한다. 앞에서 배운 정수형 변수 i를 만들기 위해서 var i:Int라고 선언을 하는데 이때 Int가 클래스에 비유할 수 있고, i가 인스턴스에 비유할 수 있다.

즉, 어떤 정보를 가지고 어떤 동작을 하는지 정의해 두는 것이 클래스이고, 이 클래스를 사용하여 생성하는 대상이 인스턴스인 것이다.

클래스의 선언은 다음과 같은 형식으로 한다.

● 〈클래스의 선언〉

```
class 클래스 이름  :  부모클래스 이름  {

    클래스 내용

}
```

그럼 예제를 만들어 보도록 하자. 사람을 클래스로 만든다면 사람이 가지는 정보들을 생각해 볼 수 있다. 이름, 성별, 키, 혈액형과 같은 것을 생각해 볼 수 있다. 이를 이용하여 사람을 의미하는 클래스를 만들어 보도록 하자.

```
enum Blood {
    case A, B, O, AB
    func name() -> String {
        switch self {
            case .A:
                return "A형"
            case .B:
                return "B형"
            case .O:
                return "O형"
            case .AB:
                return "AB형"
        }
    }
}

class Person {
    var name:String = ""
    var sex:Bool = true // true : 남자, false : 여자
```

```swift
        var height:Int = 0
        var blood:Blood = .A

        func sexName() -> String {
                return sex ? "남자" : "여자"
        }
}

var p1 = Person()

p1.name = "홍길동"
p1.sex = true
p1.height = 180
p1.blood = Blood.A

print("\(p1.name) / \(p1.sexName()) / \(p1.height)cm /
\(p1.blood.name())")
```

먼저 위 예제에서 처음에 나오는 enum이라는 키워드를 보도록 하자. enum은 열거형을 정의하는데 사용한다. 열거형은 혈액형과 같이 몇 가지의 자료를 나열하고 그 중에 결정하는 형태의 자료형을 의미한다. 위 예제에서는 A, B, O, AB 중에 하나를 가질 수 있는 Blood라는 열거형을 만들고, Person이라는 클래스에서 사용하고 있다. 또한 enum은 class와 마찬가지로 메소드도 가질 수 있다. 여기서 name( )이라는 메소드가 있는데 이것은 각 혈액형을 문자열로 바꾸어 리턴해 주는 메소드이다.

다음으로 Person이라는 클래스를 생성하였는데 이 클래스는 name, sex, height, blood라는 4개의 프로퍼티를 가지고 있다. 각 프로퍼티는 이름, 성별, 키, 혈액형을 의미한다. 여기서 주의할 것은 sex는 true일 때는 남자를 의미하고, false일 때는 여자를 의미한다. 하지만 이것을 화면에 출력할 때는 그대로 true나 false로 출력할 수 없으므로 적절한 문자열을 반환해주는 메소드 sexName을 만들었다. 이 메소드는 sex 프로퍼티가 true이면 "남자"를,

false이면 "여자"를 반환한다. 그 다음에는 Person의 인스턴스 p1을 만들고, 각 프로퍼티의 값을 할당한 뒤에 적당한 형식으로 출력한다.

여기서 중요한 것은 Person 클래스의 인스턴스가 생성되는 과정이다.

우리는 Person( )이라는 코드로 Person의 인스턴스를 생성한다. 즉, var p1 = Person( )은 Person이라는 클래스의 인스턴스를 생성해서 그 레퍼런스를 p1에 저장하라는 뜻이다. 클래스가 명시적으로 생성자(Initializer)를 가진다면 그 생성자가 호출이 되겠지만, 지금과 같은 경우는 초기화만 하게 된다. 중요한 것은 어떤 프로퍼티도 초기화되지 않은 상태로 존재할 수 없다는 점이다. 위의 예제의 경우는 생성자가 없기 때문에 각 프로퍼티에는 초기값이 할당되게 된다.

나중에 Initializer와 Deinitializer 부분에서 다시 설명하겠지만 스위프트에서 생성자는 init( )이라는 이름을 가진다. 위 예제와 같이 클래스 이름에 괄호를 붙이면 스위프트는 해당 클래스의 인스턴스를 준비하게 되는데, 이 때 생성자(또는 초기화 메소드라고도 한다)를 호출하게 된다. 다만, 생성자인 init( )은 리턴값이 없다. 이것은 생성자가 클래스 메소드가 아니라, 인스턴스 메소드라는 것을 의미한다. 즉, 이미 인스턴스가 생성된 상태에서만 호출을 할 수 있다는 것이다. 정리하면 다음과 같다.

스위프트는 인스턴스를 생성하는 코드를 만나게 되면 먼저 클래스의 인스턴스를 메모리 상에 공간을 할당받아 만들고, 해당 클래스의 생성자가 있는지 확인을 한다. 생성자가 없다면 각 프로퍼티의 초기값을 할당하고, 만약 생성자가 존재한다면 생성자를 호출하여 프로퍼티를 초기화한다.

다음 예제를 보도록 하자.

```
class CreditCard {
    var cardNo:Int64
    var name:String


    init() {
        cardNo = 1111222233334444
        name = "GILDONG HONG"
    }
}
```

CreditCard라는 클래스를 만드는데, 여기서 생성자 init( )은 CreditCard 클래스의 인스턴스를 초기화한다. 이 초기화 과정에는 CreditCard의 인스턴스가 가지는 모든 프로퍼티에 대한 초기화 과정이 필요하다. 앞에서 이야기했던 것처럼 스위프트에서 인스턴스의 초기화는 모든 프로퍼티가 초기값을 가지도록 해야 하기 때문이다. 이것은 스위프트로 작성한 클래스를 사용할 때 인스턴스의 모든 프로퍼티는 값을 가진다는 것을 보장해준다.

따라서 만약에 위 init( ) 메소드에서 name이나 cardNo가 초기값을 할당하지 않으면 에러가 발생하게 된다. 다만, 위의 Person 예제처럼 프로퍼티의 초기값을 할당해 둔 클래스라면 init( ) 메소드에서 초기화를 하지 않아도 에러가 발생하지 않는다. 스위프트는 자동으로 초기화된 프로퍼티를 알아내기 때문이다.

● 〈인스턴스의 프로퍼티 접근하기〉

다음으로 인스턴스의 프로퍼티에 접근하는 기본적인 방법은 인스턴스의 이름 뒤에 .(dot)을 붙이고, 그 뒤에 프로퍼티의 이름을 적도록 한다. 위 예제에서 p1.name과 같이 표시함으로써 name 프로퍼티에 접근할 수 있는 것이다.

5-2 구조체

스위프트에는 클래스 외에도 이와 비슷한 것이 있는데, 하나는 위에서 설명한 열거형이고, 다른 하나는 구조체(Structure)이다. 구조체는 클래스와 같이 프로퍼티와 메소드를 가지고, 생성자(Initializer)로 초기화를 한다. 다음 예제를 보도록 하자.

```swift
struct Position {
    var x:Int
    var y:Int
}


var p1:Position = Position(x:0, y:0)
var p2 = p1


p2.x = 3
p2.y = 4


print( "p1 = (\(p1.x), \(p1.y))")
print( "p2 = (\(p2.x), \(p2.y))")
```

이 예제에서 출력되는 p1과 p2의 값은 (0, 0)과 (3,4)로 서로 다르다. 하지만 다음 예제를 보도록 하자.

```swift
class Pair {
    var a:Int = 0
    var b:Int = 0
}


var p3:Pair = Pair( )
```

```
var p4 = p3


p4.a = 3
p4.b = 4


print( "p3 = (\(p3.a), \(p3.b))")
print( "p4 = (\(p4.a), \(p4.b))")
```

위의 구조체를 사용한 Position과 거의 흡사한 Pair라는 클래스를 만들어서 출력해보면 p3
와 p4의 값은 모두 (3, 4)로 출력된다.

이것은 구조체는 p1 = p2에서 값이 복사되기 때문에 근본적으로 p1과 p2는 서로 다른 인
스턴스이다. 하지만 클래스의 인스턴스 변수는 인스턴스의 레퍼런스만을 가진다. 이것은
p4 = p3의 과정에서 p3가 가지는 레퍼런스가 p4에게 복사되었기 때문에 결국 두 변수는
값은 레퍼런스를 가지게 되므로 같은 인스턴스를 가리키게 된다.

즉, 복사라는 과정이 의미하는 바가 구조체와 클래스의 인스턴스 간에 차이가 크다는 것
을 알 수 있다. 함수나 메소드를 호출할 때나 반환값을 할당할 때 파라미터나 반환값의 복
사과정이 일어난다는 것을 생각하면 매우 주의해서 구조체와 클래스를 다루어야 한다는
것을 알 수 있다.

무심코 값이 복사된다고 생각하면서 클래스를 사용하거나, 그 반대의 경우로 구조체를 사
용하면 낭패를 보기 십상이다. 참고로 열거형도 구조체와 마찬가지로 값을 전달하는 방식
으로 동작한다.

또한 스위프트에서 제공하는 배열(Array), 문자열(String), 사전형(Dictionary)은 구조체
로 구현이 되어 있다. 따라서 이 자료형의 변수를 다른 변수에 할당하면 새로운 인스턴
스를 만들어서 값을 복사하도록 되어있다. 이것은 Foundation Framework에서 제공하는
NSArray, NSString, NSDictionary와 정반대인 부분이다. Foundation Framework에서 제
공하는 것은 모두 class에 기반하고 있어, 생성을 하게 되면 인스턴스의 레퍼런스를 반환
하고, 복사를 할 때도 레퍼런스만 복사를 하므로 순식간에 처리가 된다. 따라서 어떤 자료

형을 사용할 것인가는 상황에 맞게 결정해야 한다.

그 외에도 구조체는 자동으로 멤버별로 초기화를 할 수 있는 생성자를 만들어준다. 위 예제에서 Position(x:0, y:0)의 부분을 보도록 하자. 우리는 이런 모양의 생성자를 만든 적이 없지만 위와 같은 방식으로 초기화를 할 수가 있다.

5-3 프로퍼티(Property)

클래스나 구조체, 열거형의 인스턴스가 가지는 값을 속성 또는 프로퍼티(Property)라고 한다. 프로퍼티는 두 종류가 있는데, 하나는 저장 프로퍼티(stored property)이고 다른 하나는 계산 프로퍼티(computed property)라고 한다. 저장 프로퍼티는 말 그대로 인스턴스가 가지는 값을 의미한다. 하지만 계산 프로퍼티의 경우는 사용되는 시점에 계산을 하는 속성으로 실제로 인스턴스가 가지고 있는 값이 아니다. 열거형의 경우는 계산 프로퍼티만 가질 수 있다.

고등학교 수학 시간에 배우는 벡터를 예로 들어보자. 2차원 벡터는 다음 그림과 같이 x와 y라는 값을 가진다.

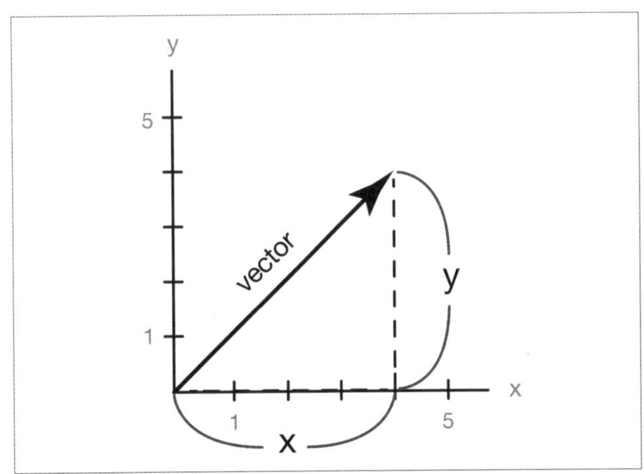

◆ **그림 5-1.** 벡터

수학의 개념이 나왔다고 너무 겁먹지 말자. 예제에서는 이보다 더 깊이 들어가지는 않는
다. 벡터는 2차원의 값을 가지므로 방향과 크기로 표현할 수 있다. 즉, (x, y)인 벡터의 크
기는 다음과 같이 계산할 수 있다.

> (x,y)인 벡터의 크기 = f(x,y) = 루트(x제곱 + y제곱)

즉, 벡터는 다음과 같은 클래스로 구현할 수 있다.

```swift
import Cocoa

class Vector {
        var x:Double = 0

        var y:Double = 0

        var len:Double {
                get {
                        return sqrt(x * x + y * y)
                }
                set(newLen) {
                        let ratio = newLen / len
                        x *= ratio
                        y *= ratio
                }
        }
}

var a:Vector = Vector()

a.x = 3
a.y = 4
```

```
print(" vector length = \(a.len)")

a.len = 3

print(" new vector = (\(a.x), \(a.y))")
```

이번 예제에서는 Cocoa 프레임워크를 사용하도록 하자. 루트를 구하는 함수는 스위프트가 기본적으로 제공하지 않기 때문에 Cocoa 프레임워크에 있는 sqrt( ) 함수를 사용하기 위해서이다. 방법은 매우 간단하다. import Cocoa를 추가하면 바로 사용할 수 있다.

위 예제에서 Vector 클래스는 x와 y라는 2개의 저장 프로퍼티 외에 len이라는 계산 프로퍼티를 가지고 있다. 계산 프로퍼티는 getter와 setter라는 메소드를 가지는데, 이것은 이 프로퍼티가 사용될 때 어떻게 계산될지를 정의하기 위한 부분이다. 여기서는 (x, y)인 벡터의 길이로 계산되는 계산 프로퍼티이다. 이 계산 프로퍼티가 참조될 때(get)는 벡터의 길이를 계산해서 반환하고, 할당될 때(set)는 기존의 벡터의 방향을 유지한 채로 길이만 수정이 된다. 즉, 기존 길이와의 비례를 먼저 구한 뒤에 그 비례만큼 x와 y에 곱하여 조절한다.

다만 계산 프로퍼티라고 해서 항상 getter와 setter를 모두 정의해야 하는 것은 아니다. 경우에 따라서는 참조만 하는 계산 프로퍼티를 만들 수도 있다. 예를 들어 위 Vector 클래스에서 len을 참조만 가능한 계산 프로퍼티로 만들고 싶으면 다음과 같이 수정하면 된다.

```
var len:Double { return sqrt(x * x + y * y) }
```

즉, setter가 없는 계산 프로퍼티의 경우는 간단하게 getter의 내용만 적으면 된다. 계산 프로퍼티는 setter가 있든 없든 항상 var로만 만들 수 있다. 만약 let으로 계산 프로퍼티를 선언하면 컴파일 에러가 발생하게 된다.

반면 저장 프로퍼티를 선언할 때는 var로 선언할 것인지, let으로 선언할 것인지를 주의 깊게 생각해서 선택해야 한다. let으로 선언한 프로퍼티의 경우 초기화되고 나면 수정할 수가 없다. 이것은 인스턴스 자체를 let으로 만든 경우와는 다르다. 다음 예제를 보도록 하자.

```
struct Employee {
        var name:String
        let empNo:String
}


var emp1 = Employee(name:"이동수", empNo:"11111")


emp1.name = "이동우"   // 정상
emp1.empNo = "11565"   // 에러


let emp2 = Employee(name:"오진석", empNo:"11112")


emp2.name = "오진식"     // 에러
```

간단하게 동작만을 확인하기 위해 Employee 구조체를 만들어 보았다. 이 구조체의 인스턴스를 var로 생성했을 경우와 let으로 생성했을 때 어떻게 다른지를 확인할 수 있다. 이처럼 저장 프로퍼티를 let으로 생성하게 되면 구조체나 클래스의 인스턴스를 생성해서 초기화하고 난 뒤에는 그 값을 변경할 수가 없게 된다.

프로퍼티의 특징으로 프로퍼티 옵저버(Property Observer)라는 것이 있다. 이것은 프로퍼티의 값이 바뀌는 것을 추적하는 메소드로서 다음과 같이 사용할 수 있다.

```
class Person {
        var name:String = String()
        var weight:Int = 0 {
                willSet {
                        print("weight will be set to \(newValue).")
```

```
                }
                didSet {
                        print("weight is changed from \(oldValue).")
                }
        }
}

var person:Person = Person()
person.name = "홍길동"
person.weight = 70
```

위 예제에서 Person 클래스의 인스턴스인 person의 weight를 70으로 할당하는 순간 프로 퍼티 옵저버인 willSet과 didSet이 실행되어 콘솔에 변경되는 내용이 출력된다.

willSet은 변경되기 직전에, didSet은 변경된 직후에 호출이 된다. 이 프로퍼티 옵저버는 디버깅이나 내용 변경의 추적뿐만 아니라 언제 호출될지 모르는 복잡한 구조에서 프로퍼 티의 내용 변경에 대해서 체크를 하거나 예외처리를 하는데 매우 유용하다.

지금까지 설명한 프로퍼티는 기본적으로 인스턴스에 할당이 되어있다. 즉, 클래스나 구조 체를 이용해서 인스턴스를 생성하면 해당 인스턴스가 가지는 변수나 상수를 생성하게 되 어있다. 하지만, 인스턴스와 관계없이 클래스나 구조체가 가지는 프로퍼티를 타입 프로 퍼티(Type property)라고 한다. 이것은 해당 클래스나 구조체의 모든 인스턴스들이 공유 할 수 있고 심지어는 인스턴스를 생성하지 않아도 사용할 수 있는 프로퍼티로서 열거형도 가질 수가 있다. 또한 타입 프로퍼티는 저장 프로퍼티와 계산 프로퍼티를 모두 만들 수 있 다.

타입 프로퍼티를 만드는 방법은 간단하다. 클래스의 경우는 class를, 구조체와 열거형 의 경우는 static을 프로퍼티의 선언 앞에 붙여주면 된다. 다만 주의할 점은 class의 경 우 타입 프로퍼티를 저장 프로퍼티로 만들 수 없다. 만약 만들면 "class variables not yet supported"라는 에러가 발생한다.

```
class Math {
        class var PI:Double { return 3.14 }
}

struct Physics {
        static let C:Int = 299_792_458
        static var ZERO:Double { return -273.15 }
}

enum Week {
        case SUN, MON, TUE, WED, THU, FRI, SAT
        static let daysOfWeek:Int = 7
        static var weeksOfYear:Int { return 365/daysOfWeek }
}
```

일반적인 프로퍼티와 마찬가지로 계산 프로퍼티의 경우는 항상 var로 정의해야 하고, 저장 프로퍼티의 경우는 let과 var를 모두 쓸 수 있다. 타입 프로퍼티는 인스턴스를 생성하지 않아도 사용할 수 있으므로 대부분의 경우 변하지 않는 상수값을 저장해 두고 사용하는 경우가 많다. 만약 모든 인스턴스가 공유하는 값이 변경이 된다고 하면 매우 주의깊게 다루어야 할 필요가 있기 때문이다.

5-4 메소드(Method)

메소드는 각각의 클래스가 가지는 함수를 의미하는데 스위프트에서는 클래스뿐만 아니라, 구조체, 열거형도 메소드를 가질 수가 있다. 이 점은 Objective-C와 다른 점이다.

메소드는 크게 인스턴스 메소드(Instance Method)와 타입 메소드(Type Method)가 있는데, 프로퍼티와 비슷하다고 이해하면 된다. 인스턴스 메소드는 클래스나 구조체, 열거형의 인스턴스가 가지는 메소드로 인스턴스를 생성하지 않으면 사용할 수가 없다. 반면 타입 메소드는 클래스나 구조체, 열거형이 자체로 가지는 메소드로서 인스턴스를 생성하지 않아도 사용할 수가 있다.

먼저 다음의 예제를 보도록 하자.

```swift
class Cat {
      var name:String = ""
      var age:Int = 0

      func grow() {
            age++
      }

      func log() {
            print("\(name) : \(age)살")
      }
}

var yaong = Cat()
yaong.name = "야옹이"
yaong.age = 4
```

```
yaong.log()
yaong.grow()
yaong.print()
```

위 예제는 간단하게 고양이 클래스를 만들어 본 것이다. 고양이 클래스는 이름과 나이를 프로퍼티로 가지고, 인스턴스 메소드도 2개를 가지고 있다. 하나는 grow( )라는 메소드이고, 다른 하나는 log( )라는 메소드이다. grow( )는 고양이의 나이를 한 살 먹게 하고, log( )는 고양이의 정보를 콘솔에 출력하는 일을 한다.

위 예제의 결과는 다음과 같다.

```
야옹이 : 4살
야옹이 : 5살
```

Cat 클래스를 가지고 우리는 너무나 귀여운 고양이 "야옹이"의 정보를 저장할 인스턴스 yaong을 만들었다. 먼저 클래스의 인스턴스를 생성하고 각 프로퍼티의 값을 할당하였다. name은 "야옹이"로 하고 age는 4살이라고 할당한다. 이 상황에서 yaong의 정보를 출력하면 "야옹이 : 4살"이 출력된다.
그리고 해가 바뀌어서 "야옹이"도 한 살 더 먹었으므로 grow( ) 메소드를 호출하면 yaong의 나이가 1 증가하게 된다. 그리고 log( ) 메소드를 호출하면 "야옹이 : 5살"이 출력되는 것이다.
이처럼 인스턴스 메소드는 yaong이라는 인스턴스를 만들고 그 인스턴스를 기반으로 호출할 수가 있다.

반면에 타입 메소드는 클래스나 구조체 자체가 가지는 메소드로서 인스턴스를 생성하지 않아도 사용할 수 있다. 타입 프로퍼티와 비슷하게 클래스의 경우는 class 키워드를 구조체나 열거형의 경우는 static 키워드를 앞에 붙여주면 된다.

```swift
struct Player {
        static var maxNameLength:Int = 5


        static func setMaxNameLength( newNameLength:Int ) {
                if newNameLength <= maxNameLength {
                        print( "ERROR!!" )
                } else {
                        maxNameLength = newNameLength
                }
        }

        // ...
}
```

위 예제의 Player 구조체는 어떤 온라인 게임 안에서 플레이어에 대한 정보를 저장하는 구조체이다. 이 구조체는 타입 프로퍼티로 maxNameLength를 가지는데 이것은 각 플레이어가 가지는 이름의 최대 길이를 뜻한다. 이것은 이 게임 안의 모든 플레이어에게 적용되는 값이므로 타입 프로퍼티로 저장하는 것이 맞다.

그런데, 게임이 너무 인기가 많아서 처음에 최대 길이로 생각했던 5자리로는 더 이상 플레이어를 만들기 어려운 상황이라고 생각해보자. 이 타입 프로퍼티를 수정을 하려고 할 때 고려해야 하는 것이 기존의 값보다 작아져서는 안된다는 것이다(원래 게임을 즐기던 플레이어들의 이름이 짧아져야 하는 경우가 발생할 것이기 때문이다). 그래서 이 타입 프로퍼티를 수정할 때는 기존 값보다 큰지를 체크해야 한다. 우리는 여기서 타입 메소드 setMaxNameLength를 통해서 그 작업을 할 수 있다.
이처럼 타입 메소드는 주로 타입 프로퍼티를 다루는 일을 하게 된다(항상 그런 것은 아니다).

타입 메소드는 인스턴스가 없는 상태에서도 호출할 수 있지만, 인스턴스 메소드는 반드시 존재하는 인스턴스의 메소드를 호출해야 한다. 그렇다면 이렇게 호출된 인스턴스 메소드는 자신을 어떻게 알 수 있을까?

앞의 Cat 예제를 보면 특별한 지칭없이 age++처럼 인스턴스 프로퍼티를 사용하고 있다. 하지만, 파라미터와 인스턴스 프로퍼티의 이름이 같은 경우나 자신을 어딘가에 할당해야 하는 경우처럼 자기자신(self instance)을 지칭할 필요가 있을 때는 self 키워드를 사용한다. 위의 Cat 예제에서 인스턴스 메소드를 self를 사용하여 다시 작성해보면 다음과 같다.

```
func grow() {
        self.age++
}


func log() {
        print("\(self.name) : \(self.age)살")
}
```

가능하면 오류를 줄이기 위해 인스턴스 메소드에서 인스턴스 프로퍼티를 사용할 때는 self 를 사용하도록 하자.

구조체와 열거형의 인스턴스 메소드에서 인스턴스 프로퍼티를 변경할 때는 주의할 점이 한 가지 더 있다. 바로 인스턴스 메소드에게 변경 권한이 있는가 하는 점이다. 이런 Value type(구조체와 열거형은 값을 저장하므로 이렇게 부른다)의 경우 인스턴스 메소드에게는 인스턴스 프로퍼티를 변경할 권한이 없다. 하지만 걱정하지 말자. mutating이라는 키워드 를 func 앞에 붙여줌으로써 인스턴스 메소드에게 "이 메소드는 인스턴스 프로퍼티를 변경 할 것이다"라고 권한을 줄 수 있다.

하지만, 그렇다고 하더라도 해당 구조체나 열거형의 인스턴스가 var이 아니라 let으로 생성된 경우라면 mutating 메소드를 호출할 수가 없다. 이것은 상수 인스턴스의 경우는 그 내용을 바꿀 수 없는 제약이 있기 때문에 프로퍼티를 바꿀 수 있는 mutating 메소드를 호출할 수 없게 되는 것이다. 그러므로, 굳이 프로퍼티의 값을 변경할 일이 없는 인스턴스 메소드에게 mutating을 붙이지는 말도록 하자.

앞에서 잠깐 인스턴스의 생성에 대해서 이야기를 하였지만 이번에는 인스턴스의 생성과 소멸에 대해서 좀 더 알아보도록 하자. 스위프트에서 타입(클래스나 구조체, 열거형)의 인스턴스를 생성할 때는 다음과 같이 코드를 작성한다.

```
var 인스턴스이름:타입이름 = 타입이름( )
let 인스턴스이름:타입이름 = 타입이름( )
```

만약 모든 프로퍼티가 기본값을 가질 때는 생성자를 호출하지 않고 다음과 같이 생성할 수도 있다.

```
var 인스턴스이름:타입이름
let 인스턴스이름:타입이름
```

기본적으로 생성자는 다음과 같은 형태를 하고 있다.

```
init() {
    ...
}
```

일반적인 메소드와는 다르게 func를 붙이지 않는다는 것에 주의하자. 다음과 같이 인스턴스를 생성하면 해당 타입(클래스, 구조체, 열거형)의 init 메소드를 호출하게 된다.

```
var man:Man = Man()
```

또는

```
var man = Man()
```

하지만, 앞의 대부분의 예제가 그랬던 것처럼 이 init 메소드가 반드시 필요한 것은 아니다. 만약 항상 같은 값으로 초기화되는 프로퍼티라면 프로퍼티를 선언하는 곳에서 초기값을 넣어주는 편이 편리하기도 하고, 코드의 가독성도 좋다.

인스턴스를 만들 때 구체적으로 프로퍼티의 값을 지정해서 초기화를 하려고 할 때는 다음과 같이 init 메소드를 만들어줄 수 있다.

```
struct Circle {
        var centerX:Double
        var centerY:Double
        var radius:Double

        init(radius:Double) {
                self.centerX = 0
                self.centerY = 0
                self.radius = radius
        }
}

var circle = Circle(radius:7.7)
```

위 예제는 어떤 좌표계에 원을 그리려고 할 때 사용할 수 있는 구조체이다. 위 예제는 구조체이지만 클래스의 경우도 마찬가지로 위와 같이 생성자를 만들어 줄 수 있다. 다만 구조체의 경우 하나의 생성자도 존재하지 않는다면 기본 생성자(default initializer)가 자동으로 생성된다는 점이 다르다. 따라서 클래스의 경우는 각 프로퍼티에 기본값을 주던가, 생성자를 하나 이상 만들던가 해야 한다.

위 예제에서 만약 init(radius:Double) 생성자가 존재하지 않는다면 다음과 같이 인스턴스를 생성하는 것이 가능하다.

```
var circle2 = Circle(centerX:3.5, centerY:5.1, radius:2.2)
```

하지만, 위의 경우는 이미 하나의 생성자가 존재하기 때문에 기본 생성자는 만들어지지 않는다는 점에 유의하자.

그렇다면 클래스나 구조체의 인스턴스 프로퍼티 중에 optional로 정의된 것이 있다면 어떻게 동작을 할까? optional은 말 그대로 "값을 가질 수도 있다"라는 의미로 쓰이기 때문에 초기화를 하지 않아도 자동으로 nil을 가지게 된다. 그러므로, 생성자에서 초기화를 해주지 않아도 되고, 생성자가 없더라도 기본값이 필요 없다(물론 초기값을 넣어주어도 된다). 반면, 프로퍼티가 let으로 정의된 경우(상수일 경우)는 초기값을 할당하거나 생성자에서 값을 할당해 주어야 한다. 즉, 한 번 초기화가 되면 수정할 수가 없으므로 init에서 모든 값을 할당해 주어야 한다. 다음 예제를 보도록 하자.

```
class Square {
        var pointX:Double = 0.0
        var pointY:Double = 0.0
        let sideLength:Double = 0.0

        init(x:Double, y:Double, s:Double) {
                pointX = x
                pointY = y
                sideLength = s
        }
```

```
    init(s:Double) {
            sideLength = s
    }
}
```

위와 같이 sideLength가 let의로 정의된 상수일 경우에는 생성자에서 반드시 초기화를 해 주어야 한다. 생성하고 난 뒤에 따로 sideLength에 값을 할당하려고 하면 에러가 발생할 것이기 때문이다.

그리고 생성자는 반환값이 없기 때문에 실패할 경우에 대한 처리가 어렵다. 예를 들어 잘 못된 파라미터가 있어서 프로퍼티의 초기화에 실패하더라도 그것을 처리하기가 쉽지 않 다. 그럴 경우를 위해서 실패할 수 있는 생성자(Failable initializer)가 있다. 이것은 init?( ) 으로 만들 수 있고 return nil을 함으로써 초기화에 실패했다는 것을 알린다.

그렇다면 생성에 실패하는 어떤 일이 일어나는지 다음 예제를 보자.

```
class Rectangle {
    var x:Int = 0
    var y:Int = 0
    var width:Int = 0
    var height:Int = 0

    init?(width:Int, height:Int) {
            if width <= 0 || height <= 0 {
                    return nil
            }
            self.width = width
            self.height = height
    }
}
```

```
var rect:Rectangle? = Rectangle(width:3, height:4)
var rect2:Rectangle? = Rectangle(width:0, height:4)
```

위 예제에서 Rectangle로 인스턴스를 생성할 때 Failable initializer를 이용하기 때문에
Rectangle 타입이 아니라 Rectangle의 optional 타입이 된다. 즉, Rectangle일 수도 있고,
nil일 수도 있는 인스턴스가 되는 것이다. 따라서 rect는 width가 3이고, height가 4인 사각
형을 의미하는 인스턴스가 되고 rect2의 경우는 nil이 된다.
그리고 모든 클래스나 구조체, 열거형의 경우 같은 파라미터를 가지는 생성자의 경우 일
반 생성자와 Failable 생성자 중에 하나만 가질 수 있다.

인스턴스가 수명을 다해 이제 더 이상 사용될 가능성이 없어지면 메모리에서 삭제되게 되
는데, 이때 호출되는 것이 소멸자 또는 Deinitializer라고 한다. 이 소멸자는 클래스만 가질
수 있고, 구조체나 열거형은 가질 수가 없다.

스위프트에서 클래스의 인스턴스를 Automatic Reference Counting이라는 방식으로 관리
하는데, 이것은 인스턴스가 자신의 참조카운트를 가지고 있다가 그것이 0이 되면 메모리
에서 릴리즈되는 방식이다(ARC에 관해서는 뒤에서 좀 더 구체적으로 설명하도록 한다).
따라서 값을 다루는 구조체나 열거형과는 달리 레퍼런스를 다루는 클래스만이 소멸자를
가질 수가 있다.

소멸자는 deinit으로 정의할 수 있다.

```swift
class someClass {

        var someProperty:Int = 0

        init(p:Int) {

                self.someProperty = p

        }

        deinit {

                print("Deinitialized.")

        }

}
```

위와 같이 파라미터 없이 단순하게 deinit을 만들면 된다.

5-6 서브스크립트(Subscript)

클래스나 구조체, 열거형은 집합 자료형처럼 요소에 접근할 수 있도록 해주는 Subscript를 만들 수 있다. 이것은 인스턴스가 마치 집합 자료형의 변수처럼 동작하도록 만들어주는 것으로 subscript라는 키워드를 사용하여 만들 수 있다. 다음 예제를 보도록 하자.

```swift
struct Person {

        var name:String = ""

}


class Family {

        var dad:Person = Person()

        var mom:Person = Person()

        var children:[Person] = []


        subscript(index:Int) -> String? {
```

```swift
            if index >= 0 && index < children.count {
                return children[index].name
            }
            return nil
    }
}


var family = Family()

family.dad = Person(name:"송일국")
family.mom = Person(name:"정승연")
family.children = [Person(name:"대한"), Person(name:"민국"),
Person(name:"만세")]


print("\(family[0]!) \(family[1]!) \(family[2]!)")
```

Person은 간단하게 사람의 이름을 저장하는 구조체이고 Family는 아빠, 엄마, 아이들의 인스턴스를 저장하는 클래스이다. Family 클래스는 subscript(index:Int) → String?라는 subscript를 가지고 있는데, 이것은 Family 클래스의 인스턴스에 배열과 같이 정수를 인덱스로 하는 구문이 있으면 optional String 인스턴스를 반환하는 일을 한다. 여기서는 아이의 인스턴스를 반환하는데 만약 인덱스가 범위 밖에 있어 인스턴스가 없는 경우에는 nil을 반환한다.

예제에서는 family 인스턴스의 세 아이의 이름을 출력하게 된다.

클래스는 구조체나 열거형과는 다르게 다른 클래스를 상속받을 수 있다. 이것은 객체지향 프로그래밍에서 매우 중요한 개념으로 하나의 클래스가 다른 클래스의 코드에 영향을 받지않고 재사용될 수 있음을 의미한다. 클래스는 상속이 가능함에 따라 여러 부분에서 많은 것을 고려해야 한다.

먼저 상속을 하는 방법에 대해서 알아보자.

```
class Figure {
        var name:String = ""
        var pointX:Double = 0
        var pointY:Double = 0


        func description() -> String {
                return "\(self.name) = (\(pointX), \(pointY))"
        }
}


class Circle : Figure {
        var radius:Double = 0


        func area() -> Double {
                return self.radius * self.radius * 3.14159
        }
}


class Rectangle : Figure {
        var width:Double = 0
        var height:Double = 0
```

```swift
        func area() -> Double {
                return width * height
        }
}
```

위 예제에는 3개의 클래스가 있다. 먼저 가장 위의 Figure 클래스는 도형을 의미하는 클래스로 이름과 x 좌표, y 좌표를 가진다. 하지만, 우리가 실제로 다루게 되는 도형들은 조금 더 구체적이다. 즉, 사각형, 원과 같은 넓이를 계산할 수 있는 구체적인 형태의 도형을 다루려고 한다. 이럴 때는 Circle과 같이 원을 의미하는 클래스를 만든 뒤에 Figure를 상속받으면 된다. 상속은 위 예제와 같이 콜론(:)과 상속을 받으려고 하는 클래스의 이름을 붙여주면 된다.

이 때, Figure는 base class 또는 수퍼클래스(superclass)라고 하고 Circle을 서브클래스(subclass)라고 한다. subclass는 superclass의 프로퍼티, 메소드, 서브스크립트(subscript)와 같은 특성을 모두 물려받게 된다. 위 예제에서는 Circle 이 외에도 Rectangle 역시 서브클래스이다.

물론 서브클래스는 수퍼클래스가 가지지 못한 특성을 추가해서 가질 수 있다. Circle 클래스의 radius 프로퍼티나 area( ) 메소드와 같은 것이다. Figure의 인스턴스는 area( )같은 메소드를 가지고 있지 않지만 Circle이나 Rectangle의 인스턴스는 area( ) 메소드를 호출할 수 있다.

그러면 혹시 수퍼클래스에 이미 존재하는 메소드를 재정의하고 싶을 때는 어떻게 할까? 예를 들어 Figurer가 가지고 있는 description( ) 메소드를 Circle에 맞게 재정의하고 싶을 때는 수퍼클래스의 메소드를 오버라이딩하면 된다.

```
class Circle : Figure {
    var radius:Double = 0

    func area() -> Double {
        return self.radius * self.radius * 3.14159
    }

    override func description() -> String {
        return super.description() + ", r = \(self.radius)"
    }
}

var f = Circle()

f.name = "작은원"
f.pointX = 15
f.pointY = 22
f.radius = 20

print( f.area() )
print( f.description() )
```

이 예제에서 Circle은 수퍼클래스인 Figure의 description( ) 메소드를 오버라이드하여 재정의하였다. 이렇게 수퍼클래스의 메소드나 프로퍼티, 서브스크립트를 재정의하고 싶을 때는 오버라이드하여야 한다.

또한 이렇게 오버라이드한 메소드에서 수퍼클래스의 메소드나 프로퍼티, 서브스크립트를 사용하고 싶을 때가 있는데 이럴 때는 super라는 키워드를 사용하면 된다. 위 예제의 Circle 클래스의 description( ) 메소드에서도 수퍼클래스인 Figure 클래스의 description( )을 사용하기 위해서 super.description( )이라고 호출하고 있다.

앞서 설명하였듯이 오버라이드는 메소드뿐만 아니라 프로퍼티와 서브스크립트에도 적용

가능하다. 프로퍼티는 계산 프로퍼티의 getter와 setter를 오버라이드할 수 있고, 프로퍼티 옵저버와 서브스크립트까지 오버라이드하여 재정의할 수 있다.

반대로 수퍼클래스 입장에서는 특정 메소드나 프로퍼티, 서브스크립트를 오버라이드하지 못하도록 강제할 수도 있다. 다음 예제를 보도록 하자.

```swift
class Movie {
        var name:String = ""
        var playTime:Int = 0

        final func description() -> String {
                return "\(name) \(playTime)"
        }
}

class MovieFile : Movie {
        var filename:String = ""

        override func description() -> String {
                return super.description() + " \(filename)"
        }
}
```

이 예제에서 수퍼클래스인 Movie에서 description( ) 메소드를 final로 정의하고 있으므로 이를 상속받은 MovieFile에서 description( ) 메소드를 오버라이드하면 에러가 발생하게 된 다.

클래스나 구조체와 같은 타입을 사용하다 보면 어떤 프로퍼티를 가지는지 또는 어떤 메소드를 가지고 있는지 약속을 해야 할 경우가 있다. 예를 들어 인스턴스를 파라미터로 받아서 그 인스턴스에 대한 설명을 콘솔에 출력해주는 함수가 있다고 하자. 로그를 남기거나할 때 매우 유용한 기능일 것이다. 하지만 이 인스턴스에 대한 설명은 결국 그 인스턴스가가지는 메소드를 이용할 수 밖에 없다. 즉, 어떤 메소드를 가질 것이라고 약속을 해야 하는 것이다. 한마디로 정리하면 클래스나 구조체가 어떤 프로퍼티나 메소드를 가질 것을 보장하거나 보장받아야 하는 경우가 있다는 것이다.

이렇게 어떤 클래스나 구조체 혹은 열거형이 가지고 있어야 하는 메소드나 프로퍼티 등을정의해 둔 것을 프로토콜(Protocol)이라고 한다(원래 프로토콜은 규약, 약속을 의미라고특히 통신이나 네트워크에서 정보를 전달하기 위해 양자 간에 지켜야 하는 약속의 집합을의미한다).

프로토콜은 다음과 같이 정의한다.

```
protocol protocolName {
    func funcName() -> Int
    var propertyName:String { get set }
}
```

보다시피 클래스나 구조체의 정의와 기본적인 골격은 흡사하다. 하지만, 규약만을 정하면 되므로 메소드나 프로퍼티의 내용은 적지 않는다. 또한 static이나 class 키워드를 사용하여 타입 메소드나 타입 프로퍼티를 추가할 수도 있다. 다음은 스위프트에서 제공하는Foundation 라이브러리에 있는 대표적인 프로토콜인 CustomStringConvertible의 실제 소스이다.

```
public protocol CustomStringConvertible {
    /// A textual representation of `self`.
    public var description: String { get }
}
```

매우 간단하게 단 하나의 프로퍼티 description의 getter만을 규약으로 정하고 있다. 이 프로토콜은 해당 클래스가 화면에 출력할 수 있다는 것을 약속하는 프로토콜이다. 그러므로 출력할 수 있는 형태의 프로퍼티를 규약으로 정할 필요가 있다. 따라서 어디에서라도 이 CustomStringConvertible 프로토콜을 지키는 클래스의 인스턴스는 description 프로퍼티를 가지고 화면에 출력하면 되는 것이다.

프로토콜을 사용하는 방법은 다음과 같다.

```
class className : superclassName, protocolName {

}
```

즉, 상속받는 것처럼 수퍼클래스와 같이 적어주면 된다. 다만 규약은 외부에서 보이는 것의 규약이기 때문에 프로퍼티을 규약으로 넣는다고 해도 그것이 저장 프로퍼티인지, 계산 프로퍼티인지를 제한할 수는 없다. 다만 해당 프로퍼티의 타입과 getter만을 가지는지, getter와 setter를 같이 가지는지를 제한할 수 있다. 다음 예제를 보도록 하자.

```
import Foundation

class Fruit : CustomStringConvertible {
    var name:String = ""
    var color:String = ""

    var description:String {
```

```
                return "\(name)(\(color))"
        }
}

func Log( let target:CustomStringConvertible ) {
        print( "Log : " + target.description )
}

var apple = Fruit()

apple.name = "사과"
apple.color = "빨간색"

Log(apple)
```

위 예제는 CustomStringConvertible 프로토콜을 만족하는 클래스 Fruit을 작성한 것이다. 즉 누군가가 Fruit 클래스의 인스턴스에 description 프로퍼티를 요구하면 해당 과일의 설명을 반환하도록 description을 구현한 것이다.

위 예제에서는 프로퍼티밖에 없지만 당연히 메소드도 포함할 수 있다. 위에 프로토콜의 정의대로 func 키워드를 사용하여 정의하면 된다. 구조체나 열거형을 위해서 mutating 함수를 포함할 수도 있고, 심지어는 생성자인 init을 포함할 수도 있다(이 때는 물론 func 키워드가 필요없다).
다만, 생성자를 규약으로 하는 프로토콜에 따라 정의된 클래스의 경우 required라는 키워드를 init 앞에 넣어 주어야 한다.

```
protocol initByInt {
        init(int:Int)
}


class Age : initByInt {
        var age:Int
        required init(int:Int) {
                self.age = int
        }
}
```

위와 같이 require init으로 정의하는 것은 이 생성자가 프로토콜에 의해서 규약된 것이라 는 것을 나타내 준다. 다만 이 클래스가 final로 정의된 클래스일 경우 required를 붙이지 않아도 된다.

이 프로토콜은 Objective-C로 개발을 했던 사람이라면 누구나 익숙할 것인데 바로 delegate가 프로토콜로 구현되어 있기 때문이다. 프로토콜은 마치 하나의 타입처럼 사용할 수 있는데, 다음과 같이 어떤 프로퍼티를 만족하는 프로퍼티를 가지면서 어떤 이벤트가 발생했을 때 해당 부분에 대한 처리를 위임하는 것을 delegate라고 한다. 예를 들면 네트워크 처리를 해 주는 클래스가 있다고 하자. 이 클래스는 네트워크 상의 서버에 접속을 하고 데이터를 보내거나 받는 일을 한다고 하자. 접속이 성공하거나 데이터를 보내다가 에러가 발생하거나 하는 이벤트가 발생했을 때 처리를 위임할 delegate를 받아 두고, 사후 처리는 그 delegate에게 위임하는 것이 훨씬 효율적이고 객체지향의 의미에도 맞다.

```swift
protocol errorDelegate {
        func onError(errorCode:Int)
}


class networkHandler {
        var errDelegate:errorDelegate?


        // ...
        init (errDelegate:errorDelegate){
                self.errDelegate = errDelegate
        }
}
```

위와 같이 네트워크에 대한 처리를 도맡아 하면서 에러가 발생하면 그 처리를 위임할 위임자를 받아서 초기화를 할 수 있다. 스위프트에서도 프로토콜은 이런 delegate에서 많이 쓰인다.

memo

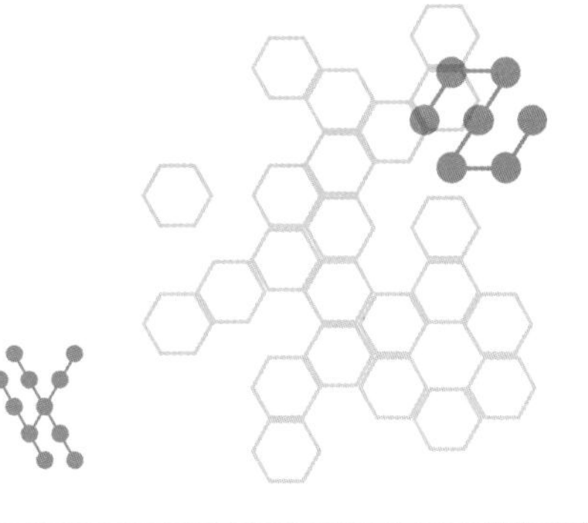

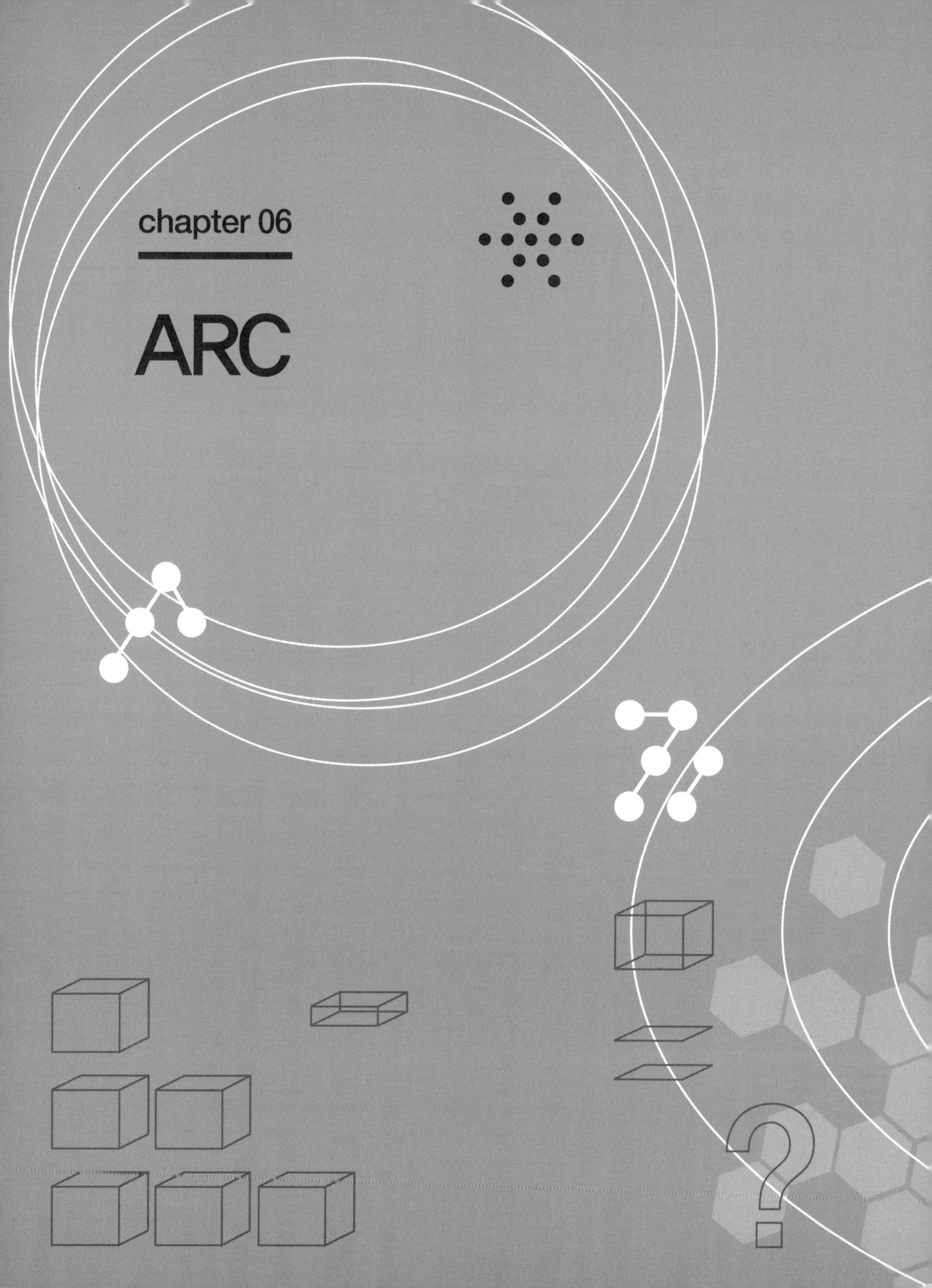

chapter 06

ARC

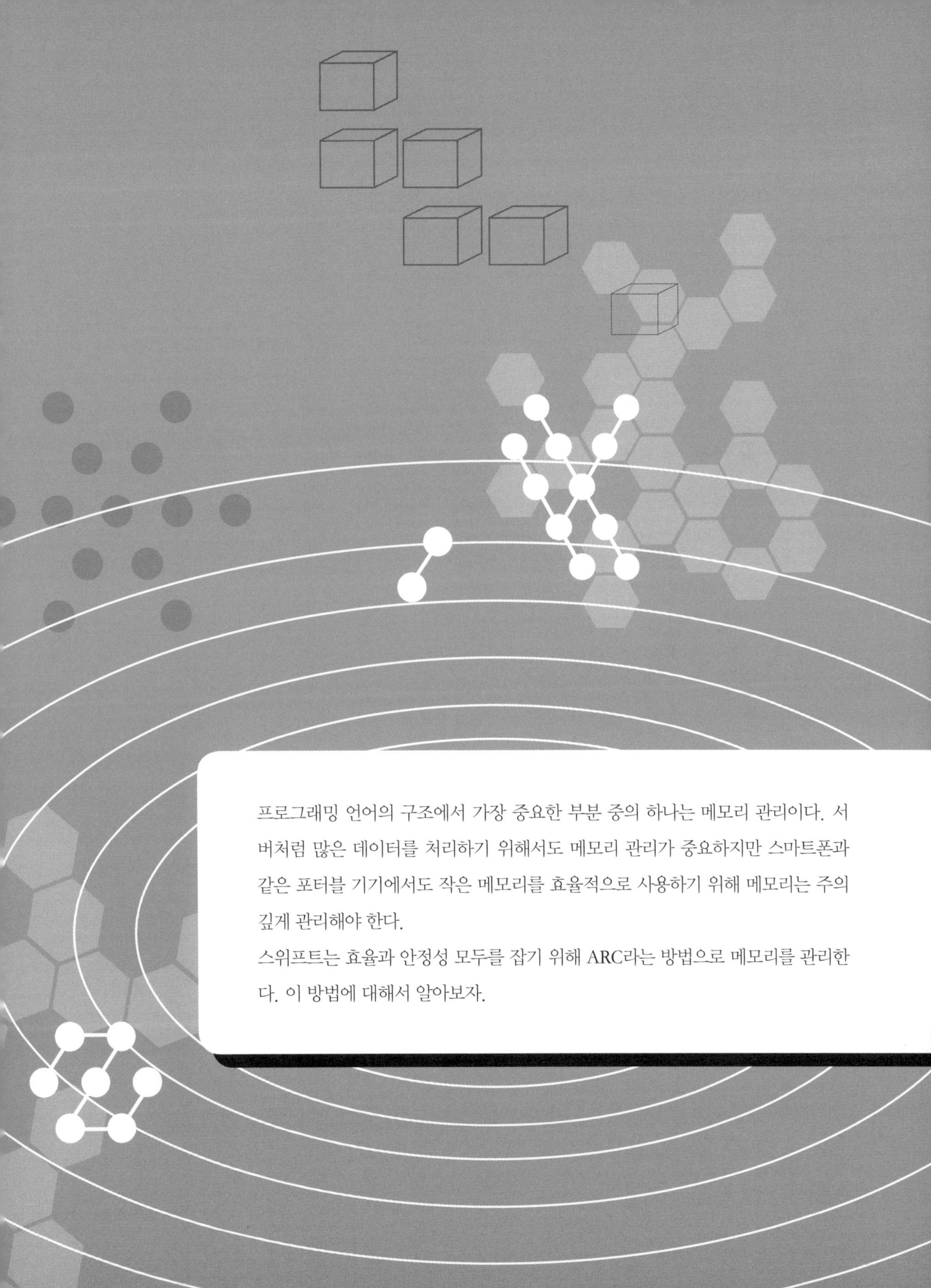

프로그래밍 언어의 구조에서 가장 중요한 부분 중의 하나는 메모리 관리이다. 서버처럼 많은 데이터를 처리하기 위해서도 메모리 관리가 중요하지만 스마트폰과 같은 포터블 기기에서도 작은 메모리를 효율적으로 사용하기 위해 메모리는 주의 깊게 관리해야 한다.

스위프트는 효율과 안정성 모두를 잡기 위해 ARC라는 방법으로 메모리를 관리한다. 이 방법에 대해서 알아보자.

여러분이 정성들여 만든 앱은 iOS나 Mac OSX에서 동작하게 될 것이다. 하지만 이 앱이 항상 훌륭하게 동작할 수는 없을 것이다. 특히 앱이 사용할 수 있는 자원(Resource)이 무한정 존재하지 않기 때문에 생기는 문제는 개발자를 두고두고 괴롭힐 것이다. 여기서 자원이라는 것은 앱이 사용할 수 있는 모든 것이다. 프로세서, 메모리, 디스크나 플래시 메모리와 같은 저장 공간, 파일, 네트워크 소켓과 같은 것들이 대표적인 자원이다. 이 중에서도 매우 빈번하게 사용하는 자원이 메모리이다.

스위프트는 변수나 인스턴스를 저장하기 위해서 메모리를 사용한다. 즉, 변수나 인스턴스를 생성하면 메모리에 공간을 할당 받게 된다.

변수나 구조체, 열거형의 인스턴스는 수명이 비교적 명확하다. 자신의 블럭이 종료하면 더 이상 사용할 수 없기 때문에 할당 받은 메모리를 바로 반납할 수 있다(이렇게 반납하는 것은 해제(Release)한다고 한다). 하지만, 클래스의 인스턴스의 경우 메모리상에 인스턴스가 존재하지만 실제로 우리가 사용하는 것은 그것을 가리키는 레퍼런스이다. 따라서 그 인스턴스의 수명을 가늠하기가 쉽지가 않다.

스위프트는 여러분이 만든 앱이 사용하는 메모리를 관리하기 위해서 ARC(Automatic Reference Counting)이라는 기법을 사용한다. 이 ARC라는 것은 인스턴스의 레퍼런스의 개수를 관리하여 더 이상 필요가 없어진 인스턴스를 자동으로 해제해 주는 알고리즘이다. 따라서 여러분은 언제 인스턴스를 해제해야 하는지에 신경을 쓰지 않고 편하게 개발에 집중할 수 있는 것이다(그렇다고 전혀 신경을 쓰지 않아도 되는 것은 아니다).

값 타입 (value type)	변수, 구조체, 열거형
레퍼런스 타입 (reference type)	클래스

◆ 표 6-1. 값 타입과 레퍼런스 타입

먼저 레퍼런스에 대해서 알아보도록 하자. 스위프트의 클래스는 구조체나 열거형과는 다르게 레퍼런스 타입이다. 구조체나 열거형의 인스턴스는 값을 가지기 때문에 다른 변수에 할당을 하면 값을 복사하는 과정이 일어난다. 하지만, 클래스는 인스턴스에 값을 저장하는 것이 아니라, 메모리에서 인스턴스의 데이터가 어디에 있는지를 저장한다. 이 때 "어디"를 의미하는 것이 레퍼런스이다. 레퍼런스는 C나 C++에서 말하는 포인터와는 조금 의미가 다르다. 포인터는 실제 메모리에서 주소를 의미하지만 레퍼런스는 이것을 추상화한 것이다.

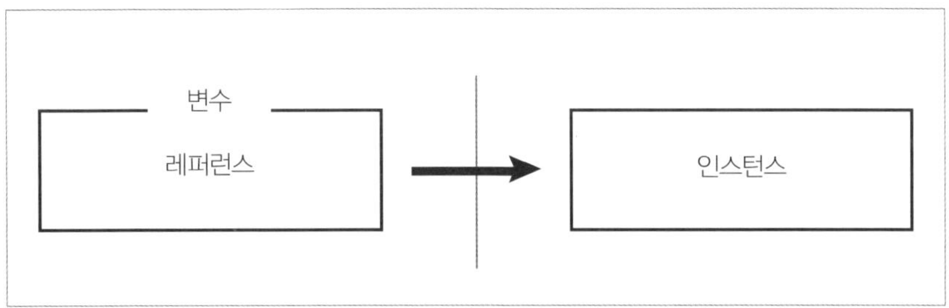

◆ 그림 6-1. 레퍼런스와 인스턴스

따라서 어떤 변수에 클래스의 인스턴스를 할당을 하면 값은 복사되지 않고, 인스턴스의 레퍼런스만 복사되서 저장된다. 따라서 클래스의 인스턴스를 다른 인스턴스에 복사하면 레퍼런스가 같은 인스턴스가 되므로 한 쪽을 수정하면 다른 한 쪽에도 같은 값이 반영된다.

```swift
class Test {
    var number:Int

    init(n:Int) {
        print("init called")
        number = n
    }
    deinit {
        print("deinit called")
    }
}


var test = Test(n:10)
var other = test
```

```
print("\(test.number) \(other.number)")
test.number = 30
print("\(test.number) \(other.number)")
```

위 코드를 실행하면 다음과 같이 콘솔에 출력된다.

```
init called
10 10
30 30
```

하지만, 위 코드에서 Test를 class가 아니라 struct로 정의하면 결과는 다음과 같이 된다.

```
init called
10 10
30 10
```

이것은 Test가 클래스일 경우 test와 other가 결국 같은 인스턴스의 레퍼런스라는 것을 알수 있다. ARC는 이런 클래스의 인스턴스에 대해서 레퍼런스를 추적해서 더 이상 사용되지 않는 인스턴스에 대해서 메모리에서 해제하는 처리를 하는 메커니즘이다. 그러면 구체적으로 어떻게 레퍼런스를 관리하는지 알아보자.

프로젝트를 만드는 방법은 10장에서 자세하게 설명하고 있으므로 참고하도록 하자.

◆ 그림 6-2. 프로젝트 생성

프로젝트가 생성되었으면 왼쪽의 "Project Navigator"에서 main.swift를 선택한 뒤에 편집기에서 소스를 입력하면 된다.

> **참고**
>
> 지금까지의 모든 예제 코드는 Playground에서 실행이 가능하지만, 이번 단원의 경우는 실제로 프로젝트를 만들어서 빌드를 해보아야 한다. 왜냐하면 Playground에서는 인스턴스의 해제 과정을 처리하지 않기 때문이다. 따라서 클래스의 deinit도 호출되지 않는다.

클래스의 인스턴스를 생성해서 할당을 하면 해당 인스턴스에 강한 참조(Strong Reference)가 생긴다. 스위프트는 인스턴스가 단 하나의 강한 참조를 가지더라도 절대로 메모리에서 해제하지 않는다. 다음 코드를 보도록 하자.

```
var v1:Test? = Test(n:100)
var v2:Test? = v1
```

위에서 작성한 클래스 Test 인스턴스 v1을 만들고, 그 인스턴스를 v2에 복사를 하면, 이 Test의 인스턴스는 2개의 강한 참조를 가진다. 즉 v1, v2가 모두 다른 인스턴스를 참조하거나 nil을 할당하면 강한 참조가 0개가 되어 메모리에서 해제된다.

```
v1 = nil
v2 = nil
```

v1과 v2가 모두 nil이 되었으므로 인스턴스의 강한 참조가 0이 되고, 메모리에서 해제가 된다. 이때 deinit도 호출된다.

```
[출력결과]
 deinit called
```

하지만 모든 인스턴스가 이렇게 명확하게 레퍼런스를 관리할 수 있는 것은 아니다. 다음과 같은 경우를 보자.

```swift
class Employee {
    var name:String
    var team:Team?

    init(name:String) {
        print("Employee init")
        self.name = name
        self.team = nil
    }
    deinit {
        print("Employee deinit")
    }
}

class Team {
    var name:String
    var leader:Employee?

    init(name:String) {
        print("Team init")
        self.name = name
        self.leader = nil
    }
    deinit {
        print("Team deinit")
    }
}

var lee:Employee? = Employee(name:"이동수")
var dev_team:Team? = Team(name:"개발팀")


lee!.team = dev_team
dev_team!.leader = lee
```

```
print("\(dev_team!.name) 팀장 - \(dev_team!.leader!.name)")


lee = nil
dev_team = nil
```

이 코드는 팀원과 팀에 대한 클래스를 구현한 것으로 Employee 클래스는 소속팀을 프로퍼티로 가지고, Team 클래스는 팀장을 프로퍼티로 가진다. 그런데 더 이상 인스턴스가 필요없어져서 Employee의 인스턴스 lee와 Team의 인스턴스 dev_team에 nil을 할당해도 deinit은 호출되지 않는다. 왜 그런 것일까?

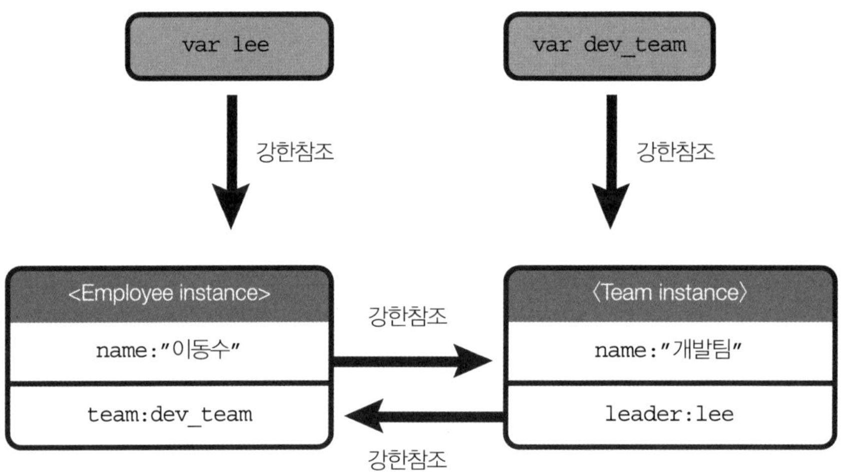

◆ **그림 6-3.** 강한 참조

바로 각 인스턴스가 가지고 있던 저장 프로퍼티 때문이다. Employee(name:"이동수")로 생성된 인스턴스는 lee도 강한 참조를 가지고 dev_team의 저장 프로퍼티인 leader도 강한 참조를 가진다. 그러므로 lee에 nil을 할당한다고 하여도 강한 참조는 2에서 1이 되므로 메모리가 해제되지 않는다.

그렇다면 어떻게 해야 할까? 바로 nil을 할당하기 전에 다음 코드를 추가하는 것이다.

```
lee!.team = nil
dev_team!.leader = nil
```

이렇게 하면 모든 강한 참조가 사라지므로 마지막에 deinit이 호출된다.

 **6-2 약한 참조**

클래스의 인스턴스의 레퍼런스를 끊을 때마다 그 프로퍼티를 검사해서 강한 참조를 해제
하는 작업은 매우 번거롭기도 하거니와, 강한 참조의 순환이 복잡해지면 이런 방법으로는
한계가 있다. 모든 강한 참조를 관리하는 대신 스위프트에서는 참조를 하지만, 해제를 위
한 레퍼런스의 관리를 하지 않는 약한 참조(Weak Reference)를 제공하고 있다. 약한 참조
는 optional 프로퍼티를 만들 때 weak이라는 키워드를 사용하여 정의한다.

```swift
class Member {
    var name:String
    weak var group:Group?

    init(name:String) {
        print("Member init")
        self.name = name
    }
    deinit {
        print("Member deinit")
    }
}

class Group {
    var maxMember:Int
    var leader:Member

    init(maxMember:Int, leader:Member) {
        print("Group init")
```

```swift
            self.maxMember = maxMember
            self.leader = leader
    }
    deinit {
            print("Group deinit")
    }
}


var m1 = Member(name:"홍길동")
var group = Group(maxMember:4,
leader:m1)


m1.group = group
print("\(group.leader.name)")


var m2 = Member(name:"홍길순")
group = Group(maxMember:2, leader:m2)
```

이 예제는 어떤 그룹과 멤버를 클래스로 만든 것이다. 그룹은 해당 그룹의 리더를 프로퍼티로 가진다. 만약 그룹의 leader 프로퍼티와 멤버의 group 프로퍼티가 모두 강한 참조를 가진다면 참조의 순환으로 인해 두 인스턴스는 해제되지 않고 메모리에 남을 것이다. 하지만, 위에서 Member 클래스의 group 프로퍼티가 약한 참조가 되므로 참조순환의 고리가 끊어져 group은 메모리에서 해제가 된다.

다만 강한 참조의 예제와 다른 점은 해당 인스턴스에 nil을 대입한 것이 아니라, 새로운 인스턴스를 만들어서 대입을 한 것뿐이다. 어찌됐던 기존의 Group(maxMember:4, leader:m1)으로 생성된 인스턴스는 더 이상 강한 참조를 가지지 않으므로 deinit이 호출되고, 메모리가 해제된다.

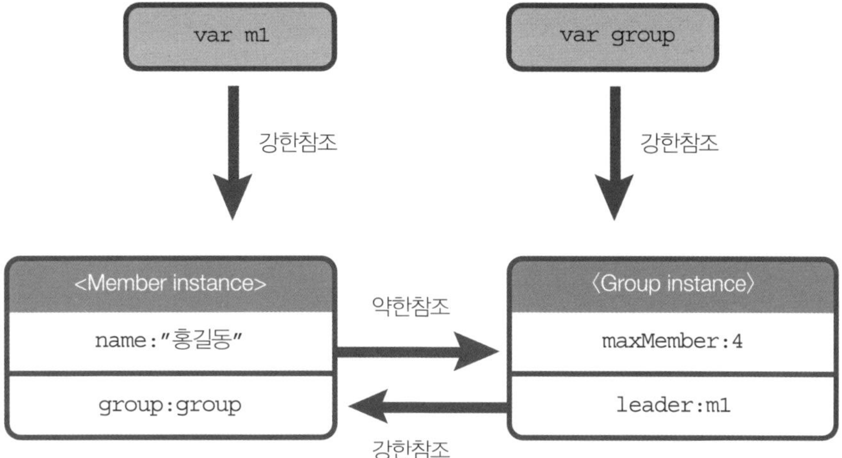

◆ **그림 6-4.** 약한 참조

위 그림과 같이 레퍼런스를 가지고 동작을 하기는 하지만 인스턴스를 해제해야하는지 판단할 때는 사용하지 않는 것이 약한 참조이다. 약한 참조의 특징은 해당 인스턴스가 해제되면 약한참조인 프로퍼티나 변수에 nil이 자동으로 할당된다는 것이다. 그러므로, 약한 참조는 항상 optional이어야 한다.

 **6-3 unowned reference**

모든 클래스가 항상 프로퍼티를 optional로 생성할 수 있는 것은 아니다. 의도적으로 nil을 가지지 못하게 해야 할 경우도 있고, 초기화된 후 변하지 않는 상수의 경우도 마찬가지다. 그렇다면 optional이 아닌 프로퍼티가 강한 참조를 가지지 않게 하려면 어떻게 해야 할까? 약한 참조와 거의 비슷하지만 프로퍼티가 nil을 가지지 않는 것을 전제로 하는 unowned reference를 사용할 수 있다.

```swift
class Employee {
        var name:String
        var team:Team?

        init(name:String) {
                print("Employee init")
                self.name = name
                self.team = nil
        }
        deinit {
                print("Employee deinit")
        }
}

class Team {
        var name:String
        unowned var leader:Employee

        init(name:String, leader:Employee) {
                print("Team init")
                self.name = name
                self.leader = leader
        }
        deinit {
                print("Team deinit")
        }
}

var emp1:Employee? = Employee(name:"이동수")
var team1:Team? = Team(name:"개발팀", leader:emp1!)

emp1!.team = team1
```

```
team1 = nil
emp1 = nil
```

위 예제는 강한 참조의 예제와 거의 비슷한데 Team 클래스의 leader 프로퍼티가 unowned 속성을 가지고 있다. 즉, Team 클래스는 항상 leader 프로퍼티를 가져야 하지만 강한 참조는 곤란할 경우 위와 같이 unowned 키워드를 사용하여 정의하면 강한 참조를 가지지 않고 참조 사이클이 생기지 않는다.

chapter 07

발전된 프로그래밍

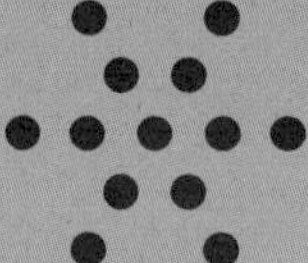

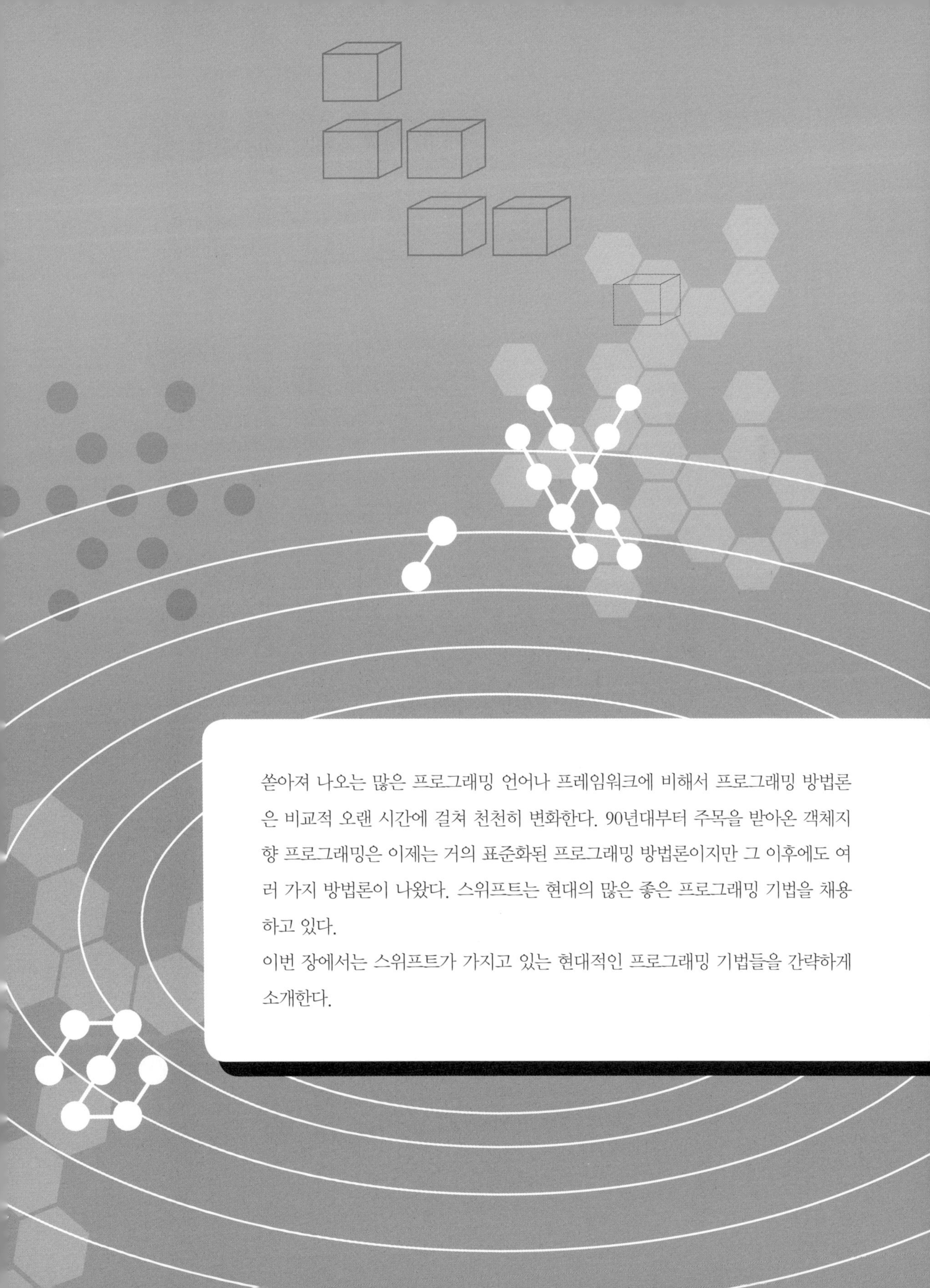

쏟아져 나오는 많은 프로그래밍 언어나 프레임워크에 비해서 프로그래밍 방법론은 비교적 오랜 시간에 걸쳐 천천히 변화한다. 90년대부터 주목을 받아온 객체지향 프로그래밍은 이제는 거의 표준화된 프로그래밍 방법론이지만 그 이후에도 여러 가지 방법론이 나왔다. 스위프트는 현대의 많은 좋은 프로그래밍 기법을 채용하고 있다.

이번 장에서는 스위프트가 가지고 있는 현대적인 프로그래밍 기법들을 간략하게 소개한다.

스위프트는 가장 최근에 나온 대중적인 프로그래밍 언어답게 다른 언어의 좋은 개념을 많이 받아들였다. 객체지향 프로그래밍의 확장된 면이나 새로운 패러다임으로 각광받고 있는 함수 프로그래밍의 일부 개념도 포함하고 있다. 이번 챕터에서는 좀 더 현대적인 프로그래밍을 위해서 스위프트에서 지원하는 발전된 프로그래밍 개념에 대해서 알아보자.

# 7-1 Optional Chaining

우리는 앞에서 Optional에 대한 개념을 배웠다. 어떤 변수가 인스턴스를 가지지 않는 경우가 있을 경우 해당 변수는 Optional로 선언한다. 즉, 그 변수는 아무런 값도 가지지 못한 채 nil을 가질 수 있는 것이다.

프로퍼티가 이렇게 Optional로 속성을 가지는 경우 그 프로퍼티를 사용하기 위해서 Forced Unwrapping을 하거나 nil인지 체크해서 예외처리를 해 주어야 한다. Optional Chaining은 이렇게 nil을 가질 경우 그 후속처리를 하지 않고 자동으로 nil을 반환하는 것이다. 예제를 보도록 하자.

```
class Dog {
    var name:String = ""

    init(name:String) {
        self.name = name
    }
}


class Person {
    // ...
    var dog:Dog? = nil
    // ...
}
```

```
var person1:Person = Person()

print(person1.dog?.name)

person1.dog = Dog(name:"돌쇠")

print(person1.dog?.name)
print((person1.dog?.name)!)
```

위의 예제를 보면 Person 클래스는 Optional 속성을 가진 저장 프로퍼티 dog을 가진다. 이 Person 클래스의 인스턴스인 person1을 사용할 때 dog 속성을 사용하기 위해서는 Forced Unwrapping을 해야 하지만 위의 예제에서는 dog?으로 사용했는데 이것이 Optional Chaining이다, 이때 dog?는 dog이 nil이라면 뒤의 .name을 가져오지 않고 그냥 nil을 반환하고, dog이 인스턴스를 가진다면 .name을 가져오게 된다.

다만 주의할 것은 Optional Chaining한 결과인 person1.dog?.name은 Optional 속성을 가진다는 것이다. 하지만 name이 optional 속성은 아니기 때문에 person1.dog?.name!과 같은 방식으로 Forced Unwrapping할 수는 없다. 바로 아래 줄에 있는 것처럼 (person1.dog?.name)!으로 Unwrapping해 주어야 한다. 이런 방식은 nil 검사를 해야 하는 부분의 코드를 매우 간략하고 직관적으로 작성할 수 있도록 해 준다.

참고로 Optional Chaining은 프로퍼티, 메소드, 서브스크립트에서 사용할 수 있다. 그럼 메소드와 서브스크립트에서 Optional Chaining을 사용하는 방법을 알아보도록 하자.

```swift
class Class {

        var students:[Person]

        subscript(i:Int) -> Person? {
                print("subscript: \(i), \(students.count)")
                if i >= 0 && i < students.count {
                        return students[i]
                } else {
                        return nil
                }
        }

        init() {
                students = [Person]()
                print("init: \(students.count)")
        }

        func add(student:Person) {
                print("add: \(students.count)")
                students.append(student)
        }
}

var class1:Class? = Class()
var student1 = Person()
student1.dog = Dog(name:"멍멍이")

class1?.add(student1)
print(class1?[0]?.dog?.name)
```

이 예제는 위에서 작성한 Person 클래스를 사용하고 있다. Class라는 클래스는 읽기전용 subscript와 add라는 메소드를 가지고 있다. 여기서 subscript는 optional 속성을 가진 값을 반환하고 있고, class1이라는 인스턴스 역시 optional 속성을 가지고 있다.

마지막 문장에서는 각각 optional한 인스턴스 변수, subscript가 optional한 값을 반환할 경우, 프로퍼티가 optional한 경우에 대해서 optional chaining을 사용하고 있다.

이처럼 optional한 변수가 nil을 가질 경우에 간략하게 처리해 주기 위해서 다양하게 Optional Chaining을 사용할 수 있다.

7-2 형변환(Type casting)

앞서 객체지향 프로그래밍의 상속에 관한 부분에서 클래스는 부모 클래스를 상속받아서 만들 수 있다는 것을 배웠다. 이렇게 상속을 받은 경우 해당 인스턴스의 타입(Type, 형)은 부모의 타입으로 선언되어 할당될 수 있다. 이런 경우 원래의 타입이 무엇이었는지를 알고 싶을 때가 있다. 또한 원래의 타입이 가지는 속성을 사용하기 위해서는 타입을 변환해야 할 필요도 있다.

```swift
class Vehicle {
    var numberOfWheels:Int

    init(numberOfWheels:Int) {
        self.numberOfWheels = numberOfWheels
    }
}


class Car : Vehicle {
    var maker:String
```

```swift
        init(maker:String) {
                self.maker = maker
                super.init(numberOfWheels:4)
        }
}


class Bicycle : Vehicle {
        var color:String

        init(color:String) {
                self.color = color
                super.init(numberOfWheels:2)
        }
}

var vehicles:[Vehicle] = [Car(maker:"현대"), Bicycle(color:"흰색")]

for v in vehicles {
        if v is Car {
                let car:Car = v as! Car
                print("자동차: 제조사(\(car.maker))")
        } else if v is Bicycle {
                let bicycle:Bicycle = v as! Bicycle
                print("자전거: 색깔(\(bicycle.color))")
        }
}
```

위 예제에서는 Vehicle이라는 클래스를 상속받는 2개의 클래스가 있다. 각각 Car와 Bicycle 이라는 클래스인데, Car는 maker를 가지고 초기화를 하고, Bicycle의 경우는 color를 가지고 초기화를 한다. 즉 두 개의 클래스는 서로 다르게 동작하지만 공통 부모로 Vehicle을 가지고 있다. 이때 Vehicle 클래스는 바퀴의 개수인 nubmerOfWheels라는 저장 프로퍼티를 가진다.

Car 클래스와 Bicycle 클래스를 보면 생성자에서 부모의 생성자를 super.init을 사용해서 호출하고 있다. 이때 자신의 인스턴스가 가질 바퀴 개수를 초기화해주는 것이다. 그리고 주의깊게 보아야 하는 것은 Car 클래스와 Bicycle 클래스의 인스턴스들로 이루러진 vehicle[ ]이라는 배열이다. 각각 1개의 Car 인스턴스와 Bicycle 인스턴스를 가지는데, 이 인스턴스를 사용할 때는 is라는 연산자를 이용해서 원래의 타입을 체크할 수 있다. 즉, v is Car라는 부분에서 v가 Car 타입이면 true를, 아니라면 false를 반환하는 것이다.

이렇게 타입체크를 하고 나서는 실제로 해당 인스턴스를 자식클래스의 인스턴스로 사용하려고 할 때 형변환(Type Casting)을 해주어야 한다.
형변환에는 다음과 같은 연산자가 있다.

- as : 컴파일 때 확실히 형변환이 성공하는 경우. 즉 자식이 부모 클래스로 형변환하려고 할 때.
- as? : 형변환이 실패할 경우에는 nil이 반환되는 변환
- as! : 강제적으로 형변환을 하려고 할 때

지금의 경우는 부모가 자식 클래스로 형변환하려고 하는 경우이기 때문에 as!를 사용하면 된다.

참고로 스위프트에서는 모든 클래스의 상위 클래스로 AnyObject라는 타입을 제공하고 있다. 즉, 모든 클래스의 인스턴스는 AnyOjbect로 형변환이 가능하다. 반대로 어떤 인스턴스든지 저장하고 싶은 경우에는 AnyObject로 변수를 선언하면 된다. Cocoa 프레임워크를 사용하다보면 많은 경우에 이 AnyObject 타입의 리턴값을 받는 경우가 있는데, 이것은 Objective-C와의 호환성을 위해서이다.

반면, 클래스뿐만 아니라 모든 타입(Int나 Float과 같은 타입이나 구조체나 열거형을 포함하는)으로 변환이 가능한 Any라는 타입도 있다. 심지어는 Any 타입은 함수타입도 할당할 수 있다.

어떤 클래스가 가진 기능을 사용하고 싶을 때 우리는 그 클래스를 상속받은 새로운 클래스를 만들어서 사용하면 된다. 하지만 때로는 그 클래스에 그대로 새로운 기능을 추가하여 사용하고 싶을 때가 있다. 예를 들어 String은 스위프트에서 기본으로 제공하는 클래스이지만, 이 String을 상속받아서 새로운 StringEx와 같은 클래스를 만들기보단 직접 String 클래스에 새로운 메소드나 프로퍼티를 추가하고 싶을 때가 있다. 이럴 때 사용하는 것이 Extension이다. Extension은 이미 존재하는 클래스에 계산 프로퍼티나 메소드, 생성자, 서브스크립트를 추가할 수 있다.

```swift
class Animal {
    var name:String
    var age:Int
    var numberOfLegs:Int

    init(name:String, age:Int, numberOfLegs:Int) {
        self.name = name
        self.age = age
        self.numberOfLegs = numberOfLegs
    }
}

extension Animal {
    func have4Legs() -> Bool {
        return numberOfLegs == 4
    }
}
```

위 경우와 같이 Animal이라는 클래스에 대해서 추가로 have4Legs( )라는 메소드를 추가하기 위해서 extension을 사용할 수 있다. 물론 extension은 스위프트에서 기본으로 제공하는 클래스나 구조체에도 사용할 수 있으므로 유용하게 사용되곤 한다.

7-4 제네릭(Generic)

제네릭은 데이터의 형식에 의존하지 않고, 다양한 타입의 값에 대해서 처리할 수 있도록 한다는 개념이다. 예를 들어 다음과 같은 두 개의 변수의 값을 바꾸는 함수가 있다.

```swift
func swapInt(inout a:Int, inout b:Int) {
    var temp = a
    a = b
    b = temp
}


var a = 1
var b = 2
print("\(a), \(b)")
swapInt(&a, b:&b)
print("\(a), \(b)")
```

a와 b라는 두 개의 Int형 변수에 값을 할당한 뒤에 서로 수를 바꾸는 간단한 함수이다. 하지만, Int형이 아니라, String형, Float형에도 같은 일을 하는 함수가 필요하다고 생각해보자. 같은 일을 하지만 타입만 다르다는 이유로 비슷한 함수를 여러 개 만들어야 하는 상황이다. 이런 경우에 제네릭(Generic)을 사용하여 하나의 함수로 처리할 수가 있다.

```
func swapT<T>(inout a:T, inout b:T) {
        let temp = a
        a = b
        b = temp
}


var s1:String = "ABC"
var s2:String = "abc"


swapT(&s1, b:&s2)
```

위에서 swapT와 같이 〈T〉와 같이 사용하여 임의의 타입에 대해서 처리하는 함수나 메소드를 만들 수 있다(참고로 같은 일을 하는 swap〈T〉라는 함수가 기본으로 제공된다). 이런 제네릭은 함수뿐만 아니라 메소드나 클래스, 구조체를 만들 때도 사용할 수 있다.

memo

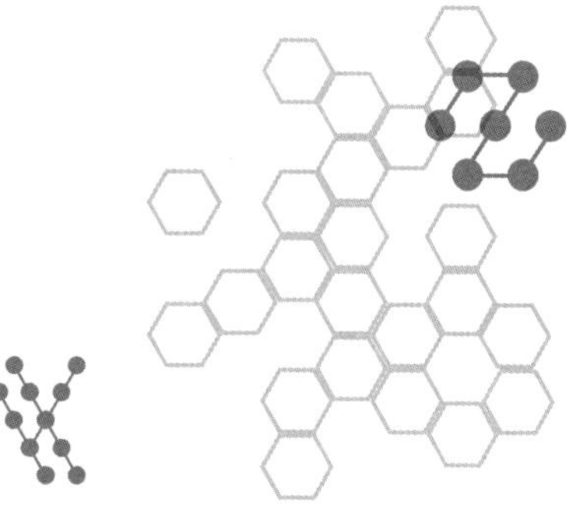

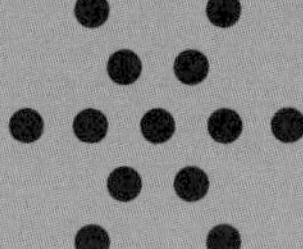

chapter 8

예외 처리

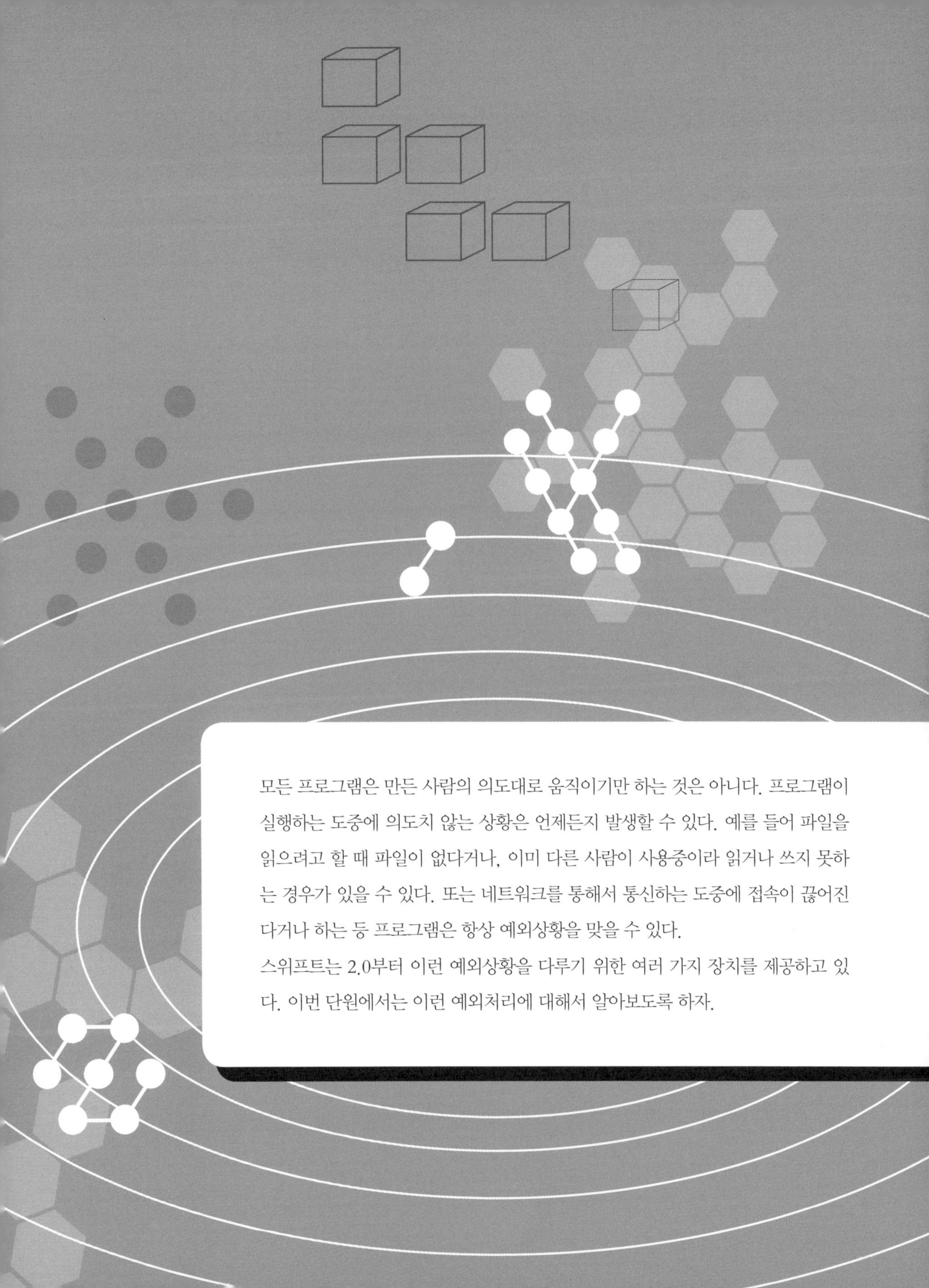

모든 프로그램은 만든 사람의 의도대로 움직이기만 하는 것은 아니다. 프로그램이 실행하는 도중에 의도치 않는 상황은 언제든지 발생할 수 있다. 예를 들어 파일을 읽으려고 할 때 파일이 없다거나, 이미 다른 사람이 사용중이라 읽거나 쓰지 못하는 경우가 있을 수 있다. 또는 네트워크를 통해서 통신하는 도중에 접속이 끊어진 다거나 하는 등 프로그램은 항상 예외상황을 맞을 수 있다.

스위프트는 2.0부터 이런 예외상황을 다루기 위한 여러 가지 장치를 제공하고 있다. 이번 단원에서는 이런 예외처리에 대해서 알아보도록 하자.

먼저 스위프트에서 발생하는 예외를 처리하기 위해서는 에러를 정의해야 하는데 이 에러
는 ErrorType이라는 프로토콜을 따른다. ErrorType이라는 프로토콜은 사실 특별히 규약
을 가지고 있는 프로토콜은 아니다. 헤더 파일에서는 다음과 같이 정의하고 있다.

```
public protocol ErrorType {


}
```

즉, 아무런 내용이 없는 이름뿐인 프로토콜인 것이다. 하지만, 스위프트는 이 프로토콜을
상속받는 열거형이나 구조체의 인스턴스를 가지고 예외를 발생시킨다. 에러를 정의하는
다음 예제를 보도록 하자.

```
enum CarError : ErrorType {
        case NotGas
        case GasOver
        case DoorOpened
}
```

CarError는 자동차를 구현하는 클래스에서 사용하기 위한 에러타입이다. 즉, 연료가 없
다거나, 연료가 가득찼다거나 문이 열려있는 것과 같은 예외 상황을 의미하는 인스턴스를
만들 수 있다.

다음은 그 CarError를 사용하는 Car 클래스의 예제이다.

```swift
class Car {
    let name:String
    var color:String
    var gas:Int
    let maxGas:Int
    var doorOpened:Bool

    init(name:String, color:String, maxGas:Int) {
        self.name = name
        self.color = ""
        self.gas = 0
        self.maxGas = maxGas
        self.doorOpened = false

        print("Car의 인스턴스가 생성되었습니다.")
    }

    func addGas(gas:Int) throws -> Bool {
        guard self.gas + gas <= self.maxGas else {
            self.gas = self.maxGas
            throw CarError.GasFull
        }

        self.gas += gas
        return true
    }

    func start() throws {
        guard gas > 0 else {
            throw CarError.NotGas;
        }
        guard !doorOpened else {
            throw CarError.DoorOpened;
```

```
                }
        }
}
```

이 클래스는 이름과 색깔, 연료의 최대량을 가지고 초기화를 한다. 그리고 주유(연료를 추가)하는 메소드가 있는데, 이 메소드는 예외를 발생할 수 있는 메소드이다. 즉, 메소드를 선언할 때 다음과 같이 선언하게 된다.

```
func 메소드 이름(파라미터:타입) throws -> 리턴타입
```

throws 키워드를 사용하여 예외를 발생할 수 있는 메소드임을 나타내는 것이다. 이렇게 throws로 선언된 메소드를 호출하는 경우 다음과 같은 형식으로 해야 한다.

```
do {
        try 메소드 호출 구문
        구문
} catch 에러 {
        예외 처리
}
```

여기서 에러를 생략하고 catch 구문을 사용할 경우 모든 에러에 대해서 처리할 수 있다. 위의 Car 클래스를 사용하는 다음 예제를 보도록 하자.

```swift
var car = Car(name:"Rara", color:"black", maxGas:40)

do {
        try car.addGas(30)
        try car.addGas(20)
        print("연료를 추가하였습니다.")
} catch CarError.GasFull {
        print("연료가 가득찼습니다.")
} catch {
        print("예외발생")
}
```

이 자동차의 최대 연료는 40이기 때문에 처음 30을 추가하는 것은 문제가 없다. car를 처음 생성할 때 이 인스턴스가 가지는 연료는 0이기 때문이다. 하지만 두 번째로 20을 추가하면 addGas 메소드는 CarError.GasFull 에러를 발생한다. 또한 addGas 메소드는 에러를 발생시키기 직전에 gas를 가득 채운 상태로 만든다. 따라서 예외처리만 해 주면 gas는 60이 아니라 50인 상태로 계속 진행할 수 있다.

만약 에러의 종류뿐만 아니라 부가정보를 담고 싶다면 다음과 같이 예외를 정의해서 사용할 수 있다.

```swift
enum SomeError : ErrorType {
        case CriticalError(code:Int)
        case Warning(canContinue:Bool)
}
```

이것은 발생한 에러가 치명적인 에러인지, 단순한 경고인지를 구분하고 CriticalError일 경우에는 에러코드를, Warning일 때는 작업을 계속할 수 있는지를 포함해서 에러를 발생한다.

해당 에러는 다음과 같이 발생시킬 수 있다.

```
throw SomeError.CriticalError(code:1001)
throw SomeError.Warning(canContinue:YES)
```

위의 경우는 1001이라는 에러코드로 치명적인 에러를 발생시키고 아래의 경우는 계속 진행할 수 있는 warning을 발생시킨다.

그렇다면 만약 함수나 메소드가 예외를 발생시키지 않을 것이란 확신이 있을 경우에는 어떨까? 그럴 경우에는 굳이 do문을 사용하지 않고, try!문을 사용해서 강제로 실행시킬 수 있다.

```
try! car.addGas(10)
```

다만 이 경우에는 예외가 발생할 경우 실행 중에 런타임에러가 발생하므로 주의해야 한다.

마지막으로, throws인 함수나 메소드가 실행 도중에 예외를 발생시킬 경우 위에서 해 둔 작업을 정리할 필요가 있는 경우가 있다. 예를 들어 파일을 열었을 경우 파일을 닫아 주어야 하고, 통신 중이었을 경우 소켓을 정리하는 것과 같은 작업이다.
이런 경우에는 defer라는 키워드를 사용할 수 있다. defer는 현재 블럭이 종료하는 시점에 처리할 작업을 일러준다. 즉, 코드가 위치한 시점이 아니라 블럭이 끝나는 부분에서 실행되는 것을 보장하는 것이다. 이것은 throw 뿐만 아니라, return이니 break문에 의해서 갑자기 종료작업을 해야 할 경우에도 마찬가지로 사용할 수 있다.

```swift
func work(state:Int) {
    print("작업 시작")
    defer {
        print("작업 종료")
    }

    print("작업 단계1")
    if state != 8 {
        return
    }

    print("작업 단계2")
}

work(3)
```

이 함수는 어떤 상태를 받아서 작업 도중에 그 상태가 8이면 다음 작업으로 진행하지 않고, 그 자리에서 리턴하는 함수이다. 다만, 작업을 중간에 멈추더라도 작업 종료 처리는 진행을 하도록 되어 있다.

접근 제어

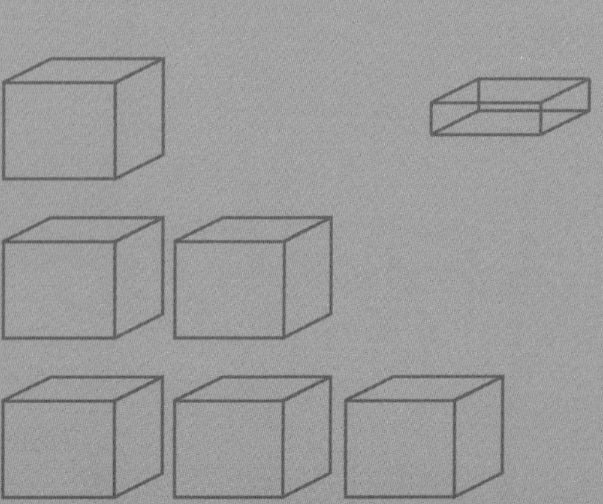

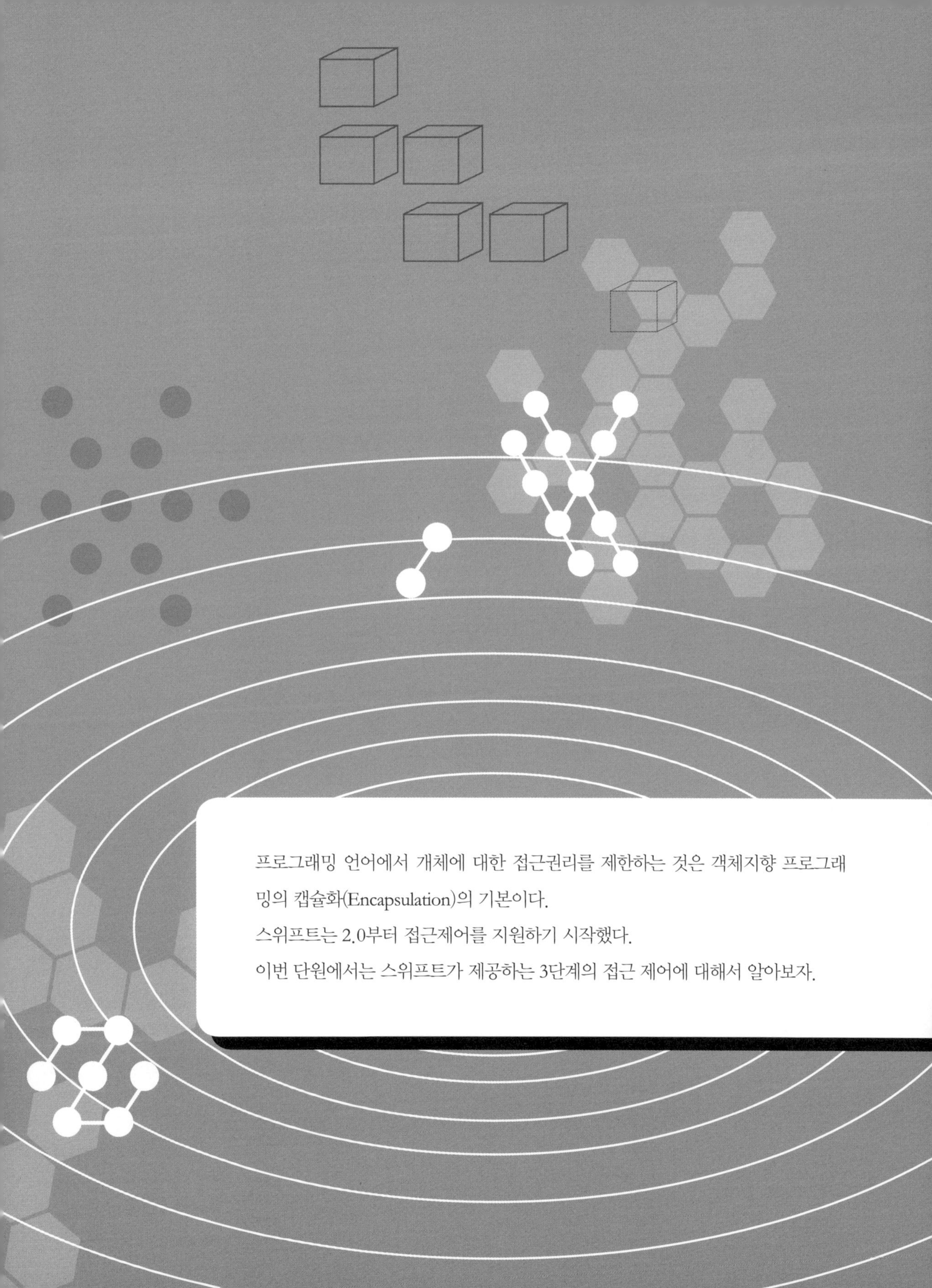

프로그래밍 언어에서 개체에 대한 접근권리를 제한하는 것은 객체지향 프로그래밍의 캡슐화(Encapsulation)의 기본이다.

스위프트는 2.0부터 접근제어를 지원하기 시작했다.

이번 단원에서는 스위프트가 제공하는 3단계의 접근 제어에 대해서 알아보자.

지금까지 작성한 클래스나 구조체는 어디서나 모든 메소드를 사용할 수 있도록 작성해 왔다. 하지만, 객체지향 프로그래밍을 포함하여 현대의 개발방법론에서는 대부분 캡슐화(encapsulation)를 강조하고 있다. 즉, 하나의 모듈에서 공개할 부분의 범위와 대상을 제한하는 것이다.

이것은 내부의 구현된 부분은 숨기고, 실제로 사용되는 인터페이스만을 공개하여 모듈이나 클래스의 사용법은 제한할 수 있다. 따라서 전체적으로 코드의 유지관리를 쉽게 할 수 있도록 만들 수 있다.

스위프트의 접근 제어는 다른 언어와 다르게 class 기준이 아니라 모듈과 소스 파일을 기준으로 한다. 모듈은 프로젝트의 빌드 타겟을 의미한다. 이것은 앱번들이 될 수도 있고, 프레임워크가 될 수도 있다. 다른 프로젝트에서는 이 모듈을 import문을 이용해서 가져와 사용할 수 있다.
그리고 소스 파일은 일반적으로 하나의 클래스나 타입을 가지고 있지만 반드시 그렇게 할 필요는 없다. 2개 이상의 클래스나 타입을 정의하기도 한다.

스위프트에는 접근 제어와 관련된 다음의 3가지의 접근 레벨이 있다.

```
- private
- internal
- public
```

먼저 private은 소스 파일 내에서만 사용할 수 있다. 즉 같은 모듈 안이라고 하더라도 다른 소스 파일에서는 사용할 수 없다. 그리고 internal은 아무런 접근 제어 키워드를 사용하지 않았을 때 지정되는 디폴트 제어로 같은 모듈 안에서는 어디서나 접근할 수 있지만, 다른 모듈에서는 접근할 수 없다. 마지막으로 public은 서로 다른 모듈이라도 어디서든 접근할 수 있도록 한다.

이 3가지의 접근 레벨은 클래스나 구조체, 열거형과 같은 타입뿐만 아니라 프로퍼티, 메소드, initializer, subscript에도 사용할 수 있다. 또한 접근 레벨에는 다음과 같은 제약도 있다.

- public으로 선언된 변수는 internal이나 private인 타입으로 선언할 수 없다.
- 함수나 메소드는 자신의 파라미터나 리턴타입보다 더 높은 접근 레벨을 가지지는 못한다.

이것은 타입을 만든 사람의 의도를 어길 수 있기 때문에 어찌 보면 당연한 제한이라고 할 수 있다. 예를 들어서 새로 만든 클래스의 접근 레벨을 private으로 제한하려고 할 때는 다음과 같이 선언할 수 있다.

```
private someClass {

    ...

}
```

그러면 이 private이라는 접근 레벨은 다음과 같은 의미를 가진다.

- someClass는 해당 소스 파일 안에서만 사용할 수 있다.
- someClass으로 생성된 변수나 상수는 private의 접근 레벨을 가진다.
- someClass가 가지는 멤버(프로퍼티, 메소드, initializer, subscript 등)는 특별한 접근 레벨을 명시하지 않으면 기본적으로 private가 된다. 만약 someClass를 internal이나 public으로 선언하였다면 멤버들은 기본값으로 internal이 된다.

다만, 열거형의 각 case는 열거형이 가지는 접근제어와 같은 레벨을 가지게 된다. 다음 예제를 보도록 하자.

```
public enum RobotType {
        case PetRobot

        case Humanoid

        case FactoryRobot
}
```

위 열거형의 각 case는 어디에서든지 사용할 수 있게 되는 것이다. 모든 case에 대해서 하나하나 public으로 선언할 필요는 없다.

그렇다면 하나의 클래스를 상속받아서 다른 클래스를 만들 때는 접근 레벨이 어떻게 되는지 알아보자.

```
public class Car {
        private func openDoor() {
        }
}

internal class Sedan : Car {
        override internal func openDoor() {
        }
}


var car:Sedan = Sedan()
```

위와 같이 public으로 선언된 Car 클래스를 상속받는 Sedan 클래스를 internal로 지정했다고 하자. Sedan 클래스의 car 인스턴스는 internal이나 private으로만 생성할 수 있다. 또한 Sedan과 같은 소스 파일 안에서만 사용할 수 있다.

```
public var car:Sedan = Sedan()
```

위와 같이 public으로 선언하게 되면 빌드 시 에러가 발생하게 된다.

하지만, Car 클래스의 private 접근 레벨을 가지는 openDoor 메소드는 상속받는 Sedan 클래스의 override 메소드는 그보다 높은 접근 레벨을 가질 수 있다. 즉, 위 예제와 같이 internal을 가지더라도 아무런 문제없이 실행할 수 있다.

그리고 클래스의 상수, 변수, 프로퍼티, 서브스크립트는 타입(클래스, 구조체, 열거형)이 가지는 접근 레벨보다 높은 접근 레벨을 가지지 못한다. 만약 private 타입을 가지고 선언 하려고 할 때는 해당 상수, 변수, 프로퍼티, 서브스크립트도 private으로 명시해 주어야 한 다.

initializer의 경우는 일반적으로 타입의 접근 레벨보다 높은 접근 레벨을 가지지 못한다. 예를 들어 private으로 선언한 클래스의 initializer는 internal이나 public이 될 수가 없다. 다 만 required initializer의 경우는 자신의 클래스와 같은 수준의 접근 레벨을 가져야 한다.

스위프트는 protocol에도 접근 레벨을 지정할 수 있다. 다만, protocol은 정의할 때 해당 접근 레벨을 명시하여야 한다. 또한 protocol을 상속받아 새로운 protocol을 만들 때는 같 은 접근 레벨을 가지게 해야 한다.

그리고 클래스가 protocol을 준수하려고 할 때는 자신의 타입보다 낮은 접근 레벨로 준수 할 수 있다. 예를 들어 internal protocol을 준수하기 위해서는 internal protocol의 모듈 안 에서만 할 수 있다.

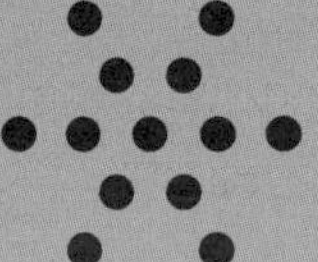

chapter 10

예제 프로그램 1 :

검색 결과수 집계 프로그램

최근에는 대부분의 검색 사이트가 개발자들을 위해서 OpenAPI를 제공하고 있기 때문에 어렵지 않게 검색어에 대한 검색 결과수를 구할 수가 있다. 우리는 여러 가지 키워드에 대해서 이 검색 결과수를 구하는 프로그램을 작성해보도록 하자.

현대의 인터넷에서 검색을 빼고는 이야기 할 수 없을 정도로 검색은 매우 중요하며 거대한 산업이다. 대한민국 검색 시장의 70% 이상을 점유하고 있는 네이버의 경우 하루에도 1억건 이상의 검색이 이루어진다. 누구나 모르는 것이 있으면 네이버나 다음, 구글에 단어를 입력하면 된다. 그래서 많은 검색 사이트들은 검색이 많이 이루어질수록 사람들이 더 관심을 가지는 이슈라고 보고 검색 쿼리수를 기준으로 랭킹이나 트렌드와 같은 서비스를 하고 있다.

반면, 사람들이 요청하는 쿼리의 수가 아니라 검색 결과의 양을 가지고도 알 수 있는 것이 많다. 예를 들어 두 어휘의 맞춤법이 애매모호한 경우 두 단어를 검색해 보고 검색 결과수가 더 많은 것이 더 신뢰할만하다고 할 수 있다. 그리고, 사람들이 관심을 가질수록 컨텐츠가 많이 생겨나기 때문에 검색 결과수의 변화량을 보고도 장기적인 트렌드를 예상할 수 있다. 이처럼 검색 쿼리수와 검색 결과수는 모두 큰 의미를 가지는 수치이다.

최근에는 대부분의 검색 사이트가 개발자들을 위해서 OpenAPI를 제공하고 있기 때문에 어렵지 않게 검색어에 대한 검색 결과수를 구할 수가 있다. 우리는 여러 가지 키워드에 대해서 이 검색 결과수를 구하는 프로그램을 작성해보도록 하자.

 ## 10-1 프로젝트 만들기

이번 단원의 예제 프로그램은 Playgound가 아니라 실제로 동작하는 프로그램을 만들 것이기 때문에 XCode상에서 편리하게 개발하기 위해서 먼저 프로젝트를 만들 것이다.

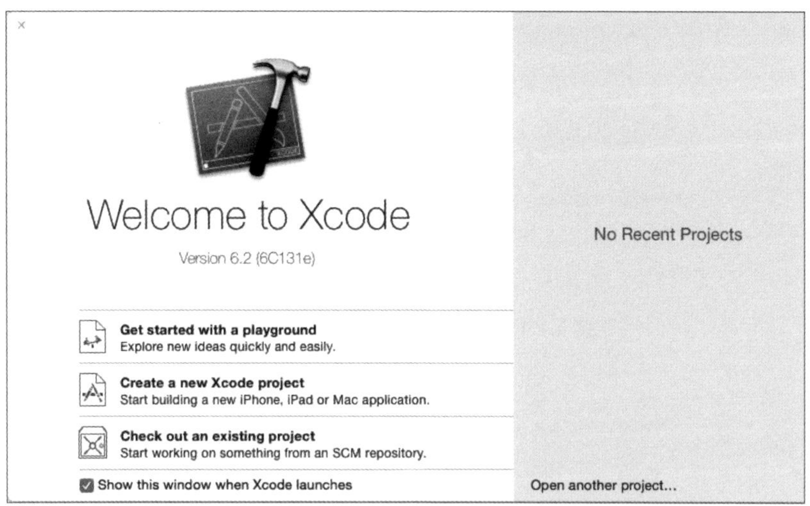

◆ 그림 10-1. Welcome to Xcode 화면

Xcode를 실행하면 그림 10-1과 같은 "Welcome to Xcode" 화면이 나온다. 이 화면은 언제든지 메뉴에서 불러올 수 있으므로 아래 체크박스에 체크를 해제해서 "시작할 때 보여주기"를 꺼도 상관 없다.

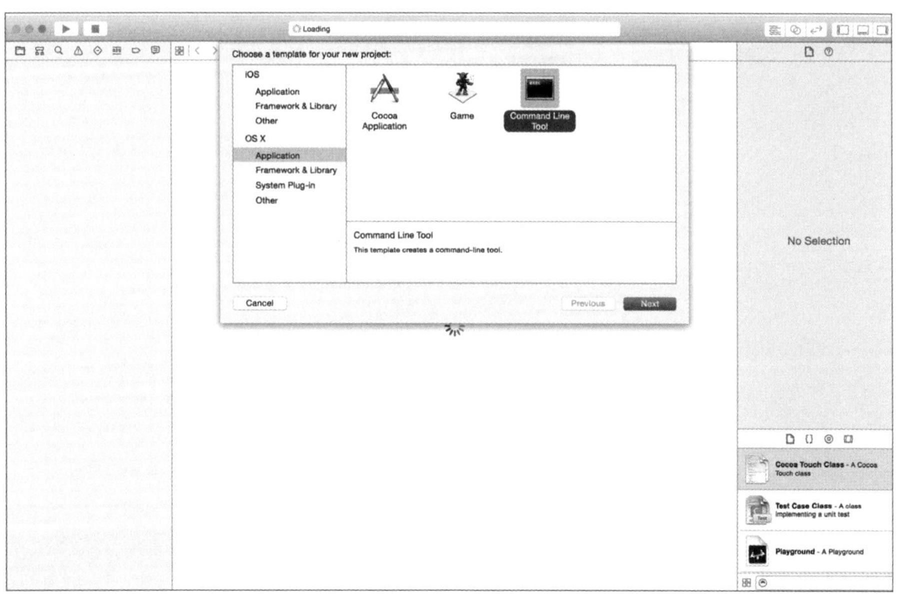

◆ 그림 10-2. 프로젝트 선택하기

그리고 "Create a new Xcode project"를 선택하면 프로젝트의 템플릿을 선택할 수 있는 창이 나온다. Xcode는 몇 가지의 기본적인 프로젝트 형태의 템플릿을 제공한다. 템플릿은 크게 iOS용과 OS X용으로 나뉜다. iOS용은 아이폰, 아이팟터치, 아이패드에서 동작하는 앱들을 만들기 위한 것이고 OS X는 Mac OS X에서 동작하는 앱을 만들기 위한 것이다. 여기서 OS X에서 동작하는 "Command Line Tool"을 선택한다. 시간을 들여서 어떤 템플릿이 있는가 차근히 훑어보는 것도 좋다. 환경별로 생각보다 다양한 종류의 결과물을 만들어 낼 수 있다는 것을 알 수 있을 것이다.

다음에는 프로젝트의 기본적인 설정을 하는 창이 나오는데 프로젝트의 이름과 조직명(회사이름)을 적당히 넣어주고, 언어를 "Swift"를 선택한 뒤에 "Next" 버튼을 클릭한다. 본서에서는 Example1을 넣고 진행을 하도록 한다.

> **참고**
>
> 언어의 경우 Objective-C와 스위프트 중에서 선택할 수 있는데 우리는 당연히 스위프트를 선택하도록 하자. 큰 규모의 프로젝트에서 개발을 할 경우 두 언어의 소스코드를 섞어서 사용할 수 있는 방법도 있지만 애초에 프로젝트의 메인 실행 파일이 어떤 언어를 사용할 것인지는 결정을 하여야 한다.
> 물론 하나의 프로젝트에서 두 언어를 같이 사용해서 개발하는 것은 예상 외의 문제가 발생하곤하므로 신중히 결정하여야 하는 부분이다.

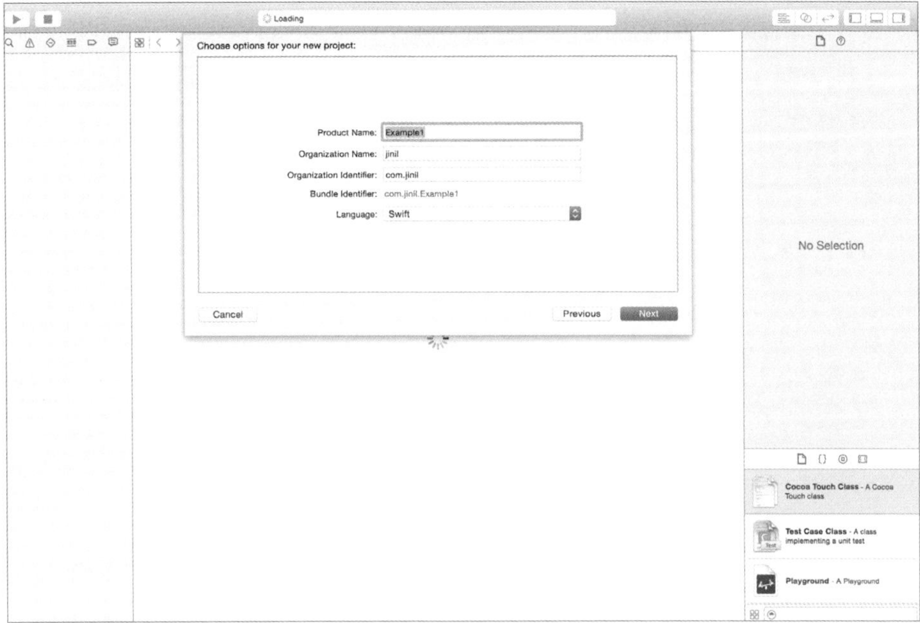

◆ 그림 10-3. 프로젝트 옵션

그러면, 프로젝트를 저장할 위치를 선택할 수 있는 창이 나오는데 적당한 위치를 선택하고 "Create" 버튼을 클릭한다.

드디어, Xcode에서 스위프트로 개발을 하기 위한 프로젝트 생성을 마쳤다.

 **10-2 키워드 리스트 파일 만들기**

검색할 키워드들은 plist라는 형식의 파일로 만들어서 파일명을 전달하는 방식으로 동작할 것이다. Objective-C로 개발해본 적이 있다면 info.plist와 같은 파일을 자주 접해보았을 것이다. plist 파일은 내부적으로 XML 형식을 가지는 데이터 파일로서 Property List의 약어이다. 속성의 값을 여러 가지 자료형으로 저장할 수 있는 매우 편리한 포맷이다. 게다가 XCode는 매우 간단하게 plist 파일을 편집할 수 있는 편집기를 지원하기 때문에 많은 프로젝트에서 사용되고 있다.

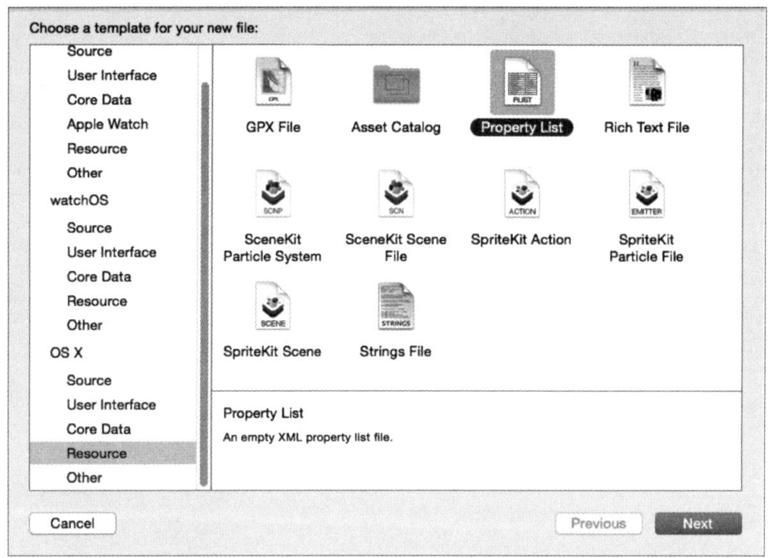

◆ 그림 10-4. 파일 선택하기

메뉴바 → File → New → File 을 선택하자. 왼쪽에 있는 프로젝트 네비게이터에서 마우스 오른쪽 버튼 클릭을 한 뒤에 New File을 클릭해도 된다(XCode의 버전에 따라서 이름이 조금씩 다를 수는 있다).

그리고 "OS X"의 "Resource"를 선택하면 템플릿 중에 Property List라는 항목이 있다. 이것을 선택하고 "Next"를 클릭하자. 그 뒤에 파일의 이름에 "list.plist"라고 입력하고 "Create"를 클릭하자.

이제 화면 왼쪽의 프로젝트 네비게이터에 list.plist가 생성된 것을 알 수 있다. 이것을 클릭하면 그림 10-5와 같이 plist 파일을 편집할 수 있는 화면으로 바뀔 것이다.

Key	Type	Value
▼ Root	Dictionary	(1 item)
▼ list	Array	(5 items)
Item 0	String	swift
Item 1	String	iphone
Item 2	String	ios
Item 3	String	macosx
Item 4	String	스위프트

◆ 그림 10–5. plist 편집하기

Property List 파일을 편집하는 것은 직관적인 인터페이스를 제공하기 때문에 어렵지 않게 할 수 있을 것이다. 먼저 Root를 선택하여 + 버튼을 누르면 아래에 새로운 Key를 추가할 수 있다. 이름을 "list"라고 입력한 뒤에 Type은 Array를 선택하자. 그리고 "list"가 선택된 상태에서 + 버튼을 누르면 하나씩 아이템을 추가할 수가 있다.

각 아이템의 Type을 String으로 선택하고 Value에 적당한 검색어를 넣도록 하자. 예제에서는 "swift"나 "iphone"같은 것을 넣었다.

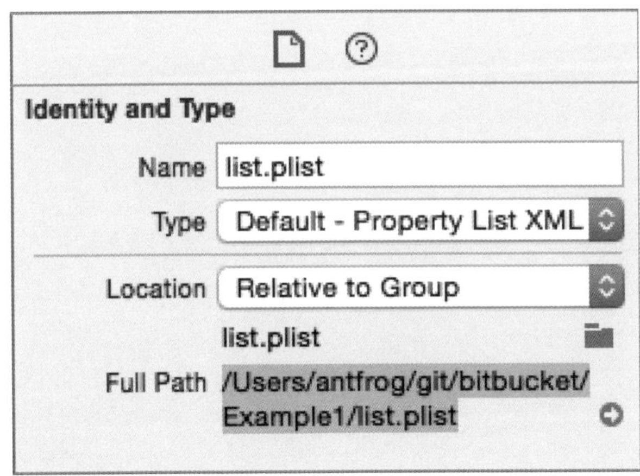

◆ 그림 10–6. utility 편집하기

이렇게 완성한 리스트 파일은 커맨드라인의 매개변수로 받아서 사용할 것이다. 먼저 이 리스트 파일의 경로를 알아내도록 하자. list.plist 파일을 선택하면 그림 10-6과 같이 오른쪽의 Utility 화면에서 list.plist의 전체 경로를 알 수 있다. 이 전체 경로를 선택한 뒤에 마우스 오른쪽 버튼을 클릭해서 Copy를 선택하여 클립보드에 복사해두도록 하자. 오른쪽 화살표 버튼을 클릭하면 Finder에서 이 plist 파일을 확인할 수도 있다.

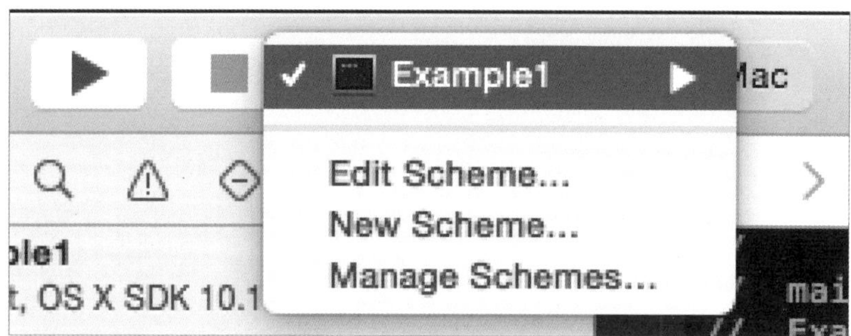

◆ 그림 10-7. 프로젝트 스키마

그리고 이 파일의 전체 경로를 실행할 때 인자로 넘겨주도록 설정하자. 가장 위쪽의 툴바에 있는 "Example1"를 선택하면 스키마에 대한 메뉴가 나오는데 여기서 "Edit Scheme..."을 선택하자.

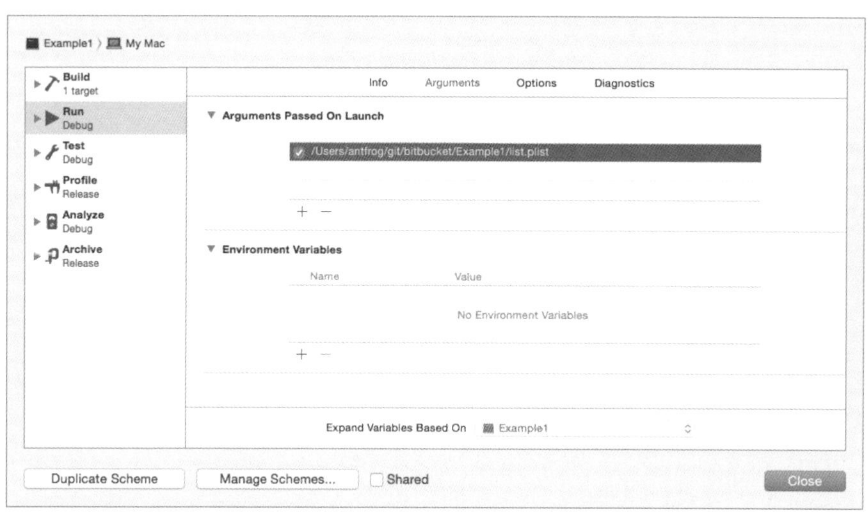

◆ 그림 10-8. 스키마 편집하기

스키마를 편집할 수 있는 메뉴가 나올 것이다. 여기서 우리는 실행할 때 넘겨줄 인자를 추가할 수 있다. 왼쪽에서 "Run"을 선택한 뒤 Arguments 탭에서 "Arguments Passed On Launch"에 + 버튼을 눌러서 넘겨줄 인자를 추가한다. 그리고 거기서 마우스 오른쪽 버튼을 클릭한 뒤에 Paste를 선택하거나 Command + V를 입력하여 붙여넣기를 해 준다. "Close"를 클릭해서 창을 닫으면 plist 파일의 전체 경로를 실행 시에 인자로 넘겨줄 준비가 끝난 것이다.

그럼 다음으로 왼쪽에 있는 프로젝트 네비게이터에서 main.swift를 클릭해보자. 아마도 "Command Line Tool"의 템플릿은 "Hello, World!"를 출력하는 샘플 코드를 미리 생성해 두었을 것이다. 과감하게 지워버리고 다음과 같은 코드를 입력해보자.

```swift
import Foundation

// 명령행 인자를 검사한다.
if Process.arguments.count < 2 {
        print("Usage: \(Process.arguments[0]) list_file")
        exit(1)
}

print("List file is \(Process.arguments[1])")
```

먼저 import문을 보자. import는 외부의 라이브러리나 코드를 가져와서 쓰기 위한 명령문이다. 이것은 매우 편리하게도 Objective-C로 작성된 코드도 가져올 수 있다. 물론 MacOSX에서 기본으로 제공하는 플랫폼 라이브러리인 Cocoa도 자유롭게 import할 수 있다. 여기서는 NSURL이나 NSString같은 라이브러리를 사용하기 위해서 Foundation을 import하였다.

그리고 Process는 스위프트에서 제공하는 인스턴스로서 프로세스에 대한 정보를 가져오거나 프로세스와 통신을 하기 위해서 사용한다. 여기서는 프로세스가 인자로 전달받는 리스트 파일의 이름을 알아내기 위해서 사용한다. Process.arguments는 명령행에서 전달받은 인자를 [String]의 형태로 제공한다. 즉 문자열의 배열이므로 Process.arguments.count를 사용해서 전달받은 인자의 개수를 알 수도 있고 Process.arguments[1]과 같은 형태로 인자를 문자열의 형태로 받을 수도 있다. 다만 주의할 것은 첫 번째 요소인 Process.arguments[0]은 실행중인 프로세스 자신의 전체 경로이고 인자는 Process.arguments[1]부터 시작한다(대부분의 다른 언어도 같은 방식으로 동작한다).

여기까지 작성해서 프로그램을 실행해 보도록 하자. 메뉴바에서 "Product" → "Run"의 순서로 클릭하거나, 커멘드 + R키를 사용해서 바로 실행할 수도 있다. 그러면 짧은 빌드과정을 거치고는 아래에 콘솔창이 올라오면서 "List file is 〈자신의 리스트파일의 전체경로〉"라고 나올 것이다.

만약에 에러 메시지가 나오거나 아무것도 출력되지 않는다면 코드가 잘못 작성되었을 가능성이 있고, "Usage: 〈실행파일의 전체경로〉 list_file"이라고 나온다면 스키마를 편집할 때 리스트 파일의 경로를 입력하지 못하거나 누락되었을 가능성이 있으므로 확인해 보도록 하자.

10-3 WordList 클래스

이제 입력받은 리스트 파일을 처리하는 클래스를 만들어보도록 하자.

왼쪽의 프로젝트 네비게이터에서 Example1 폴더에서 마우스 오른쪽 버튼 클릭을 한 뒤 "New File"을 클릭하자. 그러면 새로운 파일을 생성하는 메뉴가 나온다.

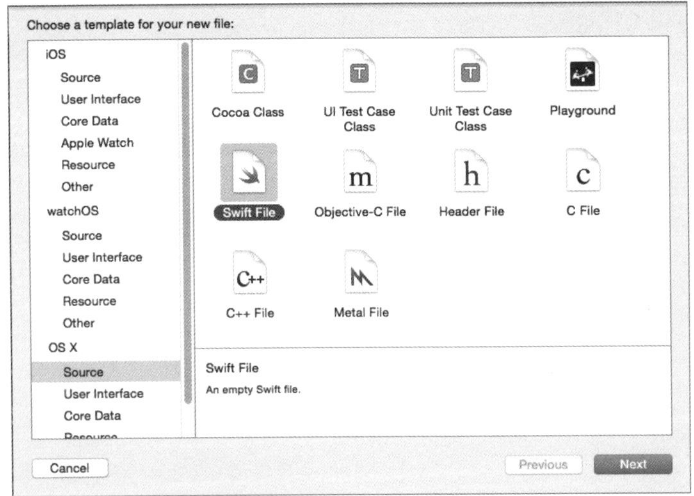

◆ 그림 10-9. 파일 선택하기

여기서 OS X의 Swift File을 선택하고 Next를 클릭한다. 다음 창에서 파일의 이름을 "WordList.swift"라고 수정하고 "Create"를 클릭하면 새로운 스위프트 소스 파일이 생성된다. 파일에 대해서 설명하는 주석문과 Foundation을 import하는 문장 하나만 있는 샘플 코드가 보일 것이다. 그 아래에 다음과 같이 코드를 작성하자.

```swift
class WordList {
    let strKey = "list"
    let list:[String]

    init?(path:String) {
        let listDic = NSDictionary(contentsOfFile:path)

        if listDic == nil {
            list = []
            return nil
        }

        list = listDic!.objectForKey(strKey) as [String]
```

```
        }

        func each(fn:(String)->()) {
                for word in list {
                        fn(word)
                }
        }
}
```

이 WordList 클래스는 검색 키워드로 사용될 단어들의 리스트를 관리하는 클래스이다. WordList는 두 개의 상수 프로퍼티를 가지는데 하나는 plist 파일에서 읽어들일 배열의 key이고, 하나는 실제로 읽어들인 배열을 저장할 상수이다. 한 번 읽어들이면 수정할 일은 없기 때문에 굳이 var로 선언할 필요는 없다.

그리고 생성자 init?는 파일의 경로를 받아서 인스턴스를 생성한다. init?은 NSDictionary를 사용하여 plist 파일을 읽어들인다. 매우 편리하게도 우리는 파일의 경로를 넘겨주는 것 외에는 아무런 할 일이 없다. NSDictionary 클래스가 XML을 어떤 식으로 파싱을 하는지 신경을 쓸 필요가 없다는 의미이다. 만약 plist 파일이 매우 크다면 문제가 있겠지만 이 예제어는 직접 손으로 입력할 정도의 작은 사이즈이기 때문에 큰 문제가 없을 것이기 때문에 NSDictionary를 사용하였다. NSDictionary는 중간에 plist 파일이 잘못된 형식을 가지거나 해당 경로에 파일이 없거나 해서 로딩에 실패하면 nil을 반환할 것이다. 그러면 WordList의 init?도 nil을 반환하면 된다. 이 생성자는 실패할 수 있는 생성자(Failable Initializer)이기 때문이다.

```
list = listDic!.objectForKey(strKey) as [String]
```

이 문장은 NSDictionary의 인스턴스인 listDic에서 strKey에 대응하는 문자열의 배열을 가져와서 list에 할당하는 명령이다. objectForKey는 strKey에 해당하는 인스턴스를 반환한다. plist 파일을 입력할 때 배열의 키를 "list"로 한 것이 기억하는가? 그 list에 대한 배열을 가져와서 list에 할당한다. 여기서 as는 가져온 인스턴스를 문자열의 배열로 변환하는 명령이다.

사실 objectForKey는 해당 키에 대한 값이 어떤 타입일지 모르기 때문에 AnyObject라는 타입으로 반환한다. 사실 이 타입은 Objective-C와의 호환성을 위해서 내부적으로 유지하는 protocol이다. as를 이용해서 스위프트에서 사용할 수 있는 형태의 타입으로 변환할 필요가 있다는 것만 알아두자. 그러면 list에는 "list.plist"안에 있는 "list"라는 키가 가지는 배열이 로딩이 된다.

그 다음으로 each라는 메소드가 있는데 이것은 각 단어에 대해서 일련의 처리를 할 수 있도록 해주는 메소드이다. 하나의 함수 타입을 전달받아 리스트에 있는 각 단어에 대해서 해당 함수에게 전달하는 역할을 한다. fn은 전달받은 함수 타입인데 for in문을 사용하여 list의 각 요소에 대해서 호출하고 있다.

10-4 OpenAPI 사용할 준비하기

실제로 검색 사이트의 OpenAPI를 사용하기 전에 해야 할 일이 하나 있다. 검색 사이트에서 제공하는 OpenAPI는 누구나 자유롭게 사용할 수 있는 것은 아니다. 검색 사이트에 따라 약간의 차이가 있기는 하지만 대부분의 검색 사이트는 개발자로 등록을 하고 API를 호출하기 위해서 API 키를 발급받아야 한다. 본서에서는 다음(daum.net)의 검색 OpenAPI를 사용할 것이므로 다음의 OpenAPI용 키 발급 과정을 설명하겠다.

먼저 다음의 개발자 등록을 하자. Daum Developers라는 사이트(http://developers.daum.net/)에 들어가면 다음에서 제공하는 OpenAPI에 대한 여러 가지 자료를 읽어볼 수 있다. 메뉴에서 "콘솔"을 클릭하면 자신이 사용하는 API에 대해서 관리할 수 있는 화면이 나오는데, 다음 계정으로 로그인을 해야 하며 개발자 등록이 되지 않았다면 몇 가지의 약관에 동의하고 등록을 해야 한다. 다음의 개발자는 테스트, 서비스, 비즈니스의 3가지 등급이 있는데 예제를 만들기 위해서 필요한 것은 테스트 계정만으로도 충분하다.

다음은 앱을 만들어보도록 하자. API 키를 발급받기 위해서는 앱을 등록할 필요가 있기 때문이다. 콘솔 메뉴에서 왼쪽 윗부분에 "앱만들기"를 클릭하고 앱 이름을 적당히 "예제"나 "Example"이라고 넣어주도록 하자. 그러면 왼쪽에 해당 앱이 표시되는 것을 확인할 수 있을 것이다.

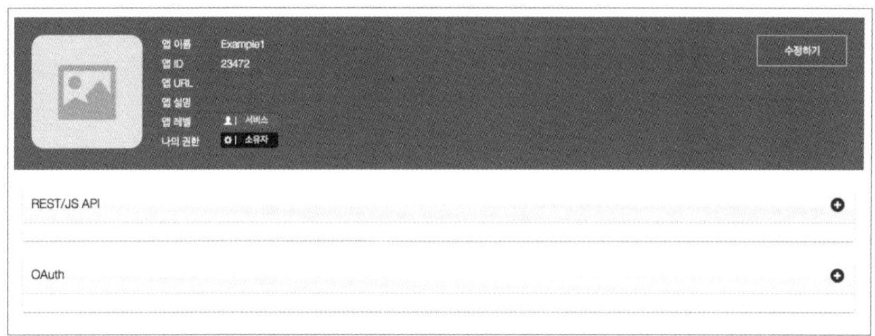

◆ 그림 10-10. 다음 OpenAPI앱

이제 API 키를 발급받아보도록 하자. 왼쪽 메뉴에 "API 키"라는 메뉴를 클릭하면 키를 발급받을 수 있는 페이지가 나온다. 우리는 REST API를 사용할 것이기 때문에 RSET/JS API의 + 버튼을 클릭하자. "모든 플랫폼"을 선택한 뒤에 완료를 클릭하자. 모든 플랫폼의 경우 아무런 제한 없이 API를 사용할 수 있으므로 권장하지 않는다고 나오지만 예제로만 사용할 것이기 때문에 모든 플랫폼을 선택하도록 하자. 실제로 서비스에서 사용할 것이라면 제한을 두어야 하므로 용도에 맞는 것을 선택하면 된다.

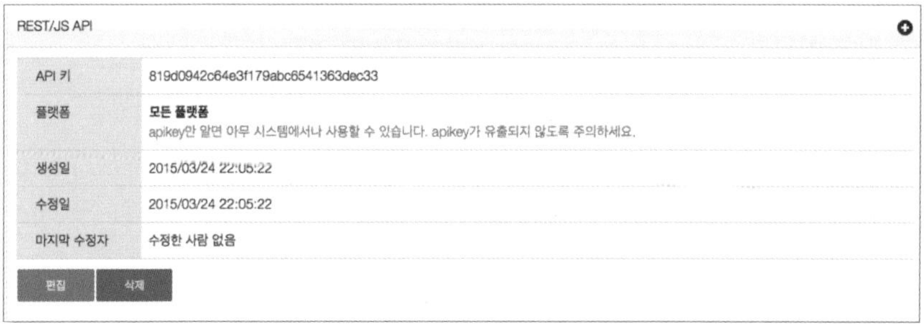

◆ 그림 10-11. API용 키 발급 받기

이제 화면에 16진수로 된 복잡한 키가 표시될 것이다. 이것을 클립보드에 복사해두자. 그리고 다음의 OpenAPI를 호출하기 위한 URL로 확보해 두어야 한다. 위의 서비스 메뉴를 클릭한 뒤 API의 검색 메뉴를 선택해 보자.

우리는 이 중에 웹 검색을 사용할 것이므로 "웹검색 /search/web"을 선택하자. 그러면 웹 검색 OpenAPI를 사용하기 위한 url과 요청에 사용할 파라미터에 대한 설명이 나온다. 이 페이지의 내용을 숙지하도록 하자. Search 클래스를 만들 때 이 부분을 참조하여 작성해야 하기 때문이다.

위의 과정은 다음 개발자 사이트의 내용으로 언제든지 메뉴의 구성이나 내용은 바뀔 수 있다. 그러므로 잘 이해가 가지 않는 부분이 있다면 개발자 카페나 포럼에 문의해 보도록 하자.

10-5 Search 클래스

이번에는 이 예제 프로그램의 가장 중요한 부분인 검색 기능을 담당하는 클래스를 만들어 보도록 하자.

WordList.swift를 만들 때와 마찬가지로 swift 소스 파일을 추가해보자. 이름은 Search.swift로 하자. 그리고 편집기에서 내용을 다음과 같이 입력하자.

```swift
import Foundation

class Search : NSObject, NSXMLParserDelegate {
    // OpenAPI 요청을 위한 상수
    let apikey = "<자신의 검색 API키>"
    let url_format = "http://apis.daum.net/search/
    web?apikey=%@&q=%@&output=xml"
```

```swift
    let totalCountElement = "totalCount"
    let pageCountElement = "pageCount"
    let keyword:String          // 검색할 키워드


    // 결과
    var resultData:NSData?          // OpenAPI의 결과
    var totalCount:Int = 0
    var pageCount:Int = 0


    // 파싱에 필요한 변수
    var parseElement:NSString? = nil
    var parseData:NSMutableString? = nil


    // init
    // keyword를 받아서 인스턴스를 생성한다.
    //
    init(keyword:String) {
        self.keyword = keyword
    }


    // request
    // OpenAPI를 호출한다.
    //
    func request() -> Bool {
        // 요청을 보내기 위한 NSURL 인스턴스를 생성한다.
        let encodedKeyword = keyword.stringByAddingPercentEncod
        ingWithAllowedCharacters(.URLQueryAllowedCharacterSet())!
        let url = NSURL(string:String(format:url_format, apikey,
        encodedKeyword))
        if url == nil {
            return false
        }
```

```swift
        // 요청을 보낸다.
        resultData = NSData(contentsOfURL: url!)
        if resultData == nil {
            return false
        }


        return true
    }


    // parse
    // 요청 결과를 파싱하여 검색 결과를 생성한다.
    //
    func parse() -> Bool {
        var parser = NSXMLParser(data: self.resultData!)


        parseData = NSMutableString()
        parser.delegate = self


        return parser.parse()
    }


    // MARK: NSXMLParserDelegate
    //
    func parser(parser: NSXMLParser, didStartElement
    elementName: String, namespaceURI: String?, qualifiedName
    qName: String?, attributes attributeDict: [String :String]) {
        parseElement = elementName
        parseData = ""
    }


    func parser(parser: NSXMLParser, didEndElement elementName:
    String, namespaceURI: String?, qualifiedName qName: String?)
    {
```

```swift
            switch(parseElement! as String) {
            case totalCountElement:
                totalCount = (parseData! as String).toInt()!
                break

            case pageCountElement:
                pageCount = (parseData! as String).toInt()!
                break

            default:
                break
            }
            parseData = ""
    }

    func parser(parser: NSXMLParser, foundCharacters string:
    String) {
        parseData!.appendString(string)
    }
}
```

Search 클래스가 하는 일은 키워드를 이용해서 OpenAPI로 검색 결과를 받고, 그 결과를 xml 파싱해서 우리가 필요로 하는 검색 결과수를 저장 프로퍼티에 저장하는 것이다. 다음의 OpenAPI 문서에 나오는 검색 결과수는 두 종류가 있는데, 하나는 "전체 검색 결과의 수"이고 하나는 "보여줄 수 있는 문서의 수"이다. 각각 totalCount와 pageCount라는 저장 프로퍼티에 저장하도록 하자.

```swift
init(keyword:String) {
    self.keyword = keyword
}
```

먼저 init은 keyword를 받아서 상수에 저장을 하고 종료한다. 특별히 실패할 일이 없기 때문에 Failable이 아니라 보통의 생성자이다.

다음은 request( ) → Bool 메소드를 보자. 이 메소드는 해당 키워드를 가지고 OpenAPI를 호출한다. 가장 먼저 OpenAPI를 호출할 수 있도록 URL을 생성하는데, 이 때 앞에서 이야기하였던 다음의 웹검색 OpenAPI의 문서를 참조해야 한다.

```
let encodedKeyword = keyword.stringByAddingPercentEncodingWith
AllowedCharacters(.URLQueryAllowedCharacterSet())!
```

일단 키워드가 영어만으로 된 단어라면 별 문제가 없지만 한글이나 특수문자가 포함이 되면 URL에서 사용할 수가 없다. 이 때는 URL 인코딩을 해서 16진수로 된 문자열로 변환해야 한다. stringByAddingPercentEncodingWithAllowedCharacters가 바로 그런 일을 하는 메소드로 스위프트의 String 클래스에서 지원한다. 여기서 파라미터로 NSCharacterSet의 URL 인코딩에 쓸 캐릭터 셋을 넘겨줄 수 있는데 우리는 URLQueryAllowedCharacterSet을 사용하도록 하자.
만약 다른 캐릭터 셋은 어떤 것이 있는 지 궁금하다면 URLQueryAllowedCharacterSet 위에 커서를 두고, 메뉴바에서 "Navigate" → "Jump to Definition"을 선택해보자. URLQueryAllowedCharacterSet가 정의된 곳으로 이동할 것이다. 호스트나 암호를 위한 캐릭터 셋이 더 있음을 알 수 있다.

다음으로 NSURL의 인스턴스를 생성한다. 이 때는 OpenAPI의 문서에서 요구하고 있는 API 키(apikey), 질의어(q), 결과 형식(output)을 정해서 넘겨준다. 만약 결과값인 url이 nil이라면 인스턴스 상수인 url_format에 잘못된 문자가 들어갔을 가능성이 있으므로 확인해보자.

```
resultData = NSData(contentsOfURL: url!)
```

그 다음은 NSData 클래스를 사용하여 url 인스턴스를 가지고 실제로 요청을 해서 결과를 받는 부분이다. 주의할 것은 NSData를 생성할 때 바로 인터넷상으로 요청을 하고 결과를 받으므로 이 구문에서 약간의 지연시간이 발생한다. 만약 매우 큰 데이터를 받는 경우라면 이 부분을 비동기 처리를 해야할 것이다.

다음으로 볼 메소드는 parse( ) → Bool이다. 이 메소드는 resultData에 저장된 OpenAPI의 호출 결과를 파싱해서 원하는 검색 결과수를 얻는 메소드이다. 우리는 스위프트에서 기본 제공하는 NSXMLParser라는 클래스를 사용할 것이다. 이 클래스는 delegate라는 방식을 사용하는데, 이것은 일련의 처리를 누군가에게 위임하는 방식이다. 즉 NSXMLParser에 resultData 파싱하도록 호출하고 나서 파싱하는 동안 필요한 처리에 관해서는 다른 인스턴스에게 맡기는 것이다. 여기서는 self를 지정하였으므로 자신이 처리를 하지만 다른 인스턴스에게 맡길 수도 있다. 다만, 그 인스턴스 클래스는 NSXMLParserDelegate를 만족하여야 한다. 그것은 해당 delegate가 필요한 처리를 하기 위해서 가져야 하는 메소드들을 지정하여야 하기 때문이다. 만약 요구하는 메소드가 존재하지 않는 다면 컴파일 할 때 에러가 발생할 것이다.

우리는 Search 클래스가 그 위임을 담당할 것이므로 Search 클래스는 NSXMLParserDelegate를 상속받고 있다. 그리고 아래의 3개의 메소드를 구현하여 파싱에서 필요한 처리를 할 것이다.

```
optional public func parser(parser: NSXMLParser, didStartElement
elementName: String, namespaceURI: String?, qualifiedName qName:
String?, attributes attributeDict: [String : String])

optional public func parser(parser: NSXMLParser, didEndElement
elementName: String, namespaceURI: String?, qualifiedName qName:
String?)
```

```
optional public func parser(parser: NSXMLParser, foundCharacters
string: String)
```

만약 NSXMLParserDelegate에 다른 어떤 메소드가 있는지 확인하려면 메뉴바에서 "Navigate" → "Jump to Definition"을 선택하여 NSXMLParserDelegate의 정의를 찾아보거나 "Help" → "Documentation and API Reference"를 선택하여 레퍼런스 문서를 확인할 수 있다.

위 3개의 메소드는 각각 XML 문서에서 엘리먼트가 시작할 때와 끝날 때 그리고 내용이 파싱될 때이다. 첫 번째 메소드는 엘리먼트가 시작할 때 해당 엘리먼트의 이름을 parseElement에 넣고, parseData를 초기화한다. 그리고 두 번째는 엘리먼트가 끝나고 우리가 필요로 하는 엘리먼트 (totalCount, pageCount)의 경우 parseData의 값을 저장 프로퍼티에 복사한다. 그리고 세 번째 메소드의 경우는 parseData의 뒷부분에 문자열을 추가해준다.

XML 문서의 스펙에 대해서 자세히 알고 싶으면 다음 사이트를 참조하도록 하자.

- http://www.w3.org/TR/REC-xml/
- http://ko.wikipedia.org/wiki/XML

이제 마지막으로 메인 소스 파일을 만들어보자. 스위프트의 프로젝트는 반드시 하나의 main.swift가 존재해야 하며 이 소스 파일이 실제로 실행되는 부분이다. 프로젝트 네비게이터에서 main.swift를 선택하면 앞에서 리스트 파일을 만들면서 작성한 테스트 코드가 있을 것이다. 이 내용을 지우고, 다음과 같이 입력하자.

```swift
import Foundation
// 명령행 인자를 검사한다.
if Process.arguments.count < 2 {
        print("Usage: \(Process.arguments[0]) list_file")
        exit(1)
}


// 키워드 리스트 파일을 읽는다.
let wordList = WordList(path:Process.arguments[1])
if wordList == nil {
        println("File load error")
}


// 각 키워드에 대해서 검색한다.
var word:String
for word in wordList!.list {
        // OpenAPI 요청을 보낸다.
        let search = Search(keyword:word)
        if search.request() == false {
                print("Search error : \(search.keyword)")
                exit(1)
        }

        // 결과를 파싱한다.
```

```
    if search.parse() == false {
        print("Parse error : \(search.keyword)")
        exit(1)
    }


    // 결과를 출력한다.
    print( "\(search.keyword)  :  total(\(search.totalCount)),
    page(\(search.pageCount))" )
}
```

먼저 첫부분은 명령행으로 리스트 파일의 인자를 넘겨받지 못했을 때 사용법을 화면에 출력하는 구문이다. 여기서 볼 수 있는 exit( ) 메소드는 스위프트에서 기본으로 제공하는 프로그램을 종료하는 메소드이다. 인자는 종료값으로 일반적으로 0이면 성공적으로 마쳤다는 것을 의미하고, 1이나 다른 값은 실패를 의미한다.

두 번째 부분은 명령행 인자로 받은 리스트 파일의 경로(Process.arguments[1])를 가지고 WordList 인스턴스를 생성한다. 만약 생성에 실패하면 wordList가 nil이 될 것이므로 에러 메시지를 출력하고 프로그램을 종료한다.

이렇게 생성한 wordList는 list.plist의 내용을 담고 있다. 세 번째 단락에서는 for in문을 이용하여 이 wordList의 각 내용에 대해서 검색 결과를 구한다. 그럼 for문 안을 보도록 하자.

먼저 word를 사용하여 Search 클래스의 인스턴스를 생성한다. 그리고 request( )를 호출하여 실패하면 에러 메시지를 출력하고 종료한다. 그리고 나서는 search 인스턴스의 parse( )를 호출하여 결과값을 파싱한다. 마지막으로 결과값을 화면에 출력하고 루프를 종료한다. 클래스를 만드는 과정에 비해 main.swift는 싱겁게 끝난 느낌이 들겠지만 사실 MacOSX나 아이폰에서 동작하는 프로젝트의 템플릿들도 main 소스 파일의 내용은 복잡하지가 않다. 대부분 프레임워크의 클래스의 인스턴스를 생성하거나 중심이 되는 메소드를 실행하는 정도에 그친다.

이렇게 만든 프로그램을 실행하면 다음과 같은 결과를 얻을 수 있을 것이다.

```
swift : total(1725134), page(942)
iphone : total(19505704), page(870)
ios : total(4390201), page(890)
macosx : total(1191352), page(964)
스위프트 : total(246619), page(966)
Program ended with exit code: 0
```

각 검색어별로 얼마나 검색 결과가 있는지를 알 수 있다. 마지막 줄에 우리 프로그램의 종
료 코드가 0인 것을 확인하자. 정상적으로 종료했다는 의미이다.

10-7 과제

여러분의 프로그램이 잘 동작을 한다면, 여기서 만족하지 말고 다음과 같은 과제를 풀면
서 좀 더 발전시켜 보도록 하자.

❶ 먼저 다음의 검색 API뿐만 아니라 다른 검색사이트에서 제공하는 OpenAPI를 조사해
  보도록 하자. 네이버나 구글도 검색 API를 제공하고 있다. 각 검색사이트에서 제공하
  는 개발자용 페이지에서 OpenAPI 사용법을 숙지한 후 검색 서비스별로 키워드의 검
  색 결과수를 구해서 출력해보도록 하자. 하나의 키워드에 대해서 여러 검색 사이트의
  검색 결과수를 비교해 보는 것도 재밌을 것이다.

❷ 웹검색뿐만 아니라 다른 검색 카테고리도 이용해보도록 하자. 명령행 파라미터로 해당 카테고리를 입력받아서 정할 수 있도록 하는 것도 좋을 것이다. 예를 들면 swift book 이라고 파라미터를 입력하면 책 검색에서 swift라는 키워드의 검색결과 수를 출력하도록 하는 것이다.

＊ 과제에 대한 해답 파일은 혜지원 출판사 홈페이지(www.hyejiwon.co.kr) 자료실 혹은 https://github.com/jinil-ha/swift-book-src에 예제 프로그램 소스코드와 함께 있으므로 다운받아 보시기 바랍니다.

chapter 11

예제 프로그램 2 :

웹페이지 헤더뷰어

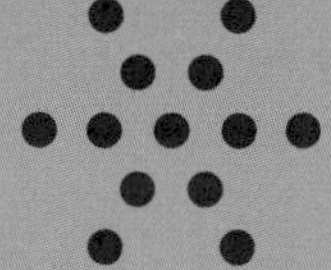
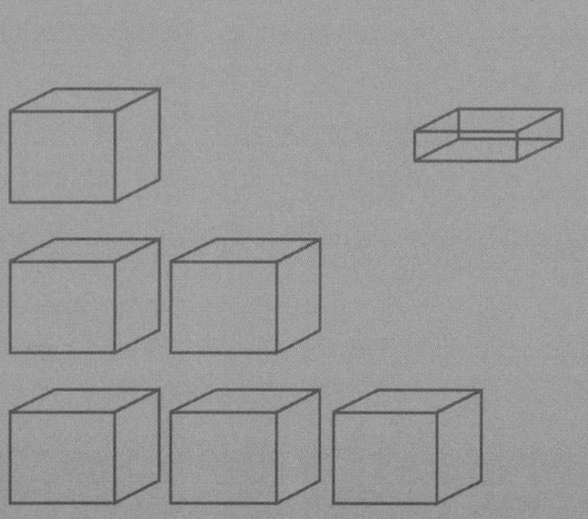

이번 예제 프로그램은 아이폰에서 웹브라우징을 할 때(사실 인터넷은 웹뿐만 아니라, 다른 많은 방식으로도 정보를 교환하고 있다) 우리에게 보여주지 않는 정보 중에 헤더를 보여주는 앱을 만들어 보도록 하자.

우리가 웹페이지를 보기 위해서 웹 브라우저에 주소를 입력하고 엔터키를 누르면 바로 그 페이지가 멋지게 펼쳐지는 것처럼 보이지만 사실 눈에 보이지 않는 곳에서는 매우 짧은 시간에 엄청나게 많은 일들이 벌어지고 있다. 웹브라우저는 여러분이 입력한 주소의 도메인을 DNS 서버에게 요청해서 IP 어드레스로 변환하고 어마어마하게 넓은 인터넷의 세상에서 그 해당 서버를 찾아 실제 패킷을 보낸다. 물론 이 사이에 여러 계층이 존재해서 필요한 정보를 패킷에 추가한다. 그렇게 우리 손을 떠난 패킷이 순순히 목적지에 도달한다는 보장도 없다. 만약 패킷을 잃어버렸을 경우를 대비한 알고리즘도 동작하고 있다.

사실 보이지 않는 장막의 뒤에서 일어나는 많은 일들을 모두 알아야 웹서핑을 할 수 있는 것은 아니다(만약 그렇다고 한다면 현재의 인터넷은 연구소 안에서만 존재했을 것이다). 다행히도 이 모든 과정은 컴퓨터가 알아서 처리를 해 주고, 중간에 일어나는 오류도 대부분 자동으로 교정해 주기 때문에 우리는 편안하게 웹서핑을 할 수 있다.

이번 예제 프로그램은 아이폰에서 웹브라우징을 할 때(사실 인터넷은 웹뿐만 아니라, 다른 많은 방식으로도 정보를 교환하고 있다) 우리에게 보여주지 않는 정보 중에 헤더를 보여주는 앱을 만들어 보도록 하자.

11-1 HTTP 프로토콜

먼저 웹에서 정보를 주고 받는 프로토콜인 HTTP에 대해서 알아 보자. 일반적으로 웹브라우징을 할 때 클라이언트는 웹브라우저가 되고 서버는 웹서버가 된다. 웹브리우저는 인터넷 익스플로러나 구글 크롬, 모질라 파이어폭스, 사파리 등이 있고 웹서버는 apache나 nginx, IIS 등이 있다. 이처럼 웹페이지를 요청하는 클라이언트도 여러 가지가 있고, 정보를 제공하는 서버도 여러 가지가 있지만 모두 HTTP(Hypertext Tranfer Protocol)라는 프로토콜을 사용하여 통신을 한다(현재 HTTP/1.1이 사용되고 있고, HTTP/2가 최종안이 발표된 상태이다),

먼저 웹브라우저는 웹서버에게 요청을 보낼 때 다음과 같은 정보를 같이 보낸다.

```
GET / HTTP/1.1
Host: naver.com
Connection: keep-alive
Accept: text/html,application/xhtml+xml,application/
xml;q=0.9,image/webp,*/*;q=0.8
User-Agent: Mozilla/5.0 (Macintosh; Intel Mac OS X 10_10_3)
AppleWebKit/537.36 (KHTML, like Gecko) Chrome/41.0.2272.118
Safari/537.36
Accept-Encoding: gzip, deflate, sdch
Accept-Language: ko
Cookie:...
```

이것을 요청 헤더(Request header)라고 하는데 웹서버에게 구체적으로 어떤 요청을 하는지를 지정하는 것이다. 예를 들어 위의 요청 헤더를 보면 naver.com이라는 호스트에 루트(/)를 GET 방식으로 요청을 했고 프로토콜은 HTTP/1.1을 사용하며 언어는 한국어(ko)로 부탁한다는 것과 자신이 어떤 운영체제의 어떤 브라우저를 사용하는지를 같이 웹서버에게 보낸다. 그러면 웹서버는 이 헤더를 보고, 여기에 맞는 웹페이지를 만들어서 적당한 전송 방식으로 웹브라우저에게 전달해 주는 것이다.

그런데, 웹서버가 클라이언트인 웹브라우저에 응답을 보낼 때도 다음과 같은 헤더가 있다.

```
HTTP/1.1 200 OK
Server: nginx
Content-Type: text/html; charset=UTF-8
Cache-Control: no-cache, no-store, must-revalidate
Pragma: no-cache
P3P: CP="CAO DSP CURa ADMa TAIa PSAa OUR LAW STP PHY ONL UNI PUR
FIN COM NAV INT DEM STA PRE"
```

```
X-Frame-Options: SAMEORIGIN

Content-Encoding: gzip

Content-Length: 19852

Date: Tue, 14 Apr 2015 11:27:25 GMT

Connection: keep-alive

Vary: Accept-Encoding
```

이것을 응답 헤더(Response Header)라고 한다. 먼저 "HTTP/1.1 200 OK"는 요청에 문제 없이 응답한다는 뜻이고 "Server: nginx"는 웹서버가 nginx라는 뜻이며 그 아래로는 컨텐츠의 종류나 인코딩, 크기나 생성 날짜 등 여러 가지 정보를 담고 있다.

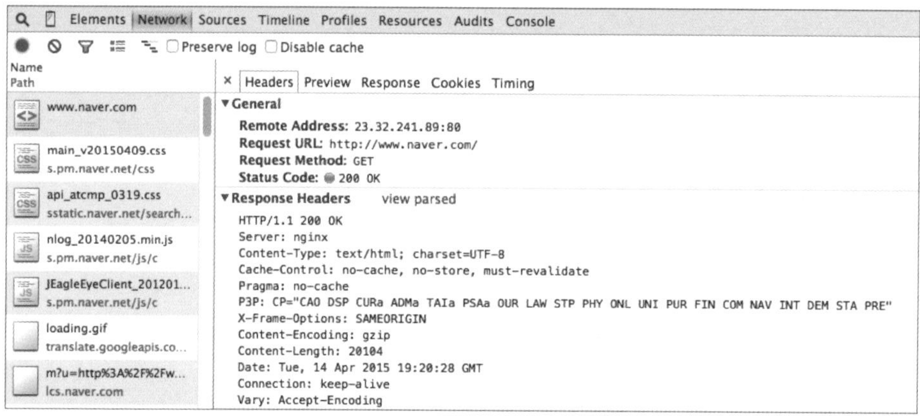

◆ 그림 11-1. 크롬의 개발자 도구

일반적인 데스크탑용 OS에서 웹브라우저를 사용하여 웹페이지를 불러올 때는 그림 11-1 과 같이 개발자 도구에서 이 헤더를 확인할 수 있다.

11-2 프로젝트 생성

이번 단원에서는 아이폰이나 아이패드에서 이런 응답 헤더를 확인할 수 있는 웹브라우저를 만들어 보도록 하자. 예제이므로 실제 웹브라우저처럼 복잡한 기능을 구현하는 것보다, 헤더를 확인하는 기능에만 충실하도록 하겠다.

먼저 XCode를 실행하고 그림 11-2와 같이 iOS → Application에서 Single View Application을 선택한다.

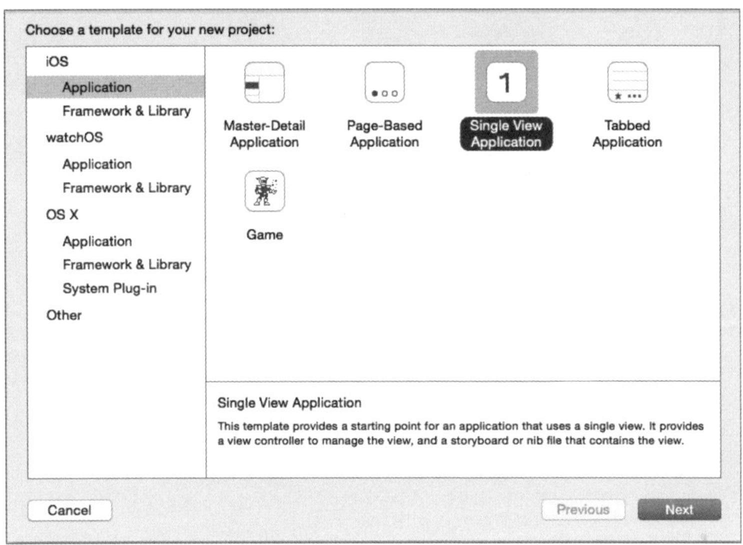

◆ 그림 11-2. 프로젝트 선택하기

XCode는 아이폰이나 아이패드에서 동작하기 위한 iOS용 템플릿도 다양하게 지원하고 있는데, 그 중 가장 단순한 형태의 프로젝트 템플릿 중에 하나가 이 "Single View Application"이다. 이번 예제에서는 여러 가지 기능을 구현할 것은 아니므로 이 템플릿이 적당할 것이다.

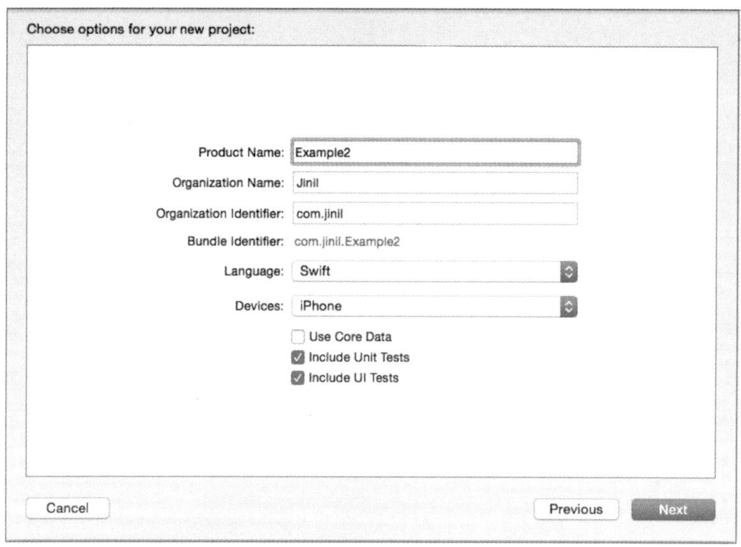

◆ 그림 11-3. 프로젝트 옵션

다음은 그림 11-3과 같이 적당한 프로젝트 이름을 입력하고 Next를 클릭하자. 다음은 프로젝트를 저장할 적당한 위치를 지정하고, "Create"를 클릭하면 프로젝트가 생성될 것이다.

 11-3 겉모양 만들기

프로젝트를 생성했으면 먼저 우리가 만들 앱의 겉모양을 만들도록 하자.

애플 사는 매우 오래 전부터 UI를 만들기 위한 도구를 제공해 왔다. Interface Builder라는 별도의 툴에서 nib 포맷의 파일(초기에는 확장자가 nib였다가 나중에는 xib가 되었다)을 매우 직관적인 방식으로 편집 가능하도록 하였다. XCode 4부터는 이 Interface Builder 별도의 앱이 아니라 XCode의 기능으로 통합이 되었고 XCode 4.2부터는 스토리보드(storyboard)를 지원하기 시작했다. 스토리보드는 단순히 UI만을 설계하고 작성하는 것이 아니라 앱 안에서 동작의 흐름을 전체적으로 한 군데서 관리할 수 있게 해 준다.

우리가 만든 프로젝트에는 View → Navigators → Show Project Navigator를 선택하거나 커멘드 + 1을 입력하면 프로젝트 네비게이터를 왼쪽의 네비게이터 창에서 확인할 수 있다. 여기서 Main.storyboard 파일을 선택하자. 그러면, 화면 한가운데 View Controller가 보일 것이다. 이것이 우리가 만들 앱의 유일한 뷰 컨트롤러이다.

이제 XCode의 오른쪽 아래에 있는 라이브러리에서 우리에게 필요한 뷰들을 끌어다 놓아 보자. 먼저 주소창으로 쓰일 "Text Field" 뷰를 하나 집어서 스토리보드의 위에 끌어놓아 보자. 한참을 아래로 스크롤해서 찾아도 되지만 그림 11-4처럼 아래의 검색창에 "text"라 고 입력하면 한, 두 개의 뷰만 남을 것이다.

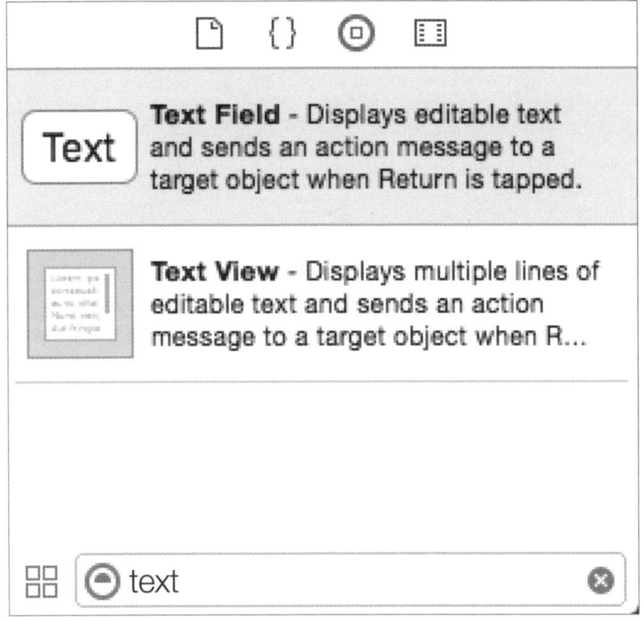

◆ 그림 11-4. 검색창에 text라고 입력

여기서 "Text Field"를 집어서 가운데에 있는 View Controller로 끌어다 넣으면 된다. 이것 을 끌어서 다음과 같은 모양으로 만들어 준다.

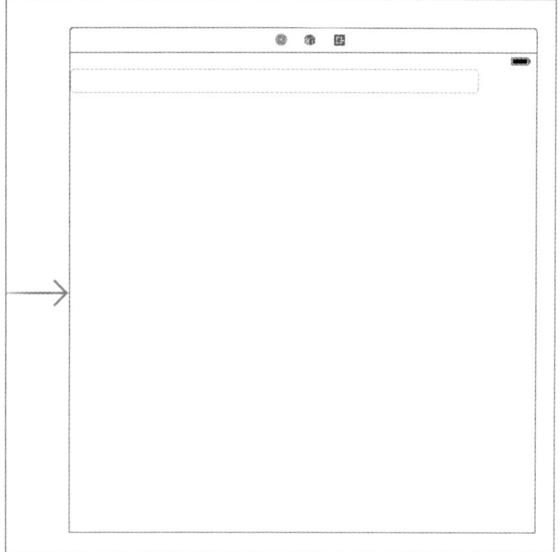

◆ 그림 11-5. 스토리보드 작성하기

그리고, 같은 방법으로 "Button", "Web View", "Label"을 하나씩 끌어와서 그림 11-6과 같이 적당히 배열하자.

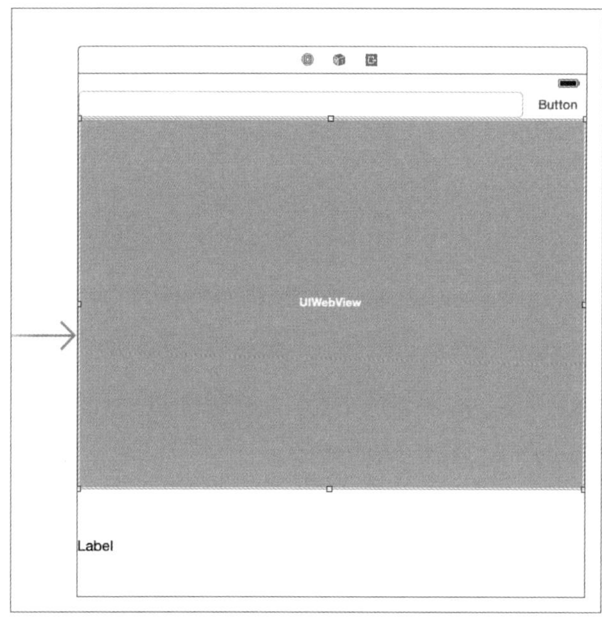

◆ 그림 11-6. 스토리보드에 뷰 추가하기

이제 뷰를 하나하나 다듬어 보도록 하자. 먼저 "Text Field" 뷰를 클릭하여 선택한 뒤에 오른쪽 아래에 있는 3개의 아이콘 중에 가장 오른쪽 아이콘을 클릭하자. 그러면 다음과 같은 메뉴가 나오는데 여기서 "Add Missing Constraints"를 선택하자.

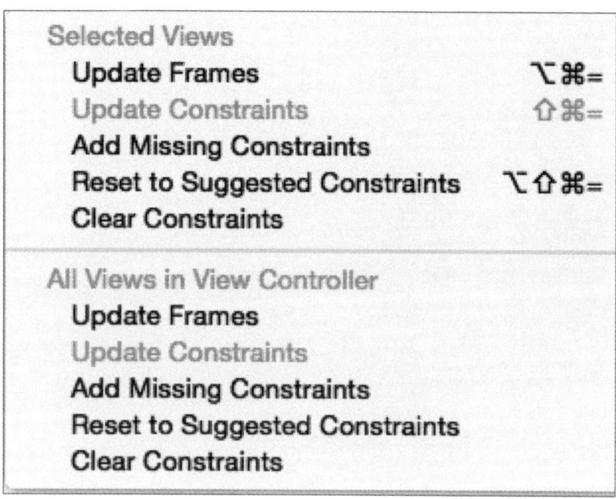

◆ **그림 11-7.** Constraint 추가하기

이것은 뷰컨트롤러가 변했을 경우에도 각 뷰가 적당한 위치를 잡도록 도와준다. 예를 들어 아이폰 6나 아이폰 6 플러스는 전체 뷰컨트롤러가 차지하는 영역의 크기가 다르며 아이폰을 기울여도 역시 방향이 달라져서 뷰컨트롤러의 영역도 변하게 된다. 이 때 전체적인 UI가 무너지지 않게 각종 제약을 자동으로 생성해 주는 것이다.

이렇게 생성된 제약에 대해서는 왼쪽의 View Controller Scene의 트리에서 Constraint 아래에 있을 것이다. 하나하나 선택해서 제약의 내용을 바꾸어 줄 수도 있다. 조금씩 변경해 보고 어떻게 바뀌는 지 알아보도록 하자.

다음은 Button을 클릭해서 선택하고, View → Utilities → Show Attributes Inspector를 선택하거나, 옵션 + 커맨드 + 4 단축키로 Attributes Inspector를 열고, Title을 "Go"나 "이동"으로 변경한다. 취향대로 다른 단어를 사용해도 된다.

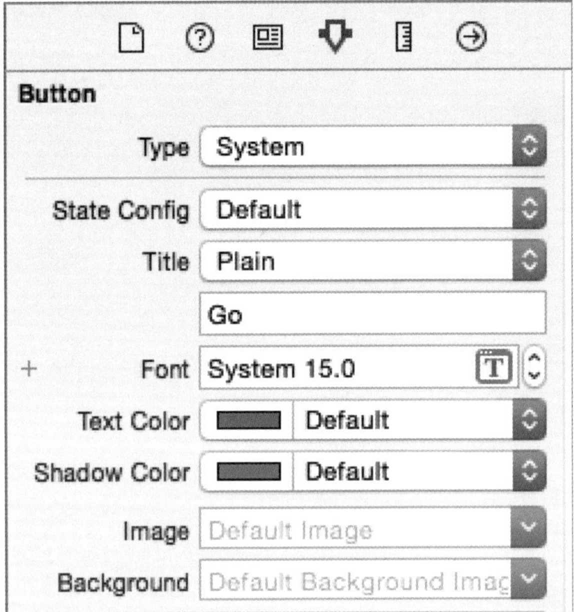

◆ 그림 11-8. 버튼 속성 편집하기

다음은 Label을 선택한 뒤에 역시 Attributes Inspector에서 Lines를 충분히 큰 숫자로 바꾸어 준다. 이것은 헤더 정보를 표시할 부분에 최대 몇 줄까지 표시할 것인가를 결정하는 것이다. 대략 20정도면 충분할 것이다.

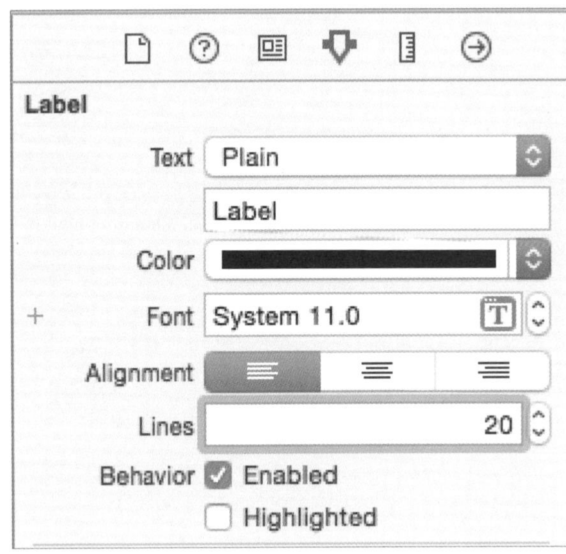

◆ 그림 11-9. 라벨 속성 편집하기

이제 자신의 취향대로 뷰가 완성되었을 것이다. 하나하나의 뷰에 대해서 설명하면 Text Field는 우리가 탐색할 웹페이지의 주소(URL)를 입력하는 곳이다. 그리고 버튼은 터치했을 때 해당 웹페이지에 대한 이동을 시작한다. 그리고 Web View는 당연히 웹페이지의 내용을 출력하는 뷰이고 가장 아래에 있는 Label은 헤더의 정보를 출력하게 된다.

이 상태에서 커맨드 + R 단축키를 사용하여 프로젝트를 빌드하고 실행해 보도록 하자. XCode와 함께 설치된 iOS Simulator가 실행되고, 빌드된 앱이 시뮬레이터에 설치되어 실행될 것이다. 잠시 기동 화면(Launch Screen)이 보이다가 여러분이 만든 UI가 나올 것이다.

◆ 그림 11-10. UI 확인하기

폰트나 글자 크기, 배경색 등을 자신의 취향에 맞게 좀 더 수정해 보는 것도 좋다.

다음은 각 뷰에 연결되는 프로퍼티를 만들어보도록 하자. 스토리보드에서 사용자에게 보이는 부분을 만들었다면 각 뷰가 어떻게 동작할지는 뷰컨트롤러에서 담당하게 된다. Project Navigator에서 ViewController.swift를 선택하면 이 ViewController를 편집할 수 있다. ViewController는 이 프로젝트가 Single View이기 때문에 하나만 존재한다. 만약에 Tab으로 여러 뷰를 넘나들거나, 2개 이상의 뷰가 존재하는 앱이라면 View Controller도 2개 이상 존재할 것이다.

이 ViewController 클래스는 프로젝트가 생성될 때 이미 스토리보드에 있는 단 하나의 뷰와 연결이 되어 있다. 그러므로, 우리는 이 클래스의 내용만 작성을 해서 이 앱이 어떻게 동작을 할 지 구현할 수 있다. 잘 보면 ViewController 클래스는 UIViewController를 상속받고 있는데 이것은 코코아 프레임워크에서 모든 뷰컨트롤러들이 가지는 클래스이다.

드디어 지금까지 공부한 스위프트의 코드를 작성할 시간이 왔다. 이제 우리의 단 하나의 뷰컨트롤러 위에 있는 여러 뷰들에게 프로퍼티를 선사하도록 하자. 모든 뷰에게 프로퍼티를 연결할 필요는 없다. 제어가 필요한 뷰에 대해서만 만들어주고 그렇지 않은 뷰는 아무 것도 하지 않아도 된다. 그렇다고 걱정하지는 말자. 기본적인 동작은 프레임워크의 코드에서 모두 알아서 해 준다.

다음과 같은 3개의 프로퍼티를 만들자.

```
● @IBOutlet var urlText:UITextField!

● @IBOutlet var webView:UIWebView!

● @IBOutlet var resultLabel:UILabel!
```

여기서 @IBOutlet은 Interface Builder에게 이 프로퍼티가 뷰와 연결되는 프로퍼티라는 것을 가르쳐 준다. 사실 Interface Builder를 사용하지 않고, 뷰를 모두 코드로 작성하는 방법도 있는데 그런 경우는 @IBOutlet을 적어줄 필요가 없다. 각 저장 프로퍼티는 Text

Field, Web View, Label에 연결되는 프로퍼티이다.

이제 각각의 저장 프로퍼티를 각 뷰와 직접 연결해 보도록 하자. 다시 Main.storyboard
를 열고, 왼쪽 View Controller Scene트리에서 View Controller를 선택한 뒤 View →
Utilities → Show Connections Inspector를 선택하거나 옵션 + 커맨드 + 6의 단축키로
Connection Inspector를 열도록 하자.

Outlets에 만들었던 저장 프로퍼티들이 보일 것이다. 그림 11-11과 같이 resultLabel의 오
른쪽 작은 원을 마우스로 끌어서 해당하는 라벨뷰에 연결하도록 하자.

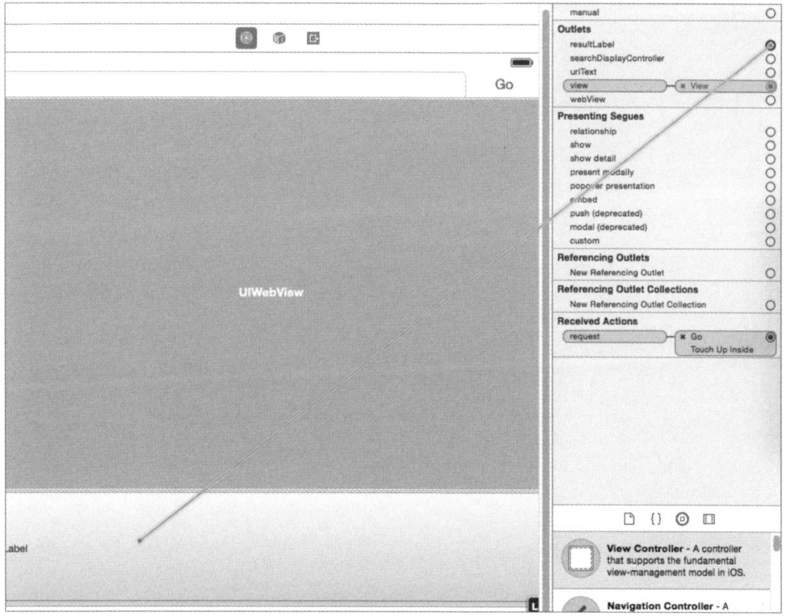

◆ 그림 11-11. outlets 연결하기

다른 2개의 저장 프로퍼티도 각각의 뷰에 끌어서 연결하고 나면 다음과 같이 될 것이다.

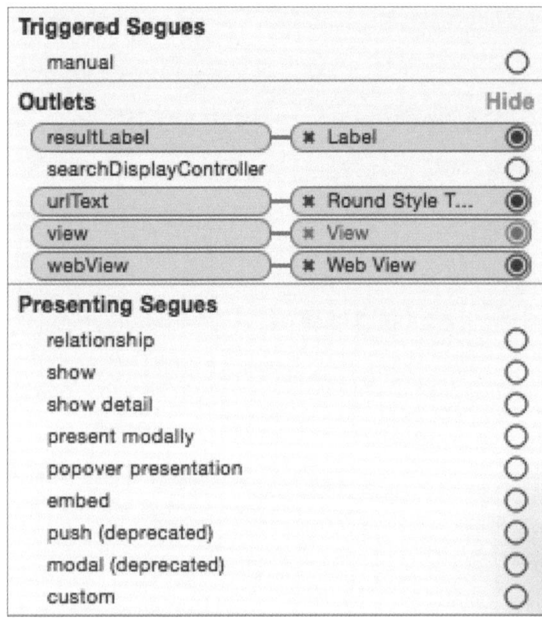

◆ 그림 11-12. outlets 연결

이제 아웃렛 프로퍼티들이 뷰와 잘 연결이 되었는지 확인하기 위해서 ViewController. swift의 viewDidLoad( ) 메소드의 주석 아래로 다음과 같은 코드를 입력하자.

```
// Do any additional setup after loading the view, typically from a nib.
urlText.text = "http://www.google.com/"
resultLabel.text = "none"


let url = NSURL(string:urlText.text!)!
let req = NSURLRequest(URL: url)
webView.loadRequest(req)
```

이제 빌드해서 실행해 보면 주소창에 "http://www.google.com/"이 표시되고 아래 헤더가 출력될 부분에는 "none"이라고 출력되며 가운데의 웹뷰에는 구글의 메인창이 나올 것이다. 만약 어느 하나라도 제대로 되지 않았다면 위의 절차 중에 잘못된 곳이 없는지를 체크해보자. 주소창과 헤더 결과에 none은 제대로 표시되었는데, 구글 페이지가 보이지 않는다면 인터넷이 제대로 연결되어 있는지를 확인해 보자.

여기까지 제대로 되었다면 이제 메소드를 하나 만들어서 뷰의 이벤트에 연결해 보자. 이런 메소드를 액션이라고 한다. 다음과 같은 인스턴스 메소드를 하나 만들자.

```swift
@IBAction func request() {
        let url = NSURL(string:urlText.text!)!
        let req = NSURLRequest(URL: url)
        webView.loadRequest(req)
}
```

그리고, viewDidLoad( )에 작성했던 같은 부분 3줄은 주석 처리하도록 하자. 여기서 @IBAcion은 @IBOutlet과 비슷하게 Interface Builder에게 해당 메소드가 액션을 처리하는 메소드임을 전달하는 역할을 한다. 이제 Main.storyboard로 다시 이동해서 "Go" 버튼을 선택한 뒤 Connections Inspector를 열면 Sent Events 아래로 여러 이벤트가 보일 것이다. 이 중에 "Touch Up inside"를 끌어서 View Controller에 연결하면 @IBAction인 메소드들이 나오는 데 우리는 request( ) 하나만 만들었기 때문에 이것만 보일 것이다. request를 선택해서 연결하도록 하자.

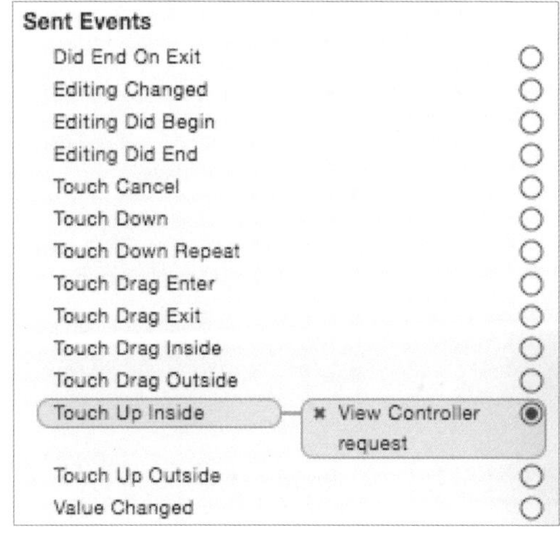

◆ 그림 11-13. Action 연결하기

연결이 제대로 되었다면 그림 11-13과 같이 보일 것이다. 이제 다시 빌드해서 실행해 보자. 주소창에는 구글의 주소가 입력되어 있지만 웹뷰에 아무것도 나오지 않을 것이다. 여기서 Go 버튼을 마우스로 클릭하면 웹뷰에 구글의 메인 페이지가 나올 것이다.

이제 ViewDidLoad( )의 마지막에 다음 코드를 추가하도록 하자.

```
request( )
```

이것은 매번 Go 버튼을 클릭해서 페이지를 여는 것보다 실행했을 때 바로 웹페이지를 요청하도록 수정하는 것이다.

11-5 헤더 출력하기

이제 IBOutlet과 IBAction을 모두 스토리보드와 연결하였다. 우리가 의도한 대로 동작하도록 스위프트 코드를 추가하는 일만이 남았다. 먼저 request( )를 다음과 같이 수정해 보자.

```
@IBAction func request() {
    let url = NSURL(string:urlText.text!)!
    let req = NSURLRequest(URL: url)

    let session = NSURLSession.sharedSession()
    let task = session.dataTaskWithRequest(req) {
        (data, resp, error) -> Void in

        guard error == nil else {
            return
        }
```

```swift
        guard resp != nil else {
            print("resp is nil.")
            return
        }

        let httpResp = resp as? NSHTTPURLResponse
        guard httpResp != nil else {
            print("httpResp is nil.")
            return
        }

        dispatch_async(dispatch_get_main_queue()) {
            self.printResult(httpResp!)

            let mimeType = httpResp!.MIMEType
            let encode = httpResp!.textEncodingName

            self.webView.loadData(data!, MIMEType:
            mimeType!, textEncodingName: encode!,
            baseURL: url)
        }
    }

    task.resume()
}
```

이것은 헤더 정보를 얻기 위해서 단순히 웹뷰에 해당 URL을 loadRequest하는 것이 아니라, 뷰컨트롤러에서 직접 해당 페이지를 로드한 뒤에 그 데이터를 웹뷰에 넘겨주는 방식으로 바꾼 것이다.

이번에는 URLSession이라는 클래스를 사용하게 된다. 이 클래스는 HTTP로 컨텐츠를 다운로드 받는 것을 처리해주는 클래스로 delegate 메소드와 인증, 백그라운드 다운로드 등을 지원한다. 사실 NSURLConnection은 매우 편리한 클래스이긴 한데, iOS9부터 많은 메소드가 deprecated되어 사용할 수가 없게 되었다. 따라서 세션별로 비동기 처리를 지원하는 URLSession를 사용하도록 하자.

```
let session = NSURLSession.sharedSession( )
```

이 코드는 sharedSession을 얻는다. 우리가 만드는 앱에서는 여러 개의 세션이 필요하거나 백그라운드 다운로드를 할 필요는 없으므로, sharedSession으로 충분하다.

그리고, dataTaskWithRequest()는 NSURLSessionDataTask의 인스턴스를 반환하게 되는데 이것은 우리가 HTTP요청을 보내는 작업에 대한 클래스이다. 이 클래스의 인스턴스에 사후처리를 할 클로저도 할당할 수 있다.

```
guard error == nil else {
        return
}


guard resp != nil else {
        print("resp is nil.")
        return
}
```

클로저는 이 세션의 요청에 대한 응답이 왔을 때의 처리를 가지고 있다. error가 nil인지(즉, 에러가 발생하지 않았는 지), HTTP response에 대한 정보를 가지고 있는 NSURLResponse의 optional 인스턴스인 resp에 대한 nil 체크를 한다. 이 때 단순히 error와 resp가 nil인지, 아닌지만 체크를 하고 문제가 있을 경우 클로저를 종료할 것이므로

guard를 사용해주는 편이 좋다. 물론 if문으로도 구현할 수는 있지만 가독성면에서 guard
가 더 좋은 방법이다.

```
dispatch_async(dispatch_get_main_queue())
```

이 메소드는 비동기 처리에 대해서 블록 처리를 한다. 요청에 대한 처리가 끝나지도 않았
는데 WebView로 데이터를 넘겨주어 렌더링을 하게 되면 에러가 발생할 수 있기 때문이
다. 이때에도 클로저를 사용해서 정상적으로 블럭이 완료했을 때의 처리를 지정할 수 있
다.

전달받은 resp는 사실 NSHTTPURLResponse 타입으로 선언된 것을 돌려받게 된다.
우리가 요청하는 페이지가 http 프로토콜을 요청했기 때문이다. 이 클래스는 당연히
NSURLResponse를 상속받고 있으며 HTTP의 응답으로서 가지는 내용들을 확장해서 포
함하고 있다. 예를 들면 statusCode나 allHeaderFields라는 프로퍼티로 가지고 있는데 각
각 웹서버에서 받은 상태 코드와 헤더 정보이다. 여기서 헤더 정보는 사전형으로 되어 있
다.
resp가 nil이 아니고, 제대로 된 응답 정보를 담고 있는지 체크한 후에 웹뷰에게 해당 웹페
이지를 로딩하도록 요청한다. 상태코드 200은 정상적으로 웹페이지를 받았다는 뜻이다.
이 때 웹뷰에 해당 페이지를 로드하도록 요청하는 것은 다음 코드이다.

```
let mimeType = httpResp!.MIMEType
let encode = httpResp!.textEncodingName

self.webView.loadData(data!, MIMEType: mimeType!,
textEncodingName: encode!, baseURL: url)
```

여기서 loadData는 URL이 아니라 앞에서 우리가 얻은 NSData의 데이터를 이용하여 웹
페이지를 보여주는 것이다. 그리고 마지막의 printResult는 라벨에 헤더 정보를 표시하는
부분이다. 이 메소드를 지금부터 만들어 보도록 하자.

아래 코드를 ViewController.swift에 추가하도록 하자.

```swift
func printResult(resp:NSHTTPURLResponse) {
    if resp.statusCode == 200 {
        var resultText = String()
        for (key, value) in resp.allHeaderFields {
            resultText = resultText + String("\n\(key) :
            \(value)")
        }


        resultLabel.text = resultText
    } else {
        resultLabel.text = String(format:"Error :
        %d", resp.statusCode)
    }
}
```

이 메소드는 resp에 담긴 헤더 정보를 화면에 출력해 주는 것이다. 여기서 allHeaderFields
라는 프로퍼티를 출력하게 되는데 이 프로퍼티는 [NSObject : AnyObject] 타입의 사전형
이다. 따라서 for (key, value) in 의 형식으로 매우 간단하게 각각의 항목을 출력할 수 있
다.

이렇게 완성된 문자열을 라벨뷰와 연결된 IBOutlet인 resultLabel의 text 프로퍼티에 할당
(set)한다. 그러면 마법과 같이 라벨에 헤더가 표시되게 된다.

◆ 그림 11-14. 앱 구동하기

iOS Simulator에 위 그림 11-14와 같이 표시가 되면 정상적으로 코드가 동작하는 것이다.
이제 주소창에 여러 가지 URL을 입력해서 테스트 해 보도록 하자.

11-6 몇 가지 개선점

지금 상태로도 단순히 헤더를 확인할 수는 있지만 몇 가지 개선해야 하는 부분이 있
다. 먼저 눈치가 빠른 사람은 알아차렸겠지만 처음 웹뷰가 로드한 구글 페이지와
NSURLConnection이 로드한 구글 페이지는 조금 다르다. 이것은 웹뷰는 하나의 브라

우저처럼 작동하기 때문에 자신이 모바일 브라우저라는 것은 웹서버에 알려주었지만 NSURLConnection은 그런 작업을 자동으로 해 주지 않는다. 따라서 웹서버에게 모바일용 화면을 요청하는 것이라면 요청 헤더에 그 부분을 추가하는 것이 필요하다.

우리는 지금까지 웹서버의 응답에 대한 헤더만을 고려해 왔지만, 사실 요청을 보낼 때도 요청 헤더가 존재한다. 이 중에서 User-Agent라는 항목은 지금 유저가 어떤 상태에서 웹 페이지를 요청하는지에 대한 많은 정보가 담겨 있다. 대표적인 것이 유저의 OS의 종류와 버전, 웹브라우저의 종류와 버전이다.

- ⟨User-Agent 예⟩

- 아이폰 6 / iOS 8을 사용하는 경우

  Mozilla/6.0(iPhone; CPU iPhone OS 8_0 like Mac OS X) AppleWebKit/536.26(KHTML, like Gecko) Version/8.0 Mobile/10A5376e Safari/8536.25

- 아이패드 / iOS 8.2를 사용하는 경우

  Mozilla/5.0 (iPad; CPU OS 8_2 like Mac OS X) AppleWebKit/600.1.4 (KHTML, like Gecko) Version/8.0 Mobile/11A137 Safari/600.1.4

- 맥에서 Safari를 사용하는 경우

  Mozilla/5.0 (Macintosh; Intel Mac OS X 10_9_3) AppleWebKit/537.75.14 (KHTML, like Gecko) Version/7.0.3 Safari/7046A194A

- 맥에서 Chrome을 사용하는 경우

  Mozilla/5.0 (Macintosh; Intel Mac OS X 10_10_1) AppleWebKit/537.36 (KHTML, like Gecko) Chrome/37.0.2062.124 Safari/537.36

특별히 변경없이 사용해 왔다면 아마도 iOS Simulator에서 iPhone 6를 사용하고 있을 것이므로, iPhone 6의 User-Agent 샘플을 사용하도록 코드를 변경해 보자.

먼저 request( ) 메소드의 req를 선언하는 부분을 다음과 같이 수정하도록 하자.

```
//let req = NSURLRequest(URL: url)
let req = NSMutableURLRequest(URL:url)
```

이것은 NSURLRequest대신에 NSMutableURLRequest의 인스턴스를 생성한다.
NSMutableURLRequest는 NSURLRequest를 상속받은 클래스로 요청 데이터를 변경 가능하도록 해 준다.

그리고 다음과 같은 코드를 추가하자.

```
req.addValue("ko-kr", forHTTPHeaderField: "Accept-Language")

req.addValue("Mozilla/6.0 (iPhone; CPU iPhone OS 8_0 like Mac OS X)
AppleWebKit/536.26 (KHTML, like Gecko) Version/8.0 Mobile/10A5376e
Safari/8536.25", forHTTPHeaderField: "User-Agent")
```

이것은 요청헤더에 항목을 추가하는 것이다. 먼저 Accept-Language는 페이지의 언어를 지정해주는 것이다. 구글은 IP나 PC의 브라우저 언어를 인식해서 자동으로 그에 맞는 언어로 페이지를 표시한다. 여기서는 강제로 한국어로 표시하도록 하자. 그리고 User-Agent라는 항목을 위 문자열로 설정해준다. 이렇게 하면 구글은 스마트폰용 화면을 돌려준다. 완성된 request( ) 메소드는 다음과 같다.

```
@IBAction func request( ) {
        let url = NSURL(string:urlText.text!)!
        //let req = NSURLRequest(URL: url)
        let req = NSMutableURLRequest(URL:url)

        req.addValue("ko-kr", forHTTPHeaderField: "Accept-Language")
        req.addValue("Mozilla/6.0 (iPhone; CPU iPhone OS 8_0 like
```

```swift
Mac OS X) AppleWebKit/536.26 (KHTML, like Gecko)
Version/8.0 Mobile/10A5376e Safari/8536.25",
forHTTPHeaderField: "User-Agent")


let session = NSURLSession.sharedSession()
let task = session.dataTaskWithRequest(req) {
        (data, resp, error) -> Void in

        guard error == nil else {
                return
        }

        guard resp != nil else {
                print("resp is nil.")
                return
        }

        let httpResp = resp as? NSHTTPURLResponse
        guard httpResp != nil else {
                print("httpResp is nil.")
                return
        }

        dispatch_async(dispatch_get_main_queue()) {
                self.printResult(httpResp!)

                let mimeType = httpResp!.MIMEType
                let encode = httpResp!.textEncodingName

                self.webView.loadData(data!, MIMEType:
                mimeType!, textEncodingName: encode!,
                baseURL: url)
        }
```

```
        }

    task.resume()
}
```

이제 빌드해서 iOS Simulator에서 실행해 보면 그림 11-15와 같이 모바일용으로 레이아
웃이 정돈된 화면이 나올 것이다.

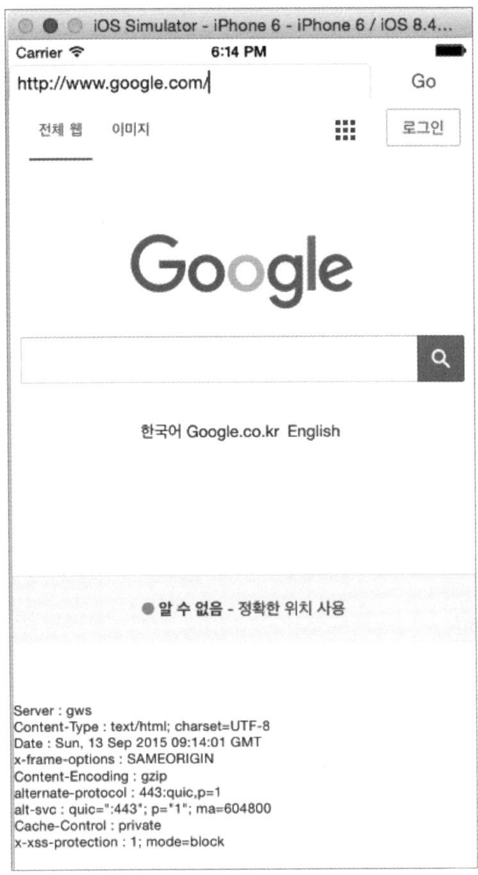

◆ 그림 11-15. 스마트폰용 화면

다음은 주소창에서 입력하는 키보드가 항상 기본 키보드가 나타나는데 사실 iOS에서는
초창기부터 URL을 입력하기 위한 키보드를 제공하고 있다. 이 키보드를 기본으로 나타나
도록 수정해 보자. Main.storyboard에서 Text Field를 선택하고, Attributes inspector를 열
도록 하자(옵션 + 커맨드 + 4).

아래 그림과 같이 아래쪽에 Keyboard라는 속성이 보일 것이다. 이것은 URL로 바꾸도록
하자.

◆ 그림 11-16. keyboard type 수정하기

수정하고서 빌드한 후에 실행하면 주소창에서 입력할 때 다음과 같은 키보드를 볼 수 있을 것이다.

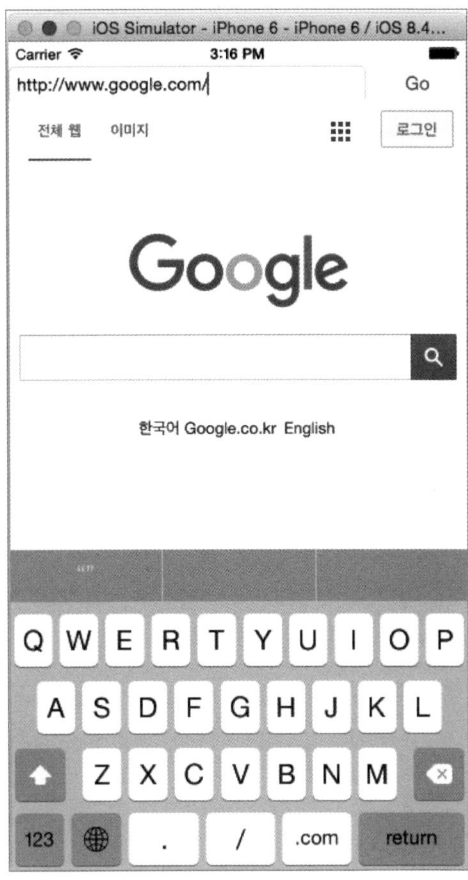

◆ 그림 11-17. 키보드 사용하기

이제 대강 헤더를 확인하기 위한 용도로 사용하기에 무리가 없을 듯 하다. 하지만, 조금 더 편한 도구로 사용하기 위해서는 아직 몇 가지 과제가 남아있다. 이 부분은 여러분이 직접 스스로 방법을 찾아보도록 하자.

❶ 지금은 User-Agent를 고정해서 한 가지에 대해서만 응답 헤더를 보여주고 있다. 이것은 자유롭게 변형할 수 있도록 만들어보자. 예를 들면 버튼을 하나 만들어 두고, 그 버튼을 누르면 User-Agent를 선택할 수 있는 뷰가 뜨는 방식도 좋다.

❷ 키보드에서 "Return"키를 터치했을 때 request( )를 호출할 수 있도록 수정해보자. 즉, Go 버튼을 누르지 않아도 키보드에서 직접 요청을 보낼 수 있으면 더 단편할 것이다.

❸ 주소창에서 입력했을 때 뿐만 아니라, 웹뷰에서 터치해서 이동할 때도 헤더 정보를 받을 수 있도록 수정해 보자(지금은 웹뷰에서 조작을 해도 request( )는 호출되지 않는다).

이것 말고도 여러 가지 개선점을 생각해 볼 수 있을 것이다. 여러분 스스로 생각을 해보고 개선시켜 나가보도록 하자.

＊ 과제에 대한 해답 파일은 혜지원 출판사 홈페이지(www.hyejiwon.co.kr) 자료실 혹은 https://github.com/Jinil-ha/swift-book-3rc에 예제 프로그램 소스코드와 함께 있으므로 다운받아 보시기 바랍니다.

memo

chapter 12

예제 프로그램 3 : 계산기 앱

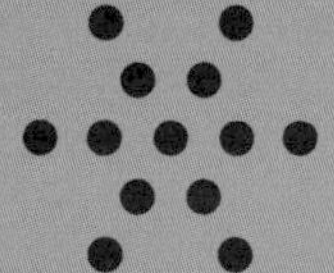

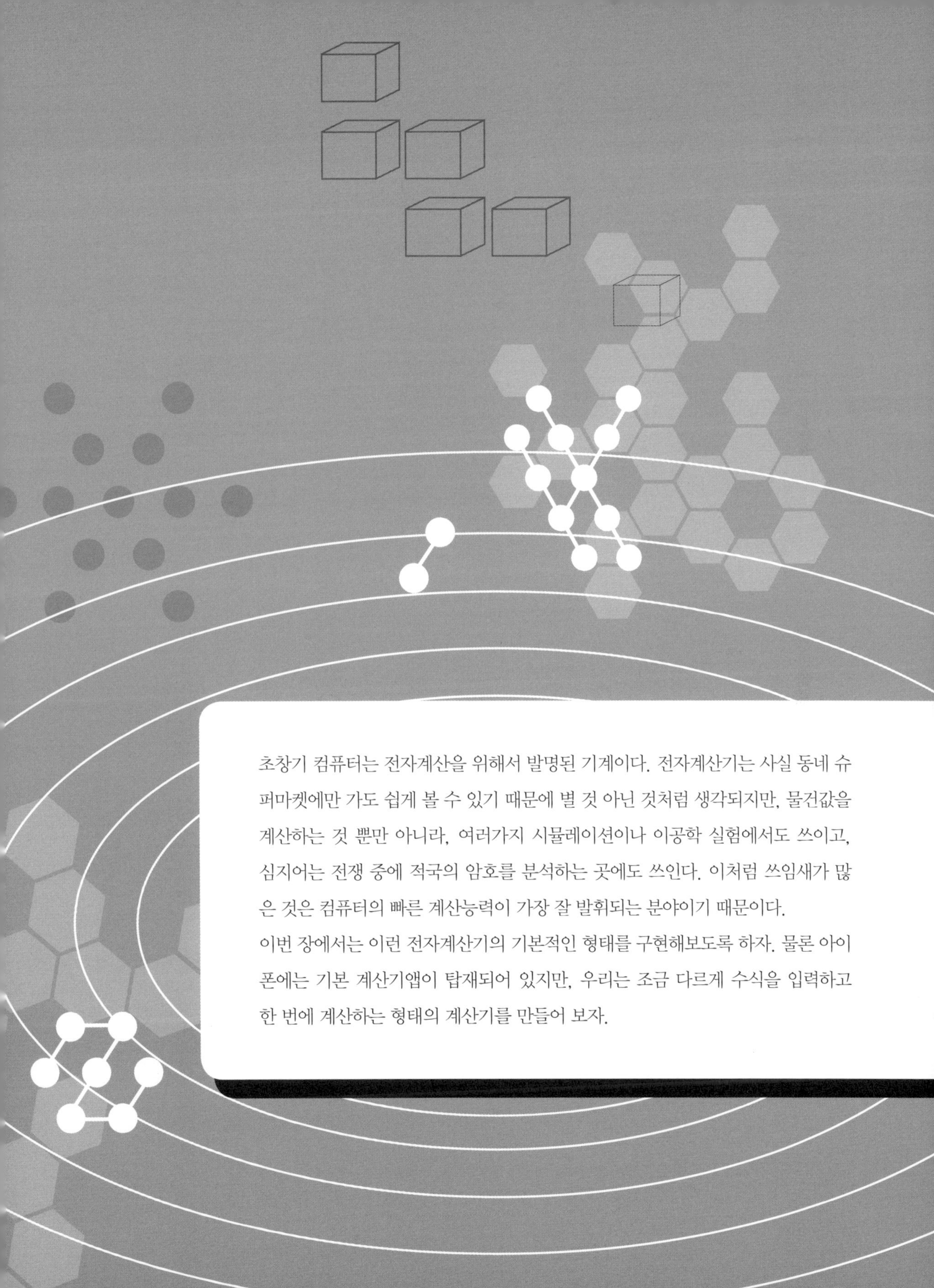

초창기 컴퓨터는 전자계산을 위해서 발명된 기계이다. 전자계산기는 사실 동네 슈퍼마켓에만 가도 쉽게 볼 수 있기 때문에 별 것 아닌 것처럼 생각되지만, 물건값을 계산하는 것 뿐만 아니라, 여러가지 시뮬레이션이나 이공학 실험에서도 쓰이고, 심지어는 전쟁 중에 적국의 암호를 분석하는 곳에도 쓰인다. 이처럼 쓰임새가 많은 것은 컴퓨터의 빠른 계산능력이 가장 잘 발휘되는 분야이기 때문이다.

이번 장에서는 이런 전자계산기의 기본적인 형태를 구현해보도록 하자. 물론 아이폰에는 기본 계산기앱이 탑재되어 있지만, 우리는 조금 다르게 수식을 입력하고 한 번에 계산하는 형태의 계산기를 만들어 보자.

12-1 프로젝트 시작하기

11장의 프로젝트와 마찬가지로 iOS Application의 "Single View Application"을 선택해서
프로젝트를 생성하도록 하자. 프로젝트의 이름은 적당히 Example3라고 입력하자.

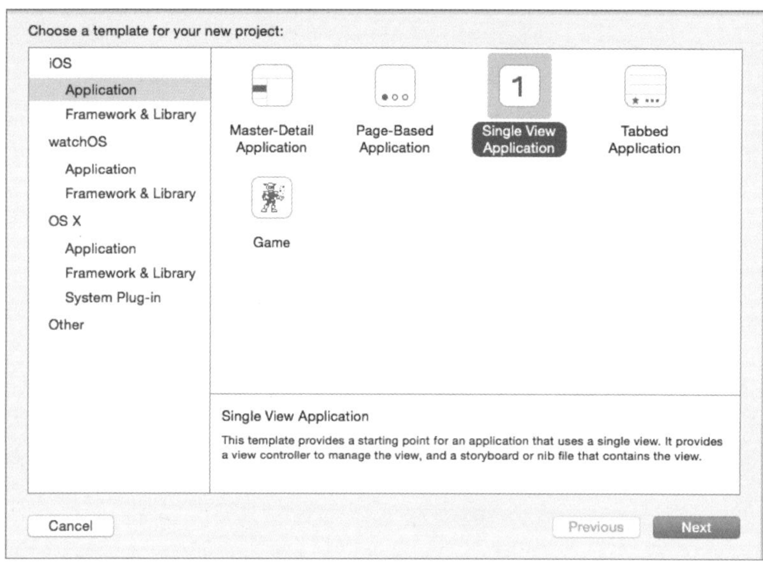

◆ 그림 12-1. 프로젝트 선택하기

예제에서는 여러 가지 컨트롤을 사용하여 화려하게 앱을 만드는 것이 아니라, 수식을 입
력받아서 연산자 별로 우선순위를 결정하고 정확하게 계산하는 것에만 집중하도록 하겠
다. 이 외에 이미지나 라벨을 이용하여 사용자 친화적으로 꾸미는 것은 자신이 직접 해보
도록 하자.

Choose options for your new project:

Product Name: Example3
Organization Name: Jinil
Organization Identifier: com.jinil
Bundle Identifier: com.jinil.Example3
Language: Swift
Devices: iPhone
☐ Use Core Data
☐ Include Unit Tests
☐ Include UI Tests

Cancel　　　Previous　Next

◆ 그림 12-2. 프로젝트 옵션

 12-2 뷰 만들기

일단 우리에게 꼭 필요한 것은 수식을 입력할 컨트롤러와 결과값을 출력할 컨트롤러이다. Main.storyboard를 클릭한 뒤에 오른쪽 아래의 Object Library에서 입력식을 받을 텍스트 필드와 결과값을 출력할 텍스트필드를 추가하도록 하자. 아래 검색창에서 "text"라고 입력하면 많은 컨트롤러와 컨트롤들을 스크롤하는 수고를 줄일 수 있다(실제로 마우스로 스크롤 하더라도 많이 내려야 하는 것은 아니지만, 지나쳐 버릴 수도 있고 여러 가지로 불편하다).

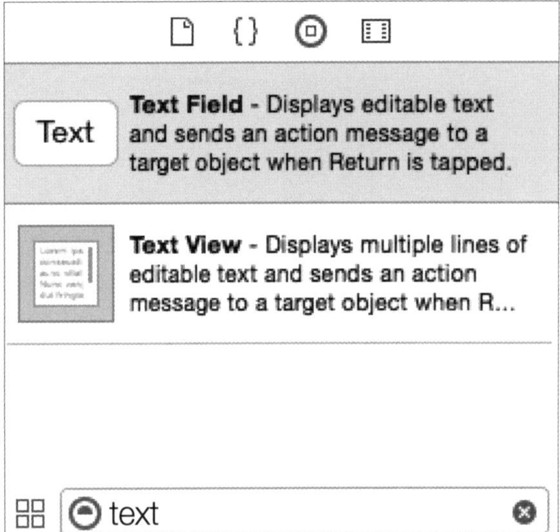

◆ 그림 12-3. Object Library

여기서 "Text Field"를 드래그해서 메인 뷰의 위에 놓아보자. 위치를 적당히 잡고, "Editor" → "Resolve Auto Layout Issues" → "Add Missing Constraints"를 선택해서 Constraint를 추가하자. 왼쪽의 트리구조가 그림 12-4처럼 되었다면 제대로 생성한 것이다.

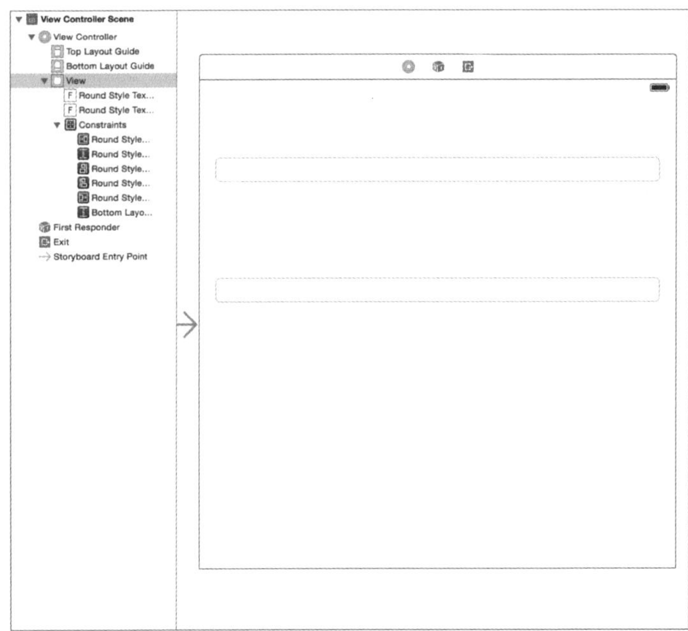

◆ 그림 12-4. View Controller Scene

이제 이 스토리보드에 개인적으로 설정하고 싶은 것이 있다면 설정하도록 하자. 예를 들면 위쪽의 입력 컨트롤과 아래쪽의 결과 컨트롤의 옆에 라벨을 추가할 수도 있다. 또는 입력 컨트롤을 선택한 뒤에 "Attributes Inspector"("View" → "Utilties" → "Show Attributes Inspector")에서 "Return Key" 속성을 "Done"으로 바꿀 수도 있다. 이것은 입력창에서 키보드로 입력을 끝내고 "완료"나 "Done" 키를 눌러서 바로 계산을 할 수 있도록 해 준다. 그렇지 않다면 따로 "계산" 버튼을 만드는 것도 좋다. 이 예제에서는 바로 계산을 하도록 한다.

Capitalization	None
Correction	Default
Spell Checking	Default
Keyboard Type	Default
Appearance	Default
Return Key	Done
	☐ Auto-enable Return Key
	☐ Secure Text Entry

◆ 그림 12-5. RenturnKey 속성 수정

이제 ViewController.swift를 선택해서 다음 아울릿을 추가하도록 하자.

```swift
@IBOutlet var expressionField:UITextField!
@IBOutlet var resultField:UITextField!
```

이 두개의 프로퍼티를 이제 각각 입력창과 출력창에 연결해 보자. Main.storyboard를 선택한 뒤에 View Controller의 Connections Inspector("View" → "Utilties" → "Show Connections Inspector")를 선택한 뒤에 표시되는 2개의 아울릿(expressionField와 resultField)을 끌어서 각각의 텍스트 필드에 연결한다. 다음과 같이 나타나면 아울릿을 제대로 연결한 것이다.

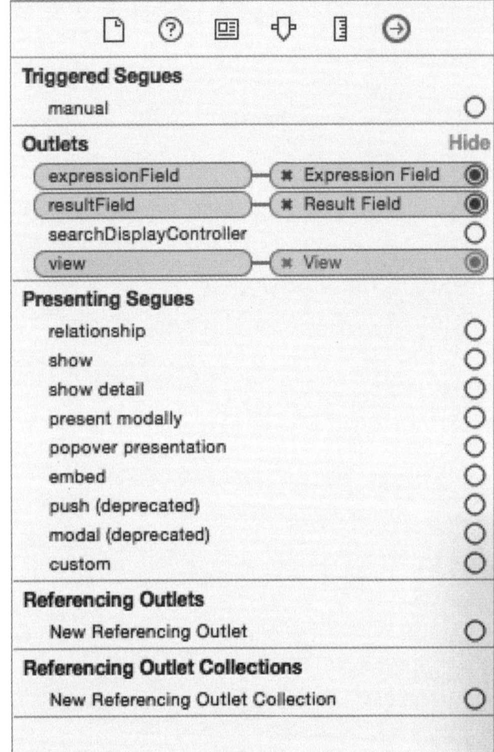

◆ 그림 12-6. 아울릿(Outlets) 연결하기

다만 두 개의 텍스트필드를 반대로 연결되지 않도록 주의하자.

다음으로 입력 텍스트필드에서 입력이 완료했을 때 처리해줄 delegate를 지정해야 하는데, 예제에서는 따로 만들기 번거롭기 때문에 ViewController에 그냥 연결하도록 하겠다. delegate에 대해서 정확히 이해하고 있다면 따로 뷰컨트롤러를 만들어서 delegate로 지정하는 것도 좋다.

Main.storyboard에서 입력 텍스트필드를 선택한 뒤에 Connections Inspector에서 delegate를 끌어서 View Controller에 연결하자. 다음과 같이 표시된다면 제대로 연결된 것이다.

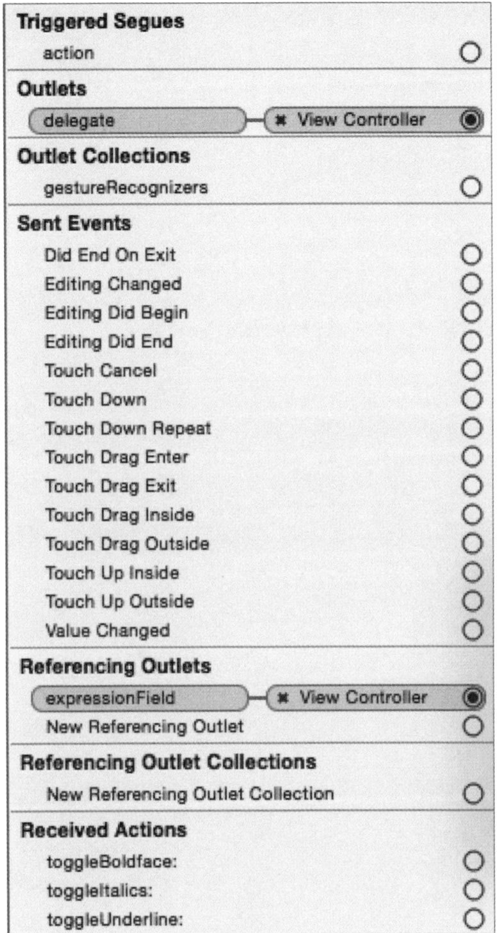

◆ 그림 12-7. delegate 지정하기

이제 delegate를 위한 메소드를 추가해보자. ViewController.swift에 다음 메소드를 작성한다.

```swift
func textFieldShouldReturn(textField: UITextField!) -> Bool
{
        // 키보드를 감춘다.
        textField.resignFirstResponder()

        // 입력식을 가져온다.

        // 입력식을 파싱한다.

        // 입력식을 계산한다.

        // 결과를 표시한다.

        return true
}
```

이 메소드가 하는 일은 단순한다. 먼저 입력을 위해서 표시되었던 키보드를 감춘다. 그리고 입력된 뮤자열을 가져와서 "파싱"하고 "계산"한 뒤에 결과를 "표시"하는 것이다.

먼저 "파싱"은 입력된 문자열을 계산 가능하도록 분리하는 과정이다. 예를 들어 "3+5"라는 문자열을 "3", "+", "5"의 3개의 요소로 나누는 것이다. 이 과정에서 이 프로그램이 인식하지 못하는 연산자나 잘못된 숫자의 형태(예를 들면 3.1.9나 2..9)를 인식해서 에러를 내도록 한다.

그럼 이제부터 입력식을 처리할 클래스인 Expression을 만들어보도록 하자. "File" →
"New" → "File"을 선택한 위에 Swift file을 생성하자. 파일의 이름은 Expression.swift로
지정하고 생성하도록 하자. 왼쪽의 Project Navigator에 Expression.swift가 생성된 것을
확인할 수 있을 것이다. 이제 이 파일을 선택해서 내용을 추가해보자.

```swift
class Expression {
    let string:String
    var elements:[String]?
    var result:String {
        get {
            return elements![0]
        }
    }

    init(_ string:String) {
        self.string = string
    }
}
```

먼저 프로퍼티는 string, elements, result 3개를 만든다. string과 elements는 저장 프로퍼티
이고, result는 get만 할 수 있는 계산 프로퍼티이다. string은 인력된 계산식이고, elements
는 이 입력식을 파싱한 결과로 각각의 요소를 배열로 저장한 것이다. 그리고 나중에 계산
을 하면 하나의 계산을 할 때마다 elements의 요소의 개수가 점점 줄어서 마지막에는 하나
만 남게 되고, 그 값이 계산식의 결과값이 된다.

즉, 다음과 같이 동작하게 된다.

```
1 + 5 * 3  (5개의 요소)
      ↓
1 + 15  (3개의 요소)
      ↓
16  (1개의 요소)
```

마지막으로 남은 하나의 요소가 이 계산식의 결과값이므로 result는 이 결과값을 반환하는 계산 프로퍼티가 된다.

그리고, Expression은 처음 생성할 때 계산식을 입력받도록 init 생성자를 만들었다.

이제 파싱하는 부분을 만들도록 하자. 다만 실제 파싱은 복잡한 작업이므로 별도의 클래스를 만들고, 그 클래스에게 맡기도록 하겠다. 따라서 파싱을 처리하는 메소드는 다음과 같은 간단한 형태가 된다.

```swift
func parse() -> Bool {
    let parser:Parser = Parser(string:string)

    self.elements = parser.parse()

    return self.elements != nil
}
```

여기서 Parser는 뒤에서 만들도록 하겠다(즉, 지금 빌드를 하면 에러가 발생할 것이다). 다만 사용 형태를 확실히 알고 있도록 하자. Expression의 인스턴스를 생성할 때 전달받은 string을 Parser에게 전달하고 파싱한 결과를 받아서 elements에 저장하는 것이 이 메소드가 하는 일의 전부이다. 만약 Parser의 parse( ) 메소드가 nil을 반환했다면 자신도 false를 리턴하면 된다.

이제 위 parse( ) 메소드에서 사용한 Parser 클래스를 만들어보자. Expression.swift와 마찬
가지로 Parse.swift를 생성한다.

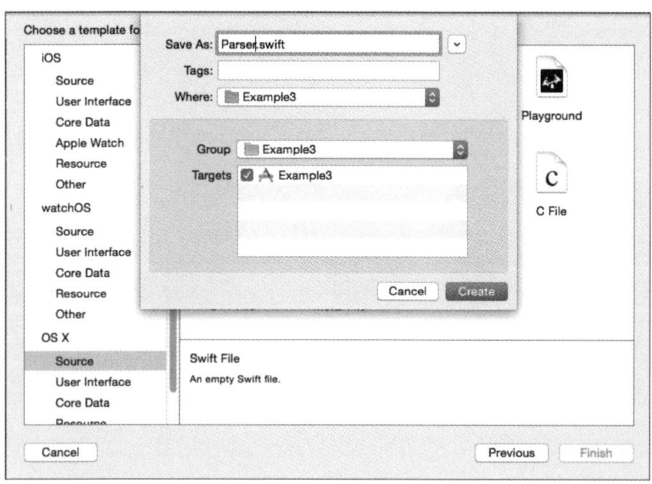

◆ **그림 12-8.** 소스 파일 추가하기

그리고 Parser.swift를 선택한 뒤에 다음과 같이 입력한다.

```swift
class Parser {
    let string:String

    init(string:String) {
        self.string = string
    }

    func parse() -> [String]? {
        return nil
    }
}
```

Expression과 마찬가지로 입력식을 받아서 인스턴스를 초기화하는 생성자를 가진다. 그리고 parse( ) → [String]? 메소드는 이 입력식을 각 요소 단위로 분해하여 [String] 배열로 만들어서 반환한다. 다만 파싱에 실패했을 때는 nil을 반환하기 위해서 Optional 형태를 취하고 있다.

이제 실제 파싱을 하기 전에 우리의 앱이 어떤 연산자를 인식하고 숫자는 어떤 형태를 취할 지를 결정해야 한다. 예제에서 처리하는 연산자의 종류는 다음과 같다.

우선 순위	연산자	의미
1	(,)	괄호, 우선처리
2	^	제곱
3	*, /, %	곱셈, 나눗셈, 나머지
4	+, −	덧셈, 뺄셈

◆ 표 12-1. 연산자 우선순위

이 외에도 우리가 인식해야 하는 연산자 외의 문자가 하나 더 있다. 바로 점(.)이다. 예를 들어 3.71과 같이 소수점 아래 숫자가 있는 경우도 있을 것이다. 다만 5.1.7과 같이 하나의 숫자 안에서 소수점이 두 번 쓰이는 경우는 에러를 발생해야 한다. 다만 .1이나 3.과 같은 경우는 0.1과 3.0으로 처리해 주어야 한다.

그리고 파싱하는 과정에서 연산자의 전후관계를 검사할 수 있다. 예를 들어 3 − + 1 과 같은 식은 잘못된 식이다. −와 +는 둘 다 이항연산자로 앞 뒤로 숫자를 가져야 하므로 연속해서 올 수가 없다. 이런 전후관계를 처리하기 위해서 파싱된 요소의 종류(숫자인가 연산자인가 괄호인가)를 처리하는 열거형을 만들어보자. Parser.swift에 다음과 같은 코드를 입력한다.

```swift
enum ParseType {
    case NONE, NUMBER, OPERATOR, BRACKET_OPEN, BRACKET_CLOSE
        func isSafe( nextParse:ParseType ) -> Bool {
            switch self {
            case NONE, OPERATOR, BRACKET_OPEN:
                    switch nextParse {
                    case NUMBER, BRACKET_OPEN:
                        return true

                    default:
                        return false
                    }

            case NUMBER:
                    switch nextParse {
                    case NUMBER, OPERATOR, BRACKET_CLOSE:
                        return true

                    default:
                        return false
                    }

            case BRACKET_CLOSE:
                    switch nextParse {
                    case OPERATOR, BRACKET_CLOSE:
                        return true

                    default:
                        return false
                    }
            }
        }
```

```swift
        func canLast() -> Bool {
                if self == NUMBER || self == BRACKET_CLOSE {
                        return true
                }
                return false
        }
}
```

파싱된 요소는 모두 5개의 상태를 가질 수 있다.

- **NONE** : 아직 파싱 전의 상태를 나타내기 위해서 사용된다. 즉 처음 파싱에서 나올 수 있는 요소를 체크하기 위함이다.
- **NUMBER** : 숫자나 소수점이 나올 경우에는 NUMBER로 처리한다.
- **OPERATOR** : 이항연산자이다. 즉 "+", "−", "*", "/", "%" 를 의미한다.
- **BRACKET_OPEN** : 열기 괄호이다. 즉 "("를 의미한다.
- **BRACKET_CLOSE** : 닫기 괄호이다. 즉 ")"를 의미한다.

열기 괄호와 닫기 괄호를 구분해서 처리하는 것은 앞뒤로 올 수 있는 것이 다르기 때문이다. 열기 괄호는 앞에 연산자를 뒤에 숫자를 가지지만 닫기괄호는 앞에 숫자를 뒤에 연산자(혹은 종료)를 가진다.

그리고 이 열거형의 isSafe( ) 메소드는 파싱 중에 정상적인 전후 관계인가를 체크하는 메소드이다. 예를 들어 NONE, OPERATOR, BRACKET_OPEN의 다음에는 NUMBER, BRACKET_OPEN만 올 수 있고, 그 외의 경우는 false를 리턴하고 있다.
또한 canLast( ) 메소드는 이 상태로 파싱을 마쳐도 되는가를 체크한다. 예를 들어 OPERATOR나 BRACKET_OPEN로 끝나는 식은 잘못된 것이다.
이렇게 전후관계만 따져봐도 파싱에서 많은 오류를 체크해 낼 수 있다.

그럼 이제 실제로 파싱을 해 보도록 하자. parse( ) 메소드의 내용을 다음과 같이 입력하도
록 하자.

```swift
func parse() -> [String]? {
var result:[String] = []

    var bracketCount:Int = 0
    var lastElement:String? = nil
    var lastParse:ParseType = ParseType.NONE
    var isPoint:Bool = false


    for ch in self.string {
        switch (ch) {
        case "0"..."9":
            if !lastParse.isSafe(ParseType.NUMBER) {
                return nil
            }

            if lastParse == ParseType.NUMBER {
                lastElement!.append(ch)
              } else {
                    if lastParse != ParseType.NONE {
                        result.append(lastElement!)
                        NSLog("element : \(lastElement!)")
                }

                    isPoint = false
                    lastParse = ParseType.NUMBER
                    lastElement = String(ch)
                }

            case ".":
                    if !lastParse.isSafe(ParseType.NUMBER) {
```

```swift
                        return nil
            }

                if lastParse != ParseType.NUMBER {
                    if lastParse != ParseType.NONE {
                        result.append(lastElement!)
                        NSLog("element : \(lastElement!)")
                    }

                lastParse = ParseType.NUMBER
                lastElement = String("0")
            } else if isPoint {
                return nil
            }


            isPoint = true
            lastElement!.append(ch)

        case "+","-","*","/","^","%":
            if !lastParse.isSafe(ParseType.OPERATOR) {
                return nil
            }


            if lastParse != ParseType.NONE {
                result.append(lastElement!)
                NSLog("element : \(lastElement!)")
            }


            lastParse = ParseType.OPERATOR
            lastElement = String(ch)

        case "(":
            if !lastParse.isSafe(ParseType.BRACKET_OPEN) {
```

```swift
            return nil
        }

        if lastParse != ParseType.NONE {
        result.append(lastElement!)
        NSLog("element : \(lastElement!)")
        }


        bracketCount++


        lastParse = ParseType.BRACKET_OPEN
        lastElement = String(ch)
        break


case ")":
    if !lastParse.isSafe(ParseType.BRACKET_CLOSE) {
        return nil
    }


    if lastParse != ParseType.NONE {
        result.append(lastElement!)
        NSLog("element : \(lastElement!)")
    }


    bracketCount--
    if bracketCount < 0 {
        return nil
    }


    lastParse = ParseType.BRACKET_CLOSE
    lastElement = String(ch)
    break
```

```swift
                case " ":
                break;

                default:
                    NSLog("ERROR : cannot parsing character '%@'",
                    String(ch))
                    return nil
            }
        }

        if bracketCount != 0 {
            return nil
        }

        if !lastParse.canLast() {
            return nil
        }

        result.append(lastElement!)
        NSLog("element : \(lastElement!)")

        return result
}
```

메소드의 내용이 많지만 하나씩 차례대로 확인해 보도록 하자.

```
var result:[String] = []

var bracketCount:Int = 0
var lastElement:String? = nil
var lastParse:ParseType = ParseType.NONE
var isPoint:Bool = false
```

메소드에서 사용할 로컬 인스턴스들을 선언한 것이다. result는 반환할 파싱 결과이고, lastElement와 lastParse는 파싱하고 있는 마지막 상태를 저장한 것이다.

위에서 체크를 했던 파싱 요소의 전후관계만을 가지고 체크할 수 없는 에러가 몇 가지 있는데, 하나는 괄호의 열고 닫은 상태와 소수점의 개수이다.

먼저 괄호의 열고 닫음은 괄호는 파싱하는 동안 연만큼만 닫을 수 있고, 마지막으로 괄호를 연 만큼 모두 닫아야 한다는 것이다. 즉 "(3 + 6))((8 * 2)"는 열림 괄호와 닫음 괄호의 개수는 같지만 파싱 도중 열지 않은 괄호를 닫았기 때문에 잘못된 계산식이다. 그리고 "((3 ^ 8)"도 열린 괄호를 모두 닫지 않았기 때문에 잘못된 식이다. bracketCount는 이 열린 괄호의 개수를 체크하기 위한 인스턴스이다.

그리고 숫자는 하나의 소수점만을 가질 수 있다는 점을 체크하기 위해서 isPoint를 사용한다. isPoint는 지금 파싱 중인 숫자가 소수점을 가지고 있다는 것을 의미한다. 이미 소수점을 가지고 있는 숫자가 한 번 더 소수점을 가지면 에러를 발생시키면 되기 때문이다.

```swift
for ch in self.string {
    switch (ch) {
    ...
    }
}
```

초기화 때 입력받은 입력식을 하나의 문자씩 분기해가며 파싱하는 구문이다.

```swift
case "0"..."9":
    if !lastParse.isSafe(ParseType.NUMBER) {
        return nil
    }


    if lastParse == ParseType.NUMBER {
        lastElement!.append(ch)
    } else {
        if lastParse != ParseType.NONE {
            result.append(lastElement!)
            NSLog("element : \(lastElement!)")
        }

        isPoint = false
        lastParse = ParseType.NUMBER
        lastElement = String(ch)
    }
```

먼저 "0"..."9"는 0에서 9까지의 문자를 의미한다. 그러므로 이 경우는 숫자로 처리하면 된다. 먼저 마지막으로 파싱했던 타입(lastParse)의 뒤에 숫자(ParseType.NUMBER)가 올 수 있는 지 체크를 한다.

다음으로 마지막으로 파싱했던 타입이 숫자라면 lastElement의 마지막에 해당 숫자를 추가한다. 예를 들어 "352"를 파싱하고 있었는데 "7"이 연결되어 있다면 "3527"을 마지막 파싱한 요소로 하는 것이다.

그리고 지난 파싱했던 요소가 숫자가 아니라면 새로운 요소로서 처리하면 된다. 물론 이 때는 isPoint로 false로 리셋하도록 한다.

```
case ".":
    if !lastParse.isSafe(ParseType.NUMBER) {
        return nil
    }


    if lastParse != ParseType.NUMBER {
        if lastParse != ParseType.NONE {
            result.append(lastElement!)
            NSLog("element : \(lastElement!)")
        }


        lastParse = ParseType.NUMBER
        lastElement = String("0")
    } else if isPoint {
        return nil
    }


    isPoint = true
    lastElement!.append(ch)
```

소수점(".")이 입력되었을 때는 "0"..."9"와 비슷하게 숫자로 처리하면 된다. 다만 소수점 전에 숫자가 없었다면 "0"을 추가해주고, 이미 소수점을 가지고 있는 숫자라면 에러를 리턴하면 된다.

```swift
case "+","-","*","/","^","%":
        if !lastParse.isSafe(ParseType.OPERATOR) {
                return nil
        }


        if lastParse != ParseType.NONE {
                result.append(lastElement!)
                NSLog("element : \(lastElement!)")
        }


        lastParse = ParseType.OPERATOR
        lastElement = String(ch)
```

이항연산자의 경우는 전후관계만 문제가 없으면 요소로 추가하면 된다. 모든 이항연산자는 하나의 문자로 되어 있기때문에 append하거나 할 일도 없다.

```swift
case "(":
        if !lastParse.isSafe(ParseType.BRACKET_OPEN) {
                return nil
        }


        if lastParse != ParseType.NONE {
                result.append(lastElement!)
                NSLog("element : \(lastElement!)")
        }
```

```swift
            bracketCount++

            lastParse = ParseType.BRACKET_OPEN
            lastElement = String(ch)
            break

    case ")":
            if !lastParse.isSafe(ParseType.BRACKET_CLOSE) {
                    return nil
            }

            if lastParse != ParseType.NONE {
                    result.append(lastElement!)
                    NSLog("element : \(lastElement!)")
            }

            bracketCount--
            if bracketCount < 0 {
                    return nil
            }

            lastParse = ParseType.BRACKET_CLOSE
            lastElement = String(ch)
            break
```

괄호의 경우는 파싱하는 요소의 전후관계 외에도 bracketCount를 더하거나 빼주고, 0보다 작아지는지 체크해야 한다. 그 외에는 이항 연산자와 크게 다를 것이 없다.

```
case " ":
        break;
```

계산식에 공백(" ")이 입력되었을 때는 완전히 무시하도록 한다. 예를 들어 "3 5 7"과 같은 숫자도 "357"로 인식을 하고 연산자나 괄호, 숫자 사이에 공백이 들어오더라도 없는 것과 같이 처리하도록 한다. 공백은 계산과는 무관하지만 미관을 위해서 사용될 수 있기 때문에 입력된다고 에러로 처리할 필요는 없다.

```
default:
        NSLog("ERROR : cannot parsing character '%@'", String(ch))
        return nil
```

그 외의 모든 문자는 모두 에러로 처리하도록 한다. NSLog를 사용해서 콘솔에 에러를 일으킨 문자를 출력하면 나중에 디버깅하기가 좀 더 수월해 질 것이다.

```
if bracketCount != 0 {
        return nil
}


if !lastParse.canLast() {
        return nil
}
```

이 부분은 모든 문자에 대한 파싱 처리가 끝나고, 괄호의 열고닫은 개수와 마지막 파싱된 요소를 체크함으로써 오류가 없는 지를 확인한다. 만약 계산식이 "*"나 "+"로 끝나거나 중간에 괄호가 닫히지 않았거나 하면 에러를 리턴해준다.

```
result.append(lastElement!)
NSLog("element : \(lastElement!)")


return result
```

파싱하는 과정을 유심히 살펴보면 실제 배열에 요소를 추가(append)하는 것은 새로운 요소가 나왔다고 판단할 때이다. 이것은 숫자의 경우 아직 끝났는 지 뒤에 소수점이나 새로운 숫자가 더 나올 지 알 수 없기 때문이다. 그러므로, 모든 문자에 대한 처리가 끝난 뒤에 마지막 요소(lastElement)를 배열에 추가하는 처리를 해 준다.
그리고 마지막으로 드디어 우리가 파싱한 결과인 배열을 리턴한다.

이렇게 파싱을 함으로써 계산식의 문법에 어긋나는 부분이 있는지 체크할 수 있다. 파싱이 정상적으로 되었다면 문제없이 계산을 할 수 있다는 것을 의미한다.

12-5 계산하기

이제 파싱한 요소의 배열을 사용하여 계산을 하도록 하자.

입력된 계산식은 요소별로 파싱되어 elements 배열에 들어있다. 이제 이 배열에서 요소를 하나씩 꺼내어 계산하면 된다. 이 때 생각할 것이 계산의 우선순위이다. 예를 들어 다음과 같은 식이 있다고 하자.

```
4 + 5 * 2
```

여기서 덧셈(+)을 먼저 계산하면 안되고, 곱셈(*)이 뒤에 있음에도 불구하고 우선순위가 높기 때문에 먼저 계산을 해야 한다. 각 연산자의 우선순위는 표 12-1을 참조하도록 하자. 다만 괄호의 경우는 이항연산자들과는 다르게 처리해야 한다. 괄호의 경우는 괄호로

둘러싸인 부분을 먼저 계산을 해야한다. 이때 재귀호출(자기 자신을 다시 호출하는 것)을
사용할 수 있다. 즉, 계산하는 메소드는 어떤 부분을 처리할지 파라미터로 받아서 처리를
하고 괄호를 만나는 그 부분부터 다시 자신을 호출하면 된다.

Expression.swift를 선택하고 Expression 클래스에 다음 메소드를 추가하도록 하자.

```swift
func calculate(index:Int = 0) -> Bool {

    // 괄호를 우선처리한다.
    var len = elements!.count
    for var idx = index; idx < len; idx++ {
        let element = elements![idx]
        if element == "(" {
            self.calculate(idx+1)
            elements!.removeAtIndex(idx)   // delete (
            elements!.removeAtIndex(idx+1) // delete )

            len = elements!.count
        } else if element == ")" {
            len = idx
        }
    }

    // 제곱계산 (^) 을 처리한다.
    for var idx = index; idx < len; idx++ {
        let element = elements![idx]
        if element == "^" {
            let num1 = (elements![idx-1] as NSString).
                doubleValue
            let num2 = (elements![idx+1] as NSString).
                doubleValue
            let result = String(format:"%f",
```

```
                    pow(num1,num2))

            NSLog("Calculating : \(num1) ^ \(num2) =
             \(result)")


            elements!.removeAtIndex(idx)
            elements!.removeAtIndex(idx)
            len = len - 2


            elements![--idx] = result
        }
    }


    // 곱셈(*), 나눗셈(/), 나머지(%)를 처리한다.
    for var idx = index; idx < len; idx++ {
            let element = elements![idx]
if element == "*" {
        let num1 = (elements![idx-1] as NSString).
        doubleValue
        let num2 = (elements![idx+1] as NSString).
        doubleValue
        let result = String(format:"%f", num1 * num2)

        NSLog("Calculating : \(num1) * \(num2) =
        \(result)")


        elements!.removeAtIndex(idx)
        elements!.removeAtIndex(idx)
        len = len - 2


        elements![--idx] = result
} else if element == "/" {
        let num1 = (elements![idx-1] as NSString).
```

```swift
        doubleValue
    let num2 = (elements![idx+1] as NSString).
        doubleValue
    let result = String(format:"%f", num1 / num2)

    NSLog("Calculating : \(num1) / \(num2) =
        \(result)")

    elements!.removeAtIndex(idx)
    elements!.removeAtIndex(idx)
    len = len - 2

    elements![--idx] = result
} else if element == "%" {
    let num1 = (elements![idx-1] as NSString).
        doubleValue
    let num2 = (elements![idx+1] as NSString).
        doubleValue
    let result = String(format:"%f", num1 % num2)

    NSLog("Calculating : \(num1) %% \(num2) =
        \(result)")

    elements!.removeAtIndex(idx)
    elements!.removeAtIndex(idx)
    len = len - 2

    elements![--idx] = result
    }
}

// 덧셈(+), 뺄셈(-)을 처리한다.
for var idx = index; idx < len; idx++ {
```

```swift
            let element = elements![idx]
            if element == "+" {
                let num1 = (elements![idx-1] as NSString).
                        doubleValue
                let num2 = (elements![idx+1] as NSString).
                        doubleValue
                let result = String(format:"%f", num1 + num2)

                NSLog("Calculating : \(num1) + \(num2) =
                        \(result)")

                elements!.removeAtIndex(idx)
                elements!.removeAtIndex(idx)
                len = len - 2

                elements![--idx] = result
        } else if element == "-" {
                let num1 = (elements![idx-1] as NSString).
                    doubleValue
                let num2 = (elements![idx+1] as NSString).
                    doubleValue
                let result = String(format:"%f", num1 - num2)

                NSLog("Calculating : \(num1) - \(num2) =
                    \(result)")

            elements!.removeAtIndex(idx)
            elements!.removeAtIndex(idx)
            len = len - 2

            elements![--idx] = result
        }
}
```

```
        if elements!.count > 1 {
                return false
        }


        return true
}
```

먼저 파라미터로 전달받은 index는 자신이 계산해야하는 부분의 시작 인덱스이다. 만약 괄호를 만나면 그 부분의 인덱스를 전달해서 자기자신(calculate 메소드)을 호출하면 된다. 이 calculate 메소드는 계산식의 결과를 따로 리턴하는 것이 아니라 인스턴스의 저장 프로퍼티이자 자신이 계산을 하고 있는 요소의 배열(elements)에 그대로 저장한다. 다만 주의할 것은 자신의 계산이 끝나면 elements에서 결과값을 제외한 요소를 모두 삭제해버린다. 그래야 자신을 호출한 상위의 calculate 메소드가 엉뚱하게 한 번 더 계산하지 않기 때문이다.

3+(1-2) * 5

⇩

3+(-1) * 5

⇩

3+ -1 * 5

◆ 표 12-2. 연산 순서

즉 처음에 호출된 calculate 메소드는 괄호를 만나면 calculate(3)을 호출하게 된다. 이것은 괄호가 인덱스 2에 있기 때문에 그 다음부터 계산하라는 것을 의미한다. 그럼 calculate(3)은 1 − 2를 계산하여 elements의 인덱스 3의 값을 1에서 −1로 바꾸로 인덱스 4와 인덱스 5의 요소를 배열에서 삭제한다. 그럼 elements는 9개의 요소에서 7개의 요소를 가지는 배열로 바뀌게 된다.

이때 사용하는 removeAtIndex( ) 메소드는 스위프트가 배열형에 기본적으로 제공하는 메소드로 해당 인덱스의 요소를 삭제하고는 그 뒤의 요소들을 하나씩 당겨준다. 즉 배열의 크기가 하나 줄게 되는 것이다.

```swift
// 괄호를 우선처리한다.
var len = elements!.count
for var idx = index; idx < len; idx++ {
        let element = elements![idx]
        if element == "(" {
                self.calculate(idx+1)
                elements!.removeAtIndex(idx) // delete (
                elements!.removeAtIndex(idx+1)    // delete )


                len = elements!.count
        } else if element == ")" {
                len = idx
        }
}
```

여기서 self.calculate(idx+1)이 재귀호출을 하는 부분이다. 이렇게 호출을 하고 나면 크기가 준 elements가 남게 된다. 그 다음에 removeAtIndex를 사용해서 계산하고 남은 괄호를 삭제한다. 이때 idx와 idx+1을 삭제하는 것에 주의하도록 하자.

언뜻 생각하면 idx와 idx+2의 인덱스의 요소를 삭제하는 것으로 생각할 수 있지만, idx를 삭제하고 나면, 해당 요소는 없어지고 그 뒤의 요소들이 하나씩 당겨지기 때문에 닫힘 괄호는 idx+1의 인덱스에 위치하게 된다.

```
         ( 5 )

  idx  idx+/ idx +2

         ⇩

         5 )

    idx  idx+1

         ⇩

          5

         idx
```

◆ 표 12-3. 괄호의 위치

그리고, 재귀호출이 되지 않고(열림 괄호없이) 닫힘 괄호를 만났을 때는 이 지점에서 계산을 마치기 위해서 식의 길이를 idx로 변경한다. 그럼 닫힘 괄호의 앞까지만 계산하고 calculate 메소드는 리턴하게 된다. 단순히 for문을 빠져나오기 위해서는 break문을 사용하면 되지만, 이 경우는 아래에 연산자들의 연산이 이번 호출의 범위(열림 괄호와 닫힘 괄호의 사이)에서만 처리하도록 하기 위해서 len = idx와 같이 처리한다.

```swift
// 제곱계산(^)을 처리한다.
for var idx = index; idx < len; idx++ {
        let element = elements![idx]
        if element == "^" {
                let num1 = (elements![idx-1] as NSString).
                        doubleValue
                let num2 = (elements![idx+1] as NSString).
                        doubleValue
                let result = String(format:"%f", pow(num1,num2))

                NSLog("Calculating : \(num1) ^ \(num2) =
                        \(result)")
```

```
                    elements!.removeAtIndex(idx)

                    elements!.removeAtIndex(idx)

                    len = len - 2


                    elements![--idx] = result

           }
    }
```

이 코드는 연산범위(index에서 len까지의 인덱스)에서 모든 "^"를 찾아서 계산을 하는 것이다. 이것은 "^" 연산자가 가장 우선순위가 높기 때문에 먼저 처리를 하는 것이다. 연산자의 우선순위는 표 12-1을 참조하도록 하자.

그 뒤의 구문도 제곱연산과 크게 다를 것이 없다. 우선순위의 차례대로 산술적인 연산을 하는 코드이다. 다만, 주의할 것은 괄호와 마찬가지로 배열에서 연산 결과만을 남기고 2개의 요소를 삭제하는 것과 len을 재설정하는 것이다. 우리는 이항연산자만을 지원하므로 2개의 요소를 삭제하고 len을 2만큼 빼주면 된다.

```
if elements!.count > 1 {
        return false
}
```

그리고, 마지막으로 모든 연산이 끝난 뒤에 elements의 배열이 1보다 크면 계산이 끝나지 않았거나, 계산오류가 발생한 것이다. 자세히보면 재귀호출 할 때는 반환값을 확인하는 구문이 없다는 것을 알 수 있을 것이다. 이것은 재귀호출은 괄호 안의 식만 계산하므로 분명 false를 반환할 것이기 때문이다. 즉, 제일 처음 호출한 calculate의 반환값만 살펴보면 된다.

이제 Expression 클래스가 완성되었다. 이 클래스의 인스턴스 메소드를 사용하여 실제로 동작하도록 하는 일만 남았다.

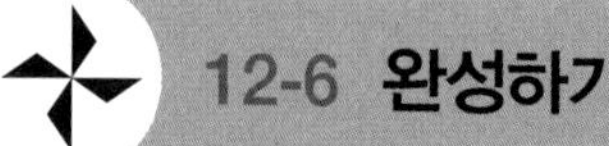

ViewController의 delegate 처리에서 실제 계산을 하게 되지만 지금은 주석만이 있을 뿐이다. 이제 여기에 우리가 작성한 Expression 클래스의 인스턴스를 생성하여 실제 계산하고 그 결과값을 출력하도록 해 보자. ViewController.swift를 선택하여 textFieldShouldReturn의 내용을 다음과 같이 수정해 보자.

```swift
func textFieldShouldReturn(textField: UITextField!) -> Bool {
    // 키보드를 감춘다.
    textField.resignFirstResponder()

    // 입력식을 가져온다.
    let expression = Expression(expressionField.text)

    // 입력식을 파싱한다.
    if !expression.parse() {
        resultField.text = "Parsing error!"
        return false
    }

    // 입력식을 계산한다.
    if !expression.calculate() {
        resultField.text = "Calculation error!"
        return false
    }

    // 결과를 표시한다.
    resultField.text = expression.result
    return true
}
```

Expression 클래스의 인스턴스 expression을 생성하고, 파싱한(parse) 뒤에 계산해서 (calculate) 그 결과값을 resultField에 출력한다.

이제 프로젝트를 빌드해서 시뮬레이터에서 실험해보도록 하자. 아래와 같은 복잡한 식을 넣어도 바로 결과값을 출력하는 것을 볼 수 있을 것이다.

```
4^3+6.82 % (4-1.2*2)-5/1 .9
```

물론 공백도 잘 무시하고 있고, 정확한 결과값을 출력하는 것을 알 수 있다. 만약 계산과 정을 확인하고 싶다면 콘솔창에 다음과 같이 출력되는 것을 볼 수 있다.

```
2015-06-13 17:28:50.011 Example3[5896:853265] element : 4
2015-06-13 17:28:50.011 Example3[5896:853265] element : ^
2015-06-13 17:28:50.011 Example3[5896:853265] element : 3
2015-06-13 17:28:50.011 Example3[5896:853265] element : +
2015-06-13 17:28:50.012 Example3[5896:853265] element : 6.82
2015-06-13 17:28:50.012 Example3[5896:853265] element :
2015-06-13 17:28:50.012 Example3[5896:853265] element : (
2015-06-13 17:28:50.012 Example3[5896:853265] element : 4
2015-06-13 17:28:50.012 Example3[5896:853265] element : -
2015-06-13 17:28:50.013 Example3[5896:853265] element : 1.2
2015-06-13 17:28:50.013 Example3[5896:853265] element : *
2015-06-13 17:28:50.013 Example3[5896:853265] element : 2
2015-06-13 17:28:50.015 Example3[5896:853265] element : )
2015-06-13 17:28:50.015 Example3[5896:853265] element : -
2015-06-13 17:28:50.015 Example3[5896:853265] element : 5
2015-06-13 17:28:50.016 Example3[5896:853265] element : /
2015-06-13 17:28:50.016 Example3[5896:853265] element : 1.9
2015-06-13 17:28:50.018 Example3[5896:853265] Calculating : 1.2 *
2.0 = 2.400000
2015-06-13 17:28:50.018 Example3[5896:853265] Calculating : 4.0 -
```

```
2.4 = 1.600000
2015-06-13 17:28:50.018 Example3[5896:853265] Calculating : 4.0 ^
3.0 = 64.000000
2015-06-13 17:28:50.018 Example3[5896:853265] Calculating : 6.82
% 1.6 = 0.420000
2015-06-13 17:28:50.018 Example3[5896:853265] Calculating : 5.0 /
1.9 = 2.631579
2015-06-13 17:28:50.018 Example3[5896:853265] Calculating : 64.0
+ 0.42 = 64.420000
2015-06-13 17:28:50.033 Example3[5896:853265] Calculating : 64.42
- 2.631579 = 61.788421
```

여기서 파싱되는 과정과 계산되는 과정을 확인할 수 있다. 그리고, 잘못된 식을 입력하면 다음과 같이 결과창에 나올 것이다.

```
Parsing error!
```

또한 이 경우에도 콘솔창을 확인해서 어디에서 오류가 발생했는지 확인할 수 있다. 예를 들어 다음과 같은 식을 입력해보자.

```
(4+1)^7-5(3-1)
```

그럼 파싱 에러가 일어나며 콘솔창에 다음과 같은 로그가 남을 것이다.

```
2015-06-14 10:58:03.689 Example3[6426:966774] element : (
2015-06-14 10:58:03.689 Example3[6426:966774] element : 4
2015-06-14 10:58:03.690 Example3[6426:966774] element : +
2015-06-14 10:58:03.690 Example3[6426:966774] element : 1
```

```
2015-06-14 10:58:03.690 Example3[6426:966774] element : )
2015-06-14 10:58:03.690 Example3[6426:966774] element : ^
2015-06-14 10:58:03.690 Example3[6426:966774] element : 7
2015-06-14 10:58:03.690 Example3[6426:966774] element : -
```

즉, "−"의 다음에 있는 부분에서 에러가 발생한 것이다. "5("를 파싱하면서 숫자 다음에 괄호가 나왔기 때문에 에러가 발생했다는 것을 유추할 수 있다.

12-7 개선하기

이제, 앱이 제대로 동작하는 것을 확인할 수 있었다. 하지만, 아직 전체적으로 코드를 좀 더 깔끔하고 최적화할 수 있는 여지가 있다. 이번에는 완성된 소스코드를 좀 더 개선해보도록 하자.

Expression 클래스의 calculate 메소드에서 이항연산자에 대해 계산하는 부분에서 거의 비슷한 코드가 반복되는 것을 알 수 있다. 실제 2개의 숫자를 계산하는 부분과 로그를 남기는 부분 이외에는 같은 코드를 실행하고 있다. 따라서 일련의 처리를 다른 함수에게 맡기고, 서로 다른 부분만 클로저에게 처리하도록 하면 가독성이 높은 코드가 될 것이다.
먼저, 일련의 처리를 해 줄 함수를 인스턴스 메소드로 만들어 보자. Expression 클래스에 다음과 같은 코드를 추가한다.

```
func process(inout idx:Int, inout _ len:Int, _ cal:(Double,Double)
-> Double) {
        let num1 = (self.elements![idx-1] as NSString).doubleValue
        let num2 = (self.elements![idx+1] as NSString).doubleValue

        let result = String(format:"%f", cal(num1,num2))
```

```
    NSLog("Calculating : \(num1) \(self.
elements![idx])                    \(num2) = \(result)")

    self.elements!.removeAtIndex(idx)
    self.elements!.removeAtIndex(idx)
    len = len - 2


    elements![--idx] = result
}
```

idx와 len는 계산처리를 하는 도중 끊임없이 변화하는 변수이므로 inout 속성을 가진 파라
미터로 넘겨받는다. 그리고 나중에 실제 계산하는 부분만 맡길 함수타입을 파라미터로 넘
겨받는다.

실제 메소드의 내용은 calculate 메소드에 있는 내용을 거의 그대로 복사한 뒤에 약간의 수
정만 하면 된다. pow(num1,num2)와 같이 계산하는 부분을 함수타입인 cal을 호출하도록
수정하고, 로그를 출력하는 부분의 연산자를 elements 배열에서 가져오도록 한다. 이것 역
시 함수타입의 파라미터에 맡길 수 있지만 그러면 넘겨받는 함수가 복잡해지므로 간단하
게 요소들의 배열에서 가져와서 출력하도록 하자. 그 외의 코드는 calculate의 코드 일부분
과 완전히 동일하다.

이제 이렇게 만든 process 메소드를 호출하도록 하자. 제곱계산하는 부분의 코드를 모두
삭제한 뒤에 다음과 같은 코드로 만들 수 있다.

```
process(&idx, &len, { (num1:Double, num2:Double) -> Double in
pow(num1, num2) })
```

두 개의 Double형의 파라미터를 받아서 계산 결과를 Double형으로 돌려주는 기본적인
클로저의 형태를 하고 있다. 하지만, 앞에서 공부하였듯이 좀 더 간단한 형태의 클로저를
만들 수도 있다.

```
process(&idx, &len, { pow($0, $1) })
```

또는 극단적으로 연산자나 같은 형태의 함수를 그대로 이름만 넘겨줄 수도 있다.

```
process(&idx, &len, pow)
```

이렇게 모든 계산 처리 부분을 process 메소드를 호출하도록 변경하면 calculate 메소드는 다음과 같이 간략하게 만들 수 있다.

```swift
func calculate(_ index:Int = 0) -> Bool {

        // 괄호를 우선처리한다.
        var len = elements!.count
        for var idx = index; idx < len; idx++ {
                let element = elements![idx]
                if element == "(" {
                        self.calculate(idx+1)
                        elements!.removeAtIndex(idx)          // delete (
                        elements!.removeAtIndex(idx+1)        // delete )

                        len = elements!.count
                } else if element == ")" {
                        len = idx
                }
        }


        // 제곱계산(^)을 처리한다.
        for var idx = index; idx < len; idx++ {
                let element = elements![idx]
                if element == "^" {
```

```swift
                process(&idx, &len, pow)
        }
}


// 곱셈(*), 나눗셈(/), 나머지(%)를 처리한다.
for var idx = index; idx < len; idx++ {
        let element = elements![idx]
        if element == "*" {
                process(&idx, &len, *)
        } else if element == "/" {
                process(&idx, &len, /)
        } else if element == "%" {
                process(&idx, &len, %)
        }
}


// 덧셈(+), 뺄셈(-)을 처리한다.
for var idx = index; idx < len; idx++ {
        let element = elements![idx]
        if element == "+" {
                process(&idx, &len, +)
        } else if element == "-" {
                process(&idx, &len, -)
        }
}


if elements!.count > 1 {
        return false
}


return true


}
```

훨씬 코드가 단순해지고 읽기 쉬워졌다. 전보다 짧아진 것도 있지만, 우선순위별로 각 연산자에 대한 계산의 흐름이 더욱 보기 쉬워졌다. 클로저를 사용함으로써 이렇게 코드가 단순해질 수 있는 것이다.

 **12-8 과제**

이번 단원에서는 매우 단순한 형태의 계산기를 만들어보았다. 스위프트의 클로저라는 문법의 쓰임새에 대해서도 경험해 볼 수 있었다. 하지만, 아직 개선할 여지는 매우 많이 남아있다. 다음과 같은 과제에 대해서 각자 기능추가를 해 보도록 하자.

❶ 기본적인 수학함수의 지원(sqrt, sin, cos, tan, exp, log와 같은 함수들) : 이런 수학함수들은 이미 스위프트에서 기본적으로 지원하고 있기 때문에 알파벳을 파싱하는 부분을 추가하고, 계산하는 부분에서 이항연산자가 아니라, 함수와 인자를 인식해서 처리해야 한다.

❷ 2진수, 16진수 처리 : 0x3a(16진수)나 0b11110000(2진수)와 같은 숫자에 대해서 처리할 수 있도록 기능을 추가해 보자.

> ＊ 과제에 대한 해답 파일은 혜지원 출판사 홈페이지(www.hyejiwon.co.kr) 자료실 혹은 https://github.com/jinil-ha/swift-book-src에 예제 프로그램 소스코드와 함께 있으므로 다운받아 보시기 바랍니다.

Xcode의 개발도구

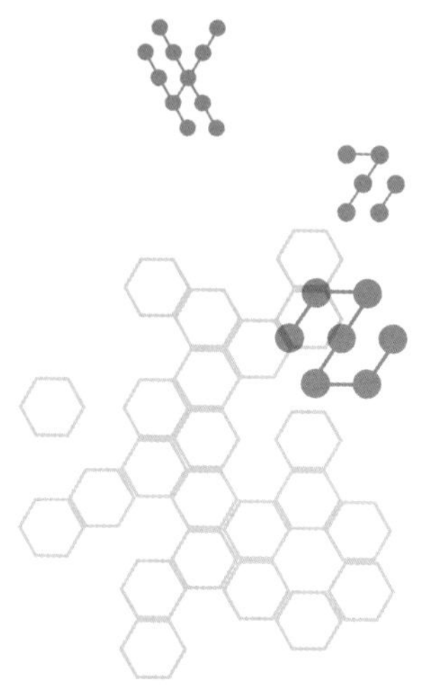

Xcode는 스위프트를 사용하여 개발하는 것에 매우 훌륭한 경험을 제공한다. 무료라고는 믿어지지 않을 정도로 풍부한 기능을 가진 훌륭한 통합 개발환경이다. 물론 Xcode만을 사용해서 코드를 작성하고 빌드해서 앱스토어에 배포하는 것까지 가능하다. 하지만, 개발을 하다보면 편리한 보조도구들이 필요할 때가 있다. 예를 들어 메모리에 누수는 없는 지 확인을 해야 한다던가, 디바이스가 없더라도 테스트를 해야 할 경우이다.

Xcode는 주 개발 환경 외에도 개발에 필요한 여러 가지 개발도구를 같이 제공하고 있다. 여기에서는 이 개발도구(Development Tool)에 대해서 알아보도록 하자.

1 Simulator

Simulator는 MacOSX에서 개발을 하면서 아이폰을 가지고 있지 않은 개발자를 위해서 맥북상에서 iOS를 시뮬레이트하는 도구이다. Simulator로 테스트할 수 있는 디바이스는 아이폰과 아이패드가 있다.

예제를 작성하면서 따로 자신의 아이폰을 연결하지 않았다면 자동으로 Xcode가 Simulator를 구동했었을 것이다.

위 그림은 iPhone 6s에서 iOS 9을 시뮬레이트하는 화면이다. 보통 Xcode를 설치하면 가장 최신의 iOS에 대한 Simulator만 설치가 되는데 다음과 같은 방법으로 구 버전의 iOS를 테스트해 볼 수 있다.

먼저 Xcode의 메뉴에서 Xcode → Preferences를 선택하거나, 커멘드 + L 단축키를 사용해서 설정창을 띄운다.

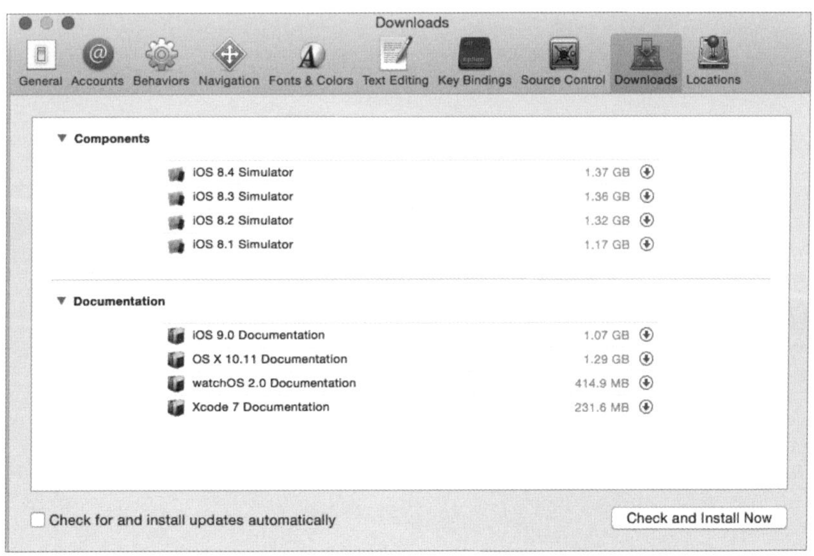

다음 Downloads 탭을 선택한 뒤에 Components에서 구버전의 iOS Simulator를 다운로드 받을 수 있다.

그 다음에는 메뉴바에서 Windows → Devices를 선택하면 다음과 같은 창이 뜬다.

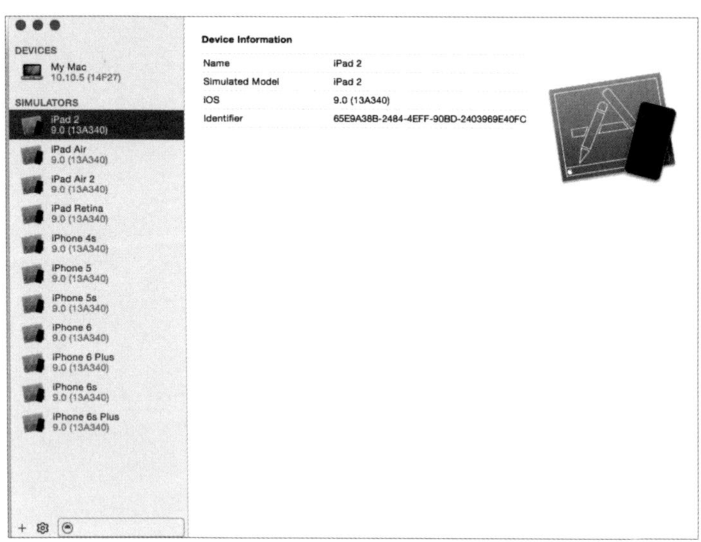

여기서 왼쪽 아래 + 버튼을 클릭하여 Simulator를 추가할 수 있다. 이 때 iOS Version을 보면 설치한 구 버전의 iOS를 선택할 수 있다.

우리는 이 iOS Simulator에서 아이폰에서 할 수 있는 여러 가지 조작을 시뮬레이트해 볼
수 있다. 예를 들면 스크린샷을 저장(커멘드 + S)하거나 화면을 기울여 볼(커멘드 + 좌우
화살표) 수도 있다.

또한 흔드는 제스처(옵션 + 커멘드 + Z), 홈버튼(쉬프트 + 커멘드 + H)을 누를 수도 있다.

기본적인 동작 외에도 메모리가 부족한 경우를 시뮬레이트하거나 GPS에 의한 현재 위치
를 정할 수도 있다. 그리고 Xcode 7.0부터는 아이폰 6s부터 가능한 Force Touch에 대한
테스트도 할 수 있게 되었다.

 ## 2 Simulator (Watch)

애플 와치에 대한 테스트를 할 수 있도록 별도의 시뮬레이터도 준비되어 있다.

와치 시뮬레이터 역시 애플 와치의 대부분의 동작을 테스트해 볼 수 있도록 구현되어 있
으므로, 실제 애플 와치가 없더라도 많은 부분을 기능적으로 시뮬레이터에서 조작해 볼

수 있다. 물론 실제 손목에서 어떤 느낌을 가지는 지를 알기 위해서는 한계가 있으므로 실제 제품을 개발할 때는 애플 와치가 필요하겠지만 단순히 목업 개발이나 테스트 용도로는 시뮬레이터가 큰 도움이 될 것이다.

3 Instruments

Xcode만으로도 개발은 가능하지만 앱을 하나의 제품으로 만들기 위해서는 많은 과정이 필요하다. 그 중에는 앱을 여러 가지 관점에서 분석해서 최적화해야 한다. 특히 메모리를 할당하고 해제하지 않는다거나 시스템으로부터 할당받은 자원을 릴리즈하지 않으면 앱은 비정상적으로 종료될 것이다.

또한 앱이 의도한 대로 동작하지 않을 때 원인을 찾아야 하는데 이런 경우 좀 더 정밀하게 앱의 동작을 추적해야 하는 경우가 있다.

Xcode에 포함된 Instruments라는 툴은 매우 많은 항목에 대해서 앱을 분석해 준다. 그리고 이 툴은 Xcode와 동시에 사용하기 편하도록 적절히 최적화 되어 있다.

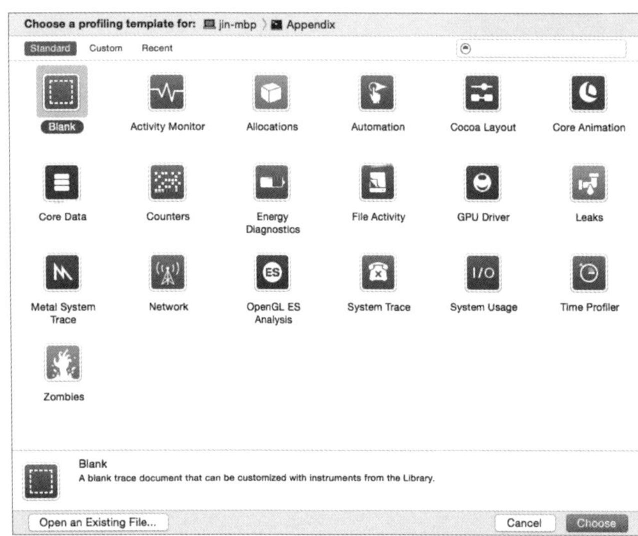

Instruments는 기본적으로 Xcode의 메뉴바에서 Xcode → Open Developer Tools → Instruments를 선택해서 실행하거나 Product → Profile로 실행할 수 있다. 두 방법의 다른 점은 전자는 단순하게 Instruments를 실행하는 것이고 후자는 실행해서 우리가 개발중인 앱을 자동으로 선택해 준다는 것이다.

기본적으로 Instruments는 실행중인 프로세스를 선택해서 분석을 한다. 따라서 Xcode에서 Profile을 선택하면 많은 프로세스 중에서 자신의 앱을 선택하는 과정이 생략되므로 편리하다.

Instruments에서 분석할 수 있는 항목 중에 많이 쓰이는 것에 대해서 알아보자.

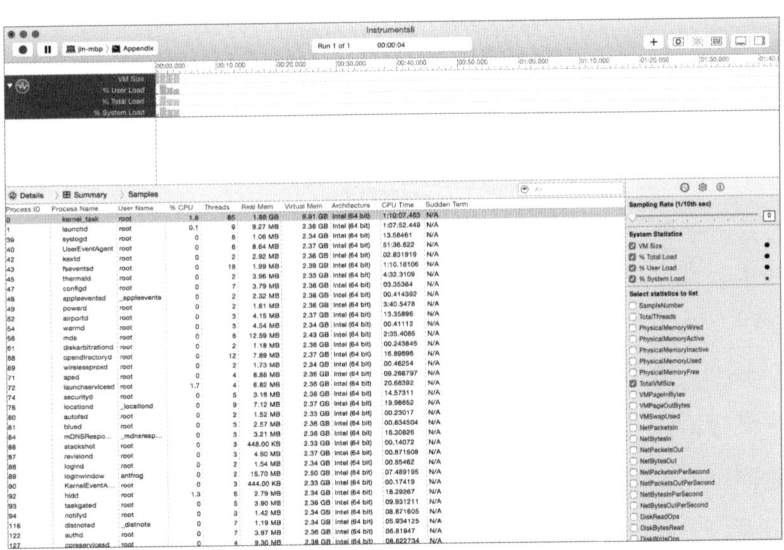

먼저 Activity Monitor는 Load에 대해서 모니터링한다. 즉, 시스템에 전체적으로 얼마나 부하를 주는 지 분석하는 것이다. 이것은 아이폰이나 아이패드같이 자원이 한정된 디바이스에서 움직이는 앱의 경우 꼭 체크해 보아야 한다. 앱이 Load가 커지면 iOS에서 제한을 둘 수도 있기 때문이다. 필요이상으로 많은 Load를 가한다고 생각이 되면 앱을 최적화할 필요가 있다.

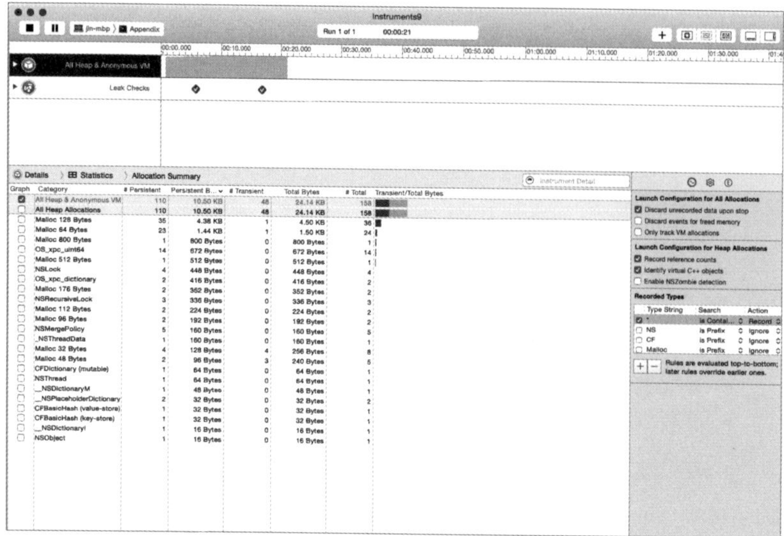

Allocations나 Leaks도 메모리의 상태를 체크하기 위해서 분석해야 하는 중요한 항목이다. 스위프트는 ARC를 비롯해서 메모리관리를 시스템에서 많이 처리해주는 언어이지만 예기치 않게 메모리에 누수가 일어날 수 있다.

Allocations는 호출 스택 기준으로 정렬해서 확인하거나 시간대별로 할당된 메모리를 모니터링할 수 있으므로 우리가 만든 앱이 어떤 순간에 얼마나 메모리를 사용하는 지 그래프 형태로 확인할 수 있다. 여기에 더해서 Leaks 항목을 프로파일하면 할당된 메모리가 해제되지 않고 메모리 누수를 일으키는가를 모니터링할 수 있다. 사실 스위프트는 ARC 방식으로 인해 개발자가 메모리에 대해서 신경쓸 부분이 많이 줄어들긴 했지만 외부 라이브러리 등 아직 신경을 써야 하는 부분은 남아있다. 앱을 만들 때는 항상 메모리 누수가 없도록 신경쓰도록 하자.

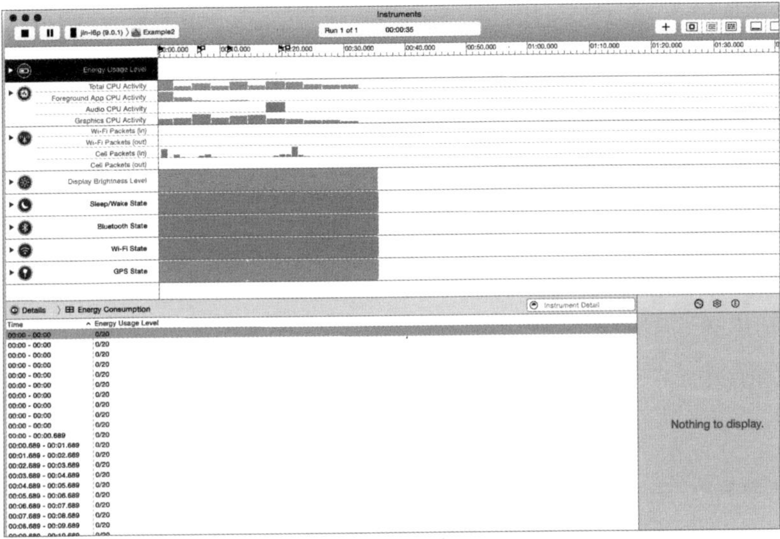

Energy Diagnostics는 실제 디바이스에서 에너지관리 관련한 여러 가지 테스트를 가능하도록 해 준다. 예를 들면 Wi-fi를 끈다거나, Bluetooth를 끈다거나 했을 때도 모니터링이 가능하며 앱의 에너지 사용에 대해서 관리할 수 있도록 도와준다.

애플 와치를 포함하여 모바일 디바이스는 배터리의 한계가 있기 때문에 자원을 무조건 많이 사용한다고 해서 좋은 앱은 아니다. 적절히 필요한 만큼 효율적으로 사용하는 앱을 설계하고 만들어야 한다.

그 외에도 Instruments는 파일 조작, 네트워크, 시스템 호출 등 많은 부분을 분석할 수 있도록 도와주는 매우 유용한 도구이다.

공식 메뉴얼 확인하기

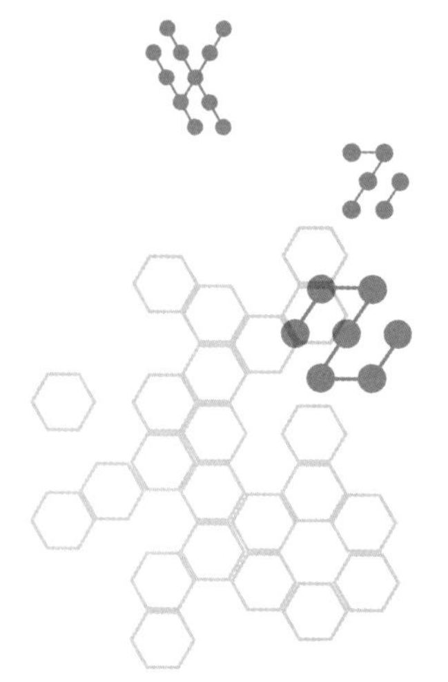

애플은 스위프트로 앱을 만들 때 사용할 수 있는 수많은 라이브러리들을 제공하고 있다.

이것은 MacOSX나 iOS, WatchOS에서 구동하는 앱을 만드는데 많은 도움을 준다.

하지만, 라이브러리가 방대하기 때문에 모든 스펙을 외울 수는 없다. 필요한 것이 있을 때

검색해서 사용하는 편이 효율적이다. 이번 부록에서는 그 방법을 설명한다.

먼저 Xcode의 메뉴바에서 Help → Documentation & API Reference를 선택하면 아래와 같

은 페이지가 나온다.

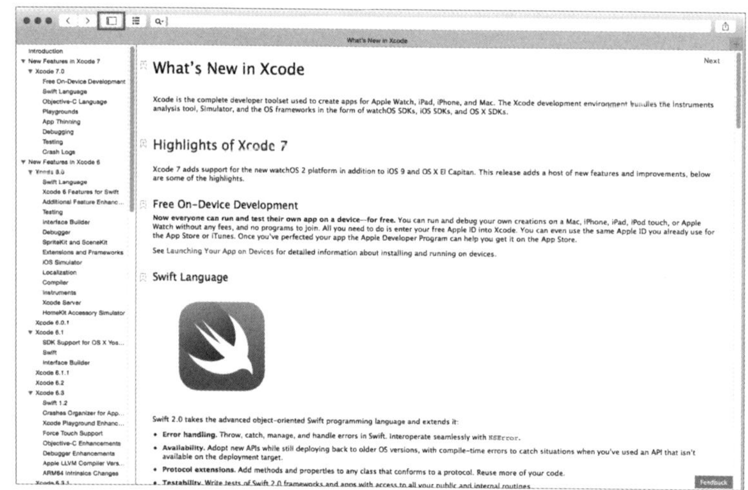

여기서 박스로 표시해 놓은 부분의 버튼을 누르면 아래와 같이 Navigator 메뉴가 나타난
다.

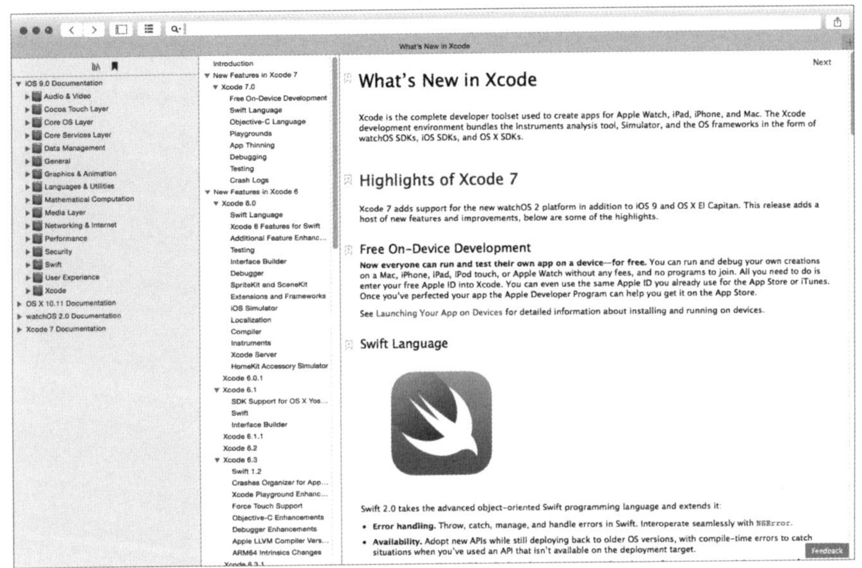

이 목차에는 우리가 자유롭게 사용할 수 있는 OS별 라이브러리들의 레퍼런스가 모두 들
어있다.

시간이 될 때마다 이 문서를 대략이라도 읽어두는 것이 좋다. 그래야 각 OS(MacOSX,
iOS, WatchOS)에서 할 수 있는 것들을 파악할 수 있기 때문이다(레퍼런스 페이지는 영어
로 제공되기 때문에 조금 불편하긴 하지만, 꼭 읽어두도록 하자).

"iOS 9.0 Documentation" → "Core Service Layer" → "Foundation"을 열어보면 애플에서
제공하는 iOS에서 사용할 수 있는 기본 라이브러리들이 모두 열거되어 있다. 이 곳의 페이
지들은 꼭 읽어두도록 하자.

그 중에서 "NSURL Class Reference"를 선택하면 다음과 같은 페이지가 표시된다.

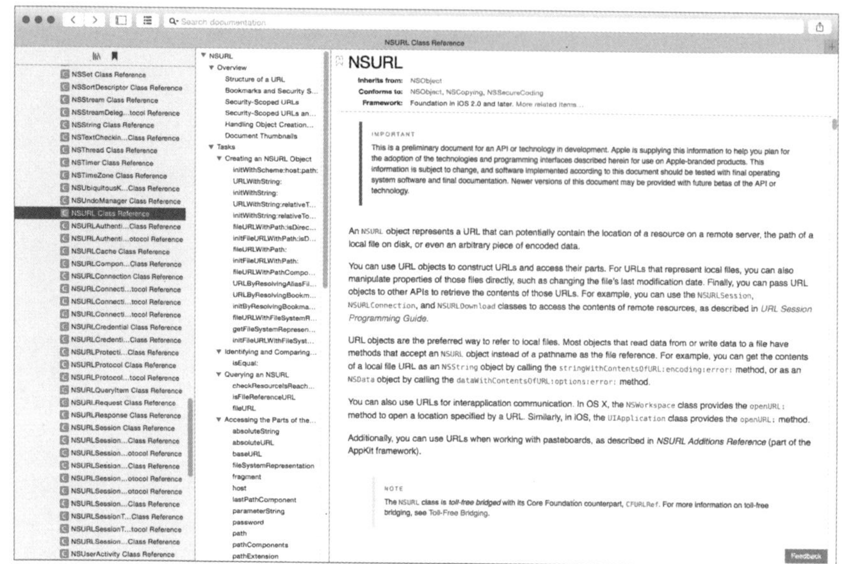

먼저 대략적인 NSURL에 대한 전반적인 설명을 관련있는 다른 클래스와 함께 하고 나서 작업별로 샘플 코드를 곁들여 설명하고 있다. 왼쪽에는 목차도 같이 있기 때문에 원하는 부분으로 건너뛸 수도 있다.

목차에서 "Creating an NSURL Object"을 선택해 보자.

제일 먼저 보이는 initWithScheme:host:path:에 취소선이 있는 것이 보일 것이다. 그리고 옆에 iOS 9.0이라는 표시가 있는데, 이것은 iOS 9.0에서 Deprecated되었다는 뜻이다. 즉, 아직은 사용할 수 있지만, 조만간 없어진 것이므로, 가급석 사용을 자제하고, 기존에 사용하던 부분도 빨리 다른 API로 교체해야 한다는 의미이다.

조금 더 아래에 다음과 같은 설명이 있다.

```
Availability
Available in iOS 2.0 and later.
Deprecated in iOS 9.0.
```

이것은 iOS 2.0부터 쓸 수 있었으나, iOS 9.0에서 deprecated되었다는 뜻이다. 이런 API
의 경우는 사용하지 않도록 주의하자.

다른 책이나 웹페이지에서 습득한 정보라고 하더라도, 이와 같이 공식 메뉴얼을 참고해야
하는 것은 애플에서 가이드하는 부분이 버전이 올라감에 따라 달라질 수 있기 때문이다.
지금 사용할 수 있는 API라고 하더라도 언제 deprecated될 지 모르는 것이다.

```
SWIFT
convenience init?(scheme scheme: String,
                  host host: String?,
                  path path: String)


OBJECTIVE-C
- (instancetype)initWithScheme:(NSString *)scheme
                          host:(NSString *)host
                          path:(NSString *)path
```

코드부분에서 왼쪽에 파란색으로 표시된 부분은 스위프트의 코드이고 녹색으로 표시된
부분은 Objective-C 코드이다. 많은 경우에 Objective-C와 스위프트의 코드를 같이 제시
하고 있지만 항상 그런 것은 아니다.
조금 아래의 + URLWithString: 부분을 보면 Objective-C의 선언(Declaration)만 표시되어
있다. 이런 API의 경우 아직 스위프트용 API가 없기 때문에 스위프트에서 직접 사용할 수
가 없다.
그러므로, 항상 자신이 사용하려는 클래스나 프레임워크에 대해서는 공식 문서를 읽어두
는 습관을 들이도록 하자.

샘플코드만 변형해서 사용한다거나 인터넷의 웹사이트에서 얻은 코드는 많은 경우 훌륭
하지만 공식 문서에서 가이드하는 내용에 위배되는 경우도 있기 때문이다.

추천의 글

스위프트는 이미 Object-C와 같은 언어와 이를 사용해서 개발할 수 있는 XCode를 제공하고 있는 Apple에서 발표한 새로운 프로그래밍 언어입니다.

기존에 언어와 개발환경을 이미 제공하고 있음에도 불구하고 새로운 언어를 발표하고 있다는 것과 이를 자신들의 주요 IDE인 XCode를 통해 개발을 지원하고 있다는 것은 새로운 언어인 스위프트에 대한 Apple의 자신감을 보여주는 것으로 생각됩니다. 이와 더불어 Apple이 지원하고 있는 만큼 빠르게 성장할 것으로 생각됩니다. 업계에서 MAC과 iPhone으로 대표되는 Apple의 영향력을 생각해볼때 스위프트를 익히는 것은 개발자라면 꼭 필요한 일이 아닌가 생각합니다.

언어를 배운다는 것은 개발자에게는 여러가지 의미를 갖습니다. 단순히 해당 언어로 프로그램을 만들수 있게 된다는 것을 넘어서 그 언어에 녹아 있는 개념들을 체득하여 내 자신의 것으로 만들게 된다는 것을 의미합니다.
저는 오랜기간 업계에서 일을 해온 개발자로써 언어 자체가 중요한 것이 아니라 언어에 녹아있는 여러가지 새로운 개념들을 익히면서 개발자로서의 나 자신을 성장시켜왔다고 믿고 있습니다. 그런 의미에서 현대 언어의 특징을 많이 포함하고 있는 스위프트를 공부하는 것은 개발자로써의 성장에 큰 기여를 할것으로 생각합니다.

아쉬운 것은 스위프트를 학습하기 위한 자료도, 스위프트를 서적으로 엮어낼 역량을 가진 선배 개발자들도 많지 않은 실정입니다. 이와 같은 현실에서 하진일 님이 스위프트 프로그래밍 서적을 출간한 것은 업계의 한 명의 개발자로서 매우 감사드리고 싶은 일입니다.

하진일님은 오랜기간 NHN에서 게임플랫폼과 게임제작을 해왔으며, 현재는 일본에서 게임 개발을 하고 있습니다. 오랜 경험과 함께 플랫폼과 게임 양쪽을 다뤄본 균형있는 경험, 여러 국가에서 일하면서 축척된 경험을 가진 분이 스위프트 서적을 내 놓는다고 하셔서 한 사람의 개발자로 기대하고 있었습니다. 역시나, 단순한 나열이 아닌 기대했던대로 현실적인 책을 출간해주셨습니다.

아직 레퍼런스가 많지 않고, 커뮤니티가 활성화 되어 있지 않은 지금 스위프트 프로그래밍은 업계 전체에 많은 도움이 될 것이라고 기대합니다.

이동수 / NHN Entertainment 기술개발실 실장

인덱스